iCourse·教材

高等院校教师教育课程教材

U0690513

教育研究方法

Jiaoyu Yanjiu Fangfa

主编 叶映华

中国教育出版传媒集团

高等教育出版社·北京

内容提要

本书基于教育研究方法对理论性与实践性的要求，重视理论知识与方法技术的结合。本书共分十一章，分别为教育研究概述，教育研究选题和文献综述撰写，质性研究方法（一），质性研究方法（二），量化研究方法（一），量化研究方法（二），混合方法研究，教育统计概论，教育基础统计，教育进阶统计，开题报告、研究论文和课题申请书的撰写。希望帮助学习者学以致用，更好地进行学习与教育研究。

本书内容全面系统，案例丰富，可供学习者有选择地进行学习，适合作为高等院校教师教育专业本科及研究生层次的教材，也可作为广大教育工作者研究教育问题、撰写学术论文的参考资料。

图书在版编目（ＣＩＰ）数据

教育研究方法 / 叶映华主编 . -- 北京 ： 高等教育出版社，2023.3
ISBN 978-7-04-058024-2

Ⅰ．①教… Ⅱ．①叶… Ⅲ．①中小学教育－教育研究－研究方法－教材 Ⅳ．①G632.0

中国版本图书馆CIP数据核字(2022)第019081号

| 策划编辑 陈 容 | 责任编辑 贾玉玲 | 封面设计 李小璐 | 版式设计 马 云 |
| 插图绘制 黄云燕 | 责任校对 胡美萍 | 责任印制 耿 轩 | |

出版发行	高等教育出版社	网 址	http://www.hep.edu.cn
社 址	北京市西城区德外大街4号		http://www.hep.com.cn
邮政编码	100120	网上订购	http://www.hepmall.com.cn
印 刷	固安县铭成印刷有限公司		http://www.hepmall.com
开 本	787 mm×1092 mm 1/16		http://www.hepmall.cn
印 张	13.5		
字 数	280 千字	版 次	2023 年 3 月第 1 版
购书热线	010-58581118	印 次	2023 年 3 月第 1 次印刷
咨询电话	400-810-0598	定 价	37.50 元

前　言

党的二十大报告提出，要"实施科教兴国战略，强化现代化建设人才支撑"，强调"教育、科技、人才是全面建设社会主义现代化国家的基础性、战略性支撑"。广大教育科研工作者要深刻领会党的二十大报告精神，全面把握新时代新征程中教育事业的重要意义和自身承担的重要使命，在教育科研工作中全面贯彻党的教育方针，落实立德树人根本任务，掌握科学的研究方法，提高科研能力，全力服务于以人民为中心的社会主义教育事业，为加快建设高质量教育体系做出应有的贡献。一直以来，在教师培养与培训过程中，有关如何开展教育研究的过程、方法，以及数据的统计分析与应用等，都成为了重要的内容。为了更好地适应学习者的需求和教育改革对教育工作者科研素养的要求，也为了更加及时地将教育研究中的经典方法与运用、教育研究的典型案例等内容呈现给学习者，我们在参考比较同类教材的基础上，结合十余年在讲授课程过程中积累的心得体会和学习者的反馈内容，精心设计了本书的体例与内容，编写了这本《教育研究方法》。

本书具有以下四个特点。

第一，逻辑清楚、结构合理。全书按照教育研究过程的一般顺序进行阐述，在对教育研究及教育研究方法总体认识的基础上，从研究选题、文献综述、研究方法的选取、数据处理及撰写研究报告几个方面逐层展开。

第二，案例丰富、指导清晰。本书在理论知识的讲解后，一般都通过研究案例及具体操作指导来帮助学习者更好地对理论知识进行理解与学习，研究案例通常来源于较为前沿的研究文献，通过对文献内容的阅读与分析，进一步帮助学习者提升文献阅读与理解的能力。

第三，重点突出、内容明了。本书在每章开头均有所在章节内容的思维导图，帮助学习者整体把握学习内容与逻辑体系，便于查找学习，并能够帮助学习者把握重点。

第四，问题导向、模块呈现。在基础理论知识与实践指导之外，我们结合自身多年的教学经验，将学习者在学习过程中的常见问题以模块形式予以解答，帮助减轻学习难度，提升学习质量。

本书为"浙江省普通高校新形态教材项目"成果，在学习借鉴国内外同类教材优秀经验的基础上，从学习者的立场和教育研究全过程的视角出发，关注教育学专业的本科生和研究生、一线教师和教育管理与科研机构的研究者如何开展教育科学研究并提升素养与能力，对教育研究过程中所需要的经典方法及其运用、数据分析与研究成果提炼等内容进行整合，以丰富的案例辅助理论讲解，呈现了有关教育研究中的基本理论、经典方法、典型案例。

本书的撰写分工如下：汪辉负责第四章第二节"生命叙事法"的撰写；毛月负责第二章第二节"文献综述"、第三章第二节"访谈法"、第三节"扎根理论法"、第十一章第一节"开题报告的撰写"、第十一章第二节"研究论文的撰写"的撰写；柳芸芸负责第三章第一节"观察法"和第十章第四节"逻辑回归"的撰写；张恩铭负责第十章第一节"因素分析"、第二节"中介效应分析"的撰写；本人负责其余章节的编写、全书框架的确定及统稿工作。在此衷心感谢各位老师和同学为本书所做的工作！

希望本书能成为有教育研究意愿与需求的学习者与研究者的一个合适的选择。同时，由于编者本身学术水平有限，本书也存在不足和需要进一步探讨的地方，诚恳希望各位同行提出批评或意见。

叶映华

2023 年 1 月

目　录

第一章　教育研究概述

学习目标

1. 理解社会科学研究。
2. 掌握教育研究的基本步骤。
3. 掌握教育研究方法的概念、特点与分类。
4. 掌握教育研究的一些基本概念。

知识导图

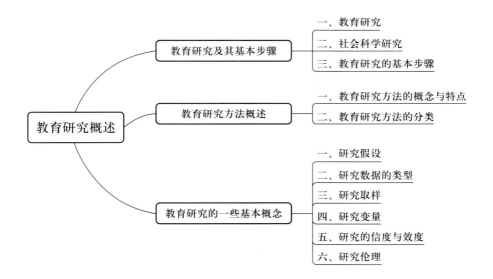

本章主要介绍教育研究的基本步骤，教育研究方法的概念、特点及分类等内容，之后，再对研究假设、数据类型、研究取样、研究变量、研究的信效度、研究伦理等教育研究中的一些基本概念进行阐释。

第一节　教育研究及其基本步骤

【微视频】
教育研究的
基本思路

教育研究主要针对教育领域中的各类问题展开，教育研究的过程离不开对科学性的要求，并遵循着一定的基本步骤。

一、教育研究

（一）研究与教育研究

人类在日常生活与工作中有着各种各样的实践活动，研究是人类各种实践活动中的一种类型。研究指人们在生产和生活过程中，提出问题并力求以相对稳定、系统、规范的方法去寻找答案、解决问题的具体过程。[①] 一般认为，一项研究主要包括三个要素：问题提出、解决问题的路径与方法、问题解决。教育研究是指提出教育领域内的问题，寻找解决问题的路径与方法并解决问题的过程。

（二）教育研究的问题提出

教育研究的问题提出背景较为复杂，有些是基于社会变革与社会实践的需求，有些则是来自于教育研究理论发展与创新的需求。在教育研究问题的驱动下，研究者采取相应的研究方法，获得相关研究结果，最终解决或解释教育研究中的问题。案例1-1、1-2 和 1-3 是教育研究的三项实例。

案例 1-1

人工智能对技能需求的影响及其对教育供给的启示
——基于程序性假设的实证研究 [②]

大数据、人工智能、脑科学等的发展，将会使劳动力市场的技能需求发生变化，这些变化也将影响我国基础教育和高等教育人才培养的模式及内容。面对教育领域出现的这些变化，有学者提出了"人工智能对技能需求的影响及其对教育供给的启示"这样一个研究问题。之后，研究者使用美国职业信息网络和中国综合社会调查的数据，明确了技能的类型（非程序性认知技能、非程序性非认知技能、程序性认知技能、程序性身体技能及非程序性身体技能）及测量方法，用以计算我国劳动力市场对不同类型技能的总体需求情况。

---

① 陈向明.教育研究方法［M］.北京：教育科学出版社，2013：3.

② 袁玉芝，杜育红.人工智能对技能需求的影响及其对教育供给的启示：基于程序性假设的实证研究［J］.教育研究，2019，40（2）：113-123.

研究结果表明，在2000年之前，我国劳动力市场对非程序性身体技能的需求最大，其次为程序性身体技能；2000年之后，我国劳动力市场需求最大的仍然是非程序性身体技能，但程序性认知技能超越程序性身体技能排在了第二位；2010年之后，程序性认知技能成为我国劳动力市场需求最大的技能。从整体上看，我国劳动力市场对认知性技能的需求在增加，对身体性技能的需求在减少。此外，基于中国综合社会调查的数据，非程序性认知技能与受教育水平之间呈正相关关系，而其他两类身体技能与受教育水平之间呈负相关关系。为了提升劳动者的非程序性认知技能，研究者建议在高等教育阶段增加跨学科教学，在基础教育阶段增加基于一定情境的教学。

案例 1-2

中职学生创业意向及影响因素[1]

近些年，创业教育在我国高校受到广泛重视，但关于中学阶段的创业教育缺乏深入研究。事实上，学界的观点已经慢慢趋向于认为青少年时期是获得创业基本知识和形成创业积极态度的理想阶段。2015年6月，国务院办公厅发布了《进一步做好新形势下就业创业工作重点任务分工方案》，正式提出要把创新创业课程纳入国民教育体系。但当前我国中学阶段的创业教育研究较少。在这样的时代背景下，研究者提出了"中职学生创业教育的现状及影响因素"这一研究问题，并基于人力资本理论，构建了创业教育、创业知识和创业能力对创业意向的影响机制模型。问卷调研结果表明，创业教育在中职学校的开展状况要强于普通中学；被调查学生的创业能力与创业意向自我评价相对较高，处于中等偏上程度，但是对自身所具备的创业知识和接受的创业教育评价主要以"不清楚"为主，未持肯定态度；中职学生的创业教育、创业知识和创业能力均显著影响其创业意向，且创业知识和创业能力是创业教育影响创业意向过程的中介变量。在此基础上，研究提出了促进中职学校创业教育有效开展的建议。

案例 1-3

农村校舍闲置难题破解：思路与策略[2]

该研究的问题提出主要是基于乡镇寄宿制学校和乡村小规模学校，这两

① NI H, YE Y H. entrepreneurship education matters: exploring secondary vocational school students' entrepreneurial intention in China [J]. The Asia Pacific education researcher, 2018, 27（5）: 409–418.

② 李涛，邬志辉. 农村校舍闲置难题破解：思路与策略 [J]. 教育研究，2020，41（3）: 84–94.

类学校已成为农村教育发展的重要主体，但又不得不面临日益增多且问题形态复杂的农村校舍闲置难题。"解决农村学校校舍闲置须正视舆论，探明学龄人口数降低、人口向城镇流动激增、村镇与乡校布局调整、教育内在变革等农村校舍闲置根源。"在研究过程中，研究者通过对273份政策文件中关于闲置校舍再利用的词云进行分析，对闲置校舍政策进行了检视。在此基础上，研究建立了理解农村闲置校舍问题的分类框架，破解了闲置校舍确权难题，并最终提出了闲置校舍分类顺序利用的建议。

　　教育研究的研究领域较为广泛，包括高等教育、基础教育、职业技术与成人教育、比较教育、教育史、教育技术、教师教育、课程与教学论等，但是在研究的基本构成要素上，呈现出相对的一致性。

二、社会科学研究

（一）科学与社会科学

　　教育研究从本质上属于社会科学研究的范畴。那么，什么是科学？什么是社会科学？如何科学地开展研究？有研究者认为，数据和理论之间的关系是科学探究的核心，科学依赖用实证数据检验理论观点。[1] 简单地说，科学就是提出关于世界各个方面的问题，收集或生成有助于系统解决这些问题的数据，建立解释这些数据的理论，并将理论与数据进行对比。理论可以在数据之前形成，也可以在数据之后形成，数据可以是定性的，也可以是定量的。相应地，社会科学是对人、人际互动和人所生存的环境进行的探索。[2] 在社会科学研究中，同样需要理论与数据的比较，只是研究的问题更多地关注人类、人类行为与环境。科学的基本目的是对世界作简洁的理论描述，社会科学和自然科学都是科学，两者的主要区别是在研究对象的差异上，前者更关注人类自身，而后者通常不以人类为对象。[3]

　　教育研究针对教育领域各个方面的问题，建立相应的理论，收集或生成有助于系统解决这些问题的数据，并依据理论，分析所收集或生成的数据，从而获得研究结论。虽然教育研究中总是会存在一些问题，例如研究者问题意识薄弱，研究整体的规范性弱，研究结果的价值、质量、信度和效度有待提高，以及研究力量投入存在偏差等[4]，但事实上，这些问题可能是整个社会科学研究中存在的共性问题。特别是在研究问题的选择上，很难确定许多研究问题到底是真问题还是假问题，而研究问题的质量会部分地影响到研究的价值。此外，社会科学研究与自然科学研究在研

　　① PUNCH K F，OANCEA A. Introduction to research methods in education［M］. Thousand Oaks，California：SAGE Publications，2014：7.

　　② PUNCH K F，OANCEA A. Introduction to research methods in education［M］. Thousand Oaks，California：SAGE Publications，2014：8.

　　③ 罗力群. 对自然科学和社会科学的比较：研究对象、逻辑推理和理论发展［J］. 社会科学论坛，2021（5）：161-178.

　　④ 陈向明. 教育研究方法［M］. 北京：教育科学出版社，2013：14-15.

究对象上也存在巨大差异。社会科学关注的是人类和人类行为，而这两者均具有变化性，这也同样会部分地影响到社会科学研究的可重复性，或者说是信度。无论如何，科学性都是教育研究追求的目标，教育研究工作者也在不断寻求各方面的创新来解决教育研究中存在的问题，以提升教育研究的科学性。

（二）社会科学探究的步骤

从可操作性的层面出发，社会科学探究的步骤包括以下八个。[①]

第一步，提出问题。例如，大学生群体坚毅的影响因素有哪些？随着积极心理资本理论的兴起，研究者开始具体探索心理资本的四个主要因素：坚毅、希望、乐观和自我效能。其中包括不同人群心理资本的现状、影响机制等内容。探索大学生群体坚毅的影响因素，对于提升这一群体的积极心理资本具有一定意义。

第二步，确定关键因素。查询以往的相关文献，研究者会发现多个因素可能与个体的坚毅存在关系，如年龄、学业表现、体育运动情况、父母教养方式、自我效能感等。但在这个研究中，研究者不可能探究所有可能影响大学生坚毅的因素，此时就需要确定研究中的关键因素，一般会考虑研究的创新性及价值性。因此，该研究确定的关键因素是运动，这里的运动包括运动时长、运动频率与项目。

第三步，提出研究假设。依据以往的文献，研究者可提出"大学生的运动时长越长，坚毅水平越高""大学生的运动频率越高，坚毅水平越高""与参加个人运动项目的大学生相比，参加团体运动项目大学生的坚毅水平更高"等研究假设。

第四步，收集相关信息。确定研究工具，包括与坚毅水平、运动相关的问卷等；采用一定的抽样方法，抽取一定数量的大学生被试；发放调研问卷，并回收问卷；对研究工具的信效度进行检验。

第五步，检验研究假设。使用描述统计与推论统计的相关方法，检验研究假设是否成立，即运动时长、运动频率和项目对大学生群体的坚毅是否存在影响。

第六步，讨论研究假设。经过检验研究假设的过程后，研究假设要么被证实，要么被拒绝。无论得到哪种结果，都需要研究者做出合理的解释。

第七步，重新审视理论。研究者要审视研究所获得的结论，对积极心理资本理论是否有新的完善或补充。

第八步，提出新的问题。在该研究的基础上，是否可以发现新的研究问题？例如，运动对大学生群体坚毅的影响是否存在年级或性别差异？

在一些研究如上述关于大学生群体坚毅影响因素的研究中，探究步骤是比较明确的，但有一些研究隐含了部分步骤，这就需要研究者在阅读文献时有一定的鉴别能力。

不同研究方法下的社会科学探究步骤存在一定的差异，但其基本原理是共通的，都需要有良好的研究问题、规范的过程与方法、足够高的信度与效度等。案例1-4是一个叙事研究。

① 萨尔金德. 心理学研究方法 [M]. 9版. 童定, 译. 北京：中国人民大学出版社, 2019：6-9.

案例 1-4

教师个人实践理论的叙事探究 [①]

作者结合自身经历，确定了"教师个人实践理论"的研究主题，并通过回顾国内外的研究现状，提出了一系列问题，包括：教师的真实状态是什么？他们是怎样做、怎样说、怎样想的？这反映出他们什么样的个人实践理论？为什么会形成这样一种状态？他们如何理解自己的境遇，如何筹划自己的未来？等等。

为了回答这些问题，研究者采用了叙事研究法，选择六位教师作为个案，从他们的故事中探寻对上述问题的深度理解。在收集信息的过程中，研究者首先进入研究现场、确定合作教师，然后通过课堂观察、深度访谈和作品分析等方法，用了一年多的时间，走近六位教师的生活世界，收集了近30万字的课堂观察和深度访谈记录。在看到这六位教师的背景时，每个读者的内心都会就他们个人实践的问题，生成自己独特的观点，因此，在将研究结果（即故事）以一种有逻辑的方式呈现出来的同时，检验想法的过程也就发生了。不过与统计方法中严格的检验标准不同，在这类质性研究中，包括研究者和读者在内的每一个人，心中都有属于自己的"一杆秤"。在本案例中，研究者会对每位教师的故事进行简要小结，分析其个人实践理论及形成过程。

叙事研究和单纯讲故事的区别之一在于，前者不仅要用适当的语言来吸引读者的注意并给以启示，还要用收集到的质性资料来回应理论问题。在本案例中，这种回应就是对教师个人实践理论的补充和更新。研究者通过内容分析，形成了教师个人实践理论的成熟序列；随后将影响教师个人实践理论形成与发展的因素分为"实践性因素"和"理论性因素"两类；最后，研究者为教师更新个人实践理论提出建议。

三、教育研究的基本步骤

依据社会科学探究的步骤，一项教育研究可以概括为以下四个步骤：提出研究问题、确定研究设计与方法、获得研究结果、进行研究讨论与成效分析。教育研究的基本步骤如图 1-1 所示。

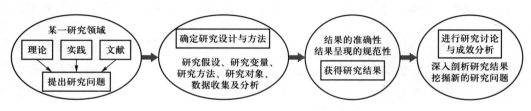

图 1-1 教育研究的基本步骤

① 鞠玉翠.教师个人实践理论的叙事探究［D］.上海：华东师范大学，2003：169-176.

（一）提出研究问题

一项科学的教育研究应该始于一个科学的研究问题，有价值的研究问题是教育研究的重要基础。科学的教育研究问题可以是宏观、中观和微观的，它应该基于教育理论与实践中遇到的真实问题，同时也要依据大量文献。阅读相关研究领域的大量文献有助于提炼出有价值的研究问题，明确以往的相关研究对当前的研究问题是否已经进行了深入探索。如果针对这个问题已经产生了大量研究结果，则其研究价值会有所降低。

（二）确定研究设计与方法

在明确所要研究的问题后，研究者需要进一步确定研究设计与方法，包括提出研究假设、明确研究变量、确定研究方法、选择合适的研究对象、确定数据收集及数据分析的方法等。例如，在确定具体的研究方法时，研究者需要确定采用质性研究（行动研究、观察法、访谈法、扎根理论、田野调查等）、量化研究（实验法等），还是混合研究等。

（三）获得研究结果

这一步主要关注研究结果的准确性与研究结果呈现的规范性。不管是哪种类型的研究，都要采用恰当的质性研究方法或量化研究方法，并正确使用，以便获得准确的研究结果。在教育研究中，部分质性研究方法获得的结果有时会被质疑主观性太强，对此，研究者需要关注如何避免研究中的主观性。在量化研究的结果报告中，各种统计方法的使用都有一些前提和假设，对数据类型的限制和要求也较为具体，研究者需要特别注意。此外，研究结果的呈现要规范，需采用标准格式。

（四）进行研究讨论与成效分析

一项研究的讨论部分并不只是简单地重复研究结果，而是要深入剖析本研究所获得的研究结果与以往研究的结论具有一致性以及存在差异的地方。针对差异之处，研究者要分析原因，提出建设性建议，并挖掘新的研究问题。

我要提问

问：有研究者认为，一项研究最难的部分是"一头一尾"，"头"指的是提出研究问题部分，"尾"指的是研究讨论。为什么这两个部分最难？

答：研究问题是一项研究的开始，影响着研究的发展方向。在具体的研究情境下，研究问题往往不容易把握：问题太大会导致后面的研究无从下手，问题太小则支撑不起整个研究。

研究讨论在一定程度上影响了研究的深度。有的研究，研究方法比较扎实，研究问题也值得探讨，但在研究的讨论部分没有较好地梳理本研究对相关理论的贡献或发展新的理论，没有很好地回应研究问题，或者没有较好地概括本研究的创新点，从而使整个研究流于表面，成为简单的调查报告或研究资料的堆砌。因此，要写好讨论部分，就需要做大量的工作。除了阅读大量相关文献外，还要勤于思考，开阔研究视野，丰富自己的研究阅历。

当然，研究设计与方法的确定、研究结果的呈现，同样是研究链上的重要环节。在这两个环节出现的问题，往往是技术性的，如抽样或统计方法的采用。总之，究竟研究中的哪个环节更难，观点各异，但与技术性问题相比，研究问题和讨论中体现出的适应性问题（如转变研究视角、改变某个核心概念的定义等）似乎更加基本，需要研究者有强大的创造力和灵活性。[1]

第二节　教育研究方法概述

教育研究方法是教育研究有效开展所不可缺少的部分，是教育研究的基本构成要素之一。教育研究方法存在较多的分类模式，定性、定量和混合模式是一种较为常见的分类模式。

一、教育研究方法的概念与特点

（一）教育研究方法的概念

【微视频】
教育研究中
的基本概念
或基本
问题1

教育研究方法指的是人们在解决问题的过程中，按照某种途径，有组织、有计划、系统地解决问题的各种方式。[2] 教育研究方法是教育研究的四个基本要素之一，在具体的研究过程中，只有通过方法，才能将问题、理论、资料串联为有机整体，从而得出科学的结论。[3] 根据教育研究方法在使用过程中出现的问题，有学者提出在运用教育研究方法时应注意的三个方面。[4]

1. 要有科学态度

在教育研究方法的使用过程中，研究者要遵循一定的科学研究程序，根据事实和相关资料得出结论，使教育研究的结果更加科学，并能在教育实践中得以验证。

2. 要选用适切的方法

不同的教育研究方法都有各自的优缺点及适用范围，研究者要根据具体的需要来选择适切的方法。比如研究者想要了解不同的课堂教学方法对于学生课堂参与的影响，就可以深入课堂实施观察，有重点地记录学生的课堂行为表现，通过编码分析得出结论。

3. 正确认识质性和量化研究的关系

质性研究形成的是关于研究对象的高度情境化的认识，但研究结果在可预测性与可重复性方面有所欠缺。量化研究从根本上关注不同变量之间的关系，具有一定的可重复性和可预测性，但难以对研究对象形成具体的、情境化的认识。二者各有

① MCTIGHE J，CURTIS G. Leading modern learning［M］. 2nd ed. Bloomington，Indiana：Solution Tree Press，2019：166–168.

② 陈向明 . 教育研究方法［M］. 北京：教育科学出版社，2013：20

③ 刘献君 . 教育研究方法高级讲座［M］. 武汉：华中科技大学出版社，2010：13.

④ 刘献君 . 教育研究方法高级讲座［M］. 武汉：华中科技大学出版社，2010：13–14.

利弊，可以相互弥补，研究者在研究过程中要进行恰当地选择和运用。

（二）教育研究方法的特点

教育研究方法具有以下四个特点。

1. 目的性

研究的目的在于探索教育规律，以解决重要的教育理论与实践问题为导向。[①]研究总是始于研究问题，在研究过程中，无论是为了理论发展进行的探索性研究还是为了解决问题进行的对策性研究，都需要在研究目的的指引下选择恰当的研究方法，并根据研究规范进行研究。[②]教育研究方法的目的性体现在，研究过程中要根据研究问题不同的特点，选择适切的研究方法进而推动研究顺利进行。例如，研究者想要探究教师的职业倦怠及其影响因素，基于所需样本容量的要求以及因果关系分析的需要，就可以采用量化研究方法，使用问卷或量表快速、高效地收集数据，进而对本问题进行研究。

2. 科学性

在教育研究中，研究者要注意研究方法的科学性，从研究问题的提出、研究方法的实施、研究数据的收集，到最后研究结果的讨论，均要遵守规范，确保得到的研究结论可以在实践中得到检验。

此外，教育不是处在真空环境中，对于教育的研究还需要考虑到社会、文化、政策、经济等方面的因素，同一个研究问题在不同的时空背景下，不一定会得到相同的结论。这时候，研究者要遵循研究方法的科学性，发现现象背后的本质。

3. 交叉性

教育研究方法具有极强的交叉性和综合性，这与教育研究对象和研究内容的复杂性有关，一般教育研究领域关注的研究问题总是和人有关。定性和定量研究方法都是教育研究的重要方法。近几年，脑科学、人工智能等领域的相关研究方法也逐渐融入教育研究中。

4. 创新性

科学研究本身就是用科学方法去探索、发现新的规律，许多重大成果都是因为新方法（包括新技术）的使用而得到的。[③]因此，研究方法自身的突破也是其重要特点，包括数据统计方法的突破。

二、教育研究方法的分类

教育研究方法有不同的分类模式，本书主要介绍三种较为常见的模式：第一种是四类别分类模式，第二种是定性、定量和混合研究的分类模式，第三种是质性、量化和混合研究的分类模式。

① 裴娣娜．教育研究方法导论［M］．合肥：安徽教育出版社，1995：5.
② 裴娣娜．教育研究方法导论［M］．合肥：安徽教育出版社，1995：5.
③ 温忠麟．教育研究方法基础［M］．北京：高等教育出版社，2004：3.

（一）四类别分类模式

陈向明教授把教育研究方法分为四种类别，分别是解释主义的方法、综合的方法、教育哲学的方法和实证主义的方法。解释主义的方法包括教育质性研究、教育叙事研究、教育个案研究和教育历史研究。综合的方法包括教育行动研究和教育比较研究。教育哲学追求教育智慧，教育哲学的研究方法需要满足以下三个方面的要求：整体性把握教育事物的方法；基本处理对象为教育命题；基本环节为命题收集、加工和再表达。实证主义的方法包括教育调查研究、教育测量研究、教育实验研究和教育统计研究（如图 1-2 所示）。[①]

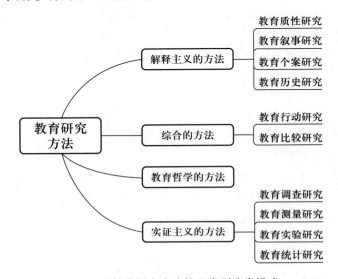

图 1-2　教育研究方法的四类别分类模式

从 20 世纪 70 年代以来，教育研究领域倡导实证主义的研究。实证主义是一个哲学术语，用来描述以经验为基础或知识来源的认识论。这里的经验指的是通过感官接收到的内容，以及人与世界的互动。因此，实证主义的方法基于对世界的直接经验或观察，或者与世界的互动。[②] 简单来说，实证主义的研究是基于观察的、数据的、外部世界经验的研究。

教育学有很多二级学科，不同学科有各自的研究特点，这使得研究方法在选择上也存在差异。不管是何种研究方法，只要能够实现相应教育研究问题的有效解决，就都是合适的方法。

（二）定性、定量和混合研究的分类模式

定性、定量和混合研究的分类模式在教育研究方法中也较为常见（如图 1-3 所示）。[③]

① 陈向明.教育研究方法［M］.北京：教育科学出版社，2013：23，58-59.

② PUNCH K F，OANCEA A. Introduction to research methods in education［M］. Thousand Oaks，California：SAGE Publications，2014：2.

③ PUNCH K F，OANCEA A. Introduction to research methods in education［M］. Thousand Oaks，California：SAGE Publications，2014：3.

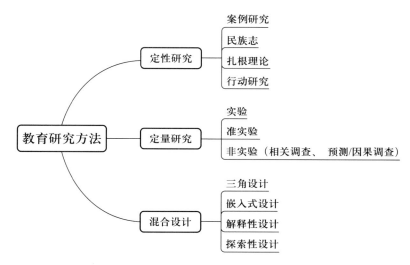

图 1-3 定性、定量和混合的分类模式

定性研究方法是研究者通过与某一领域或生活情境长期接触而进行的研究，这些情境通常反应了个体、群体、社会和组织的最普通的日常生活。案例研究、民族志、扎根理论和行动研究是定性研究中较为常用的研究方法或研究策略。

定量研究方法从根本上关注变量之间的关系。实验、准实验、非实验（相关调查、预测/因果调查）是定量研究中较为常用的研究方法或研究策略。

混合设计方法同时包括定性研究方法和定量研究方法。混合设计主要包括三角设计、嵌入式设计、解释性设计和探索性设计。

（三）质性、量化和混合研究的分类模式

本书将教育研究方法主要分为三类：质性、量化和混合研究。

根据陈向明教授的观点，质性和量化研究分别从不同的角度对事物的不同侧面进行了探究，具体而言，有如下区别。[①]

质性研究方法强调在自然情境下收集资料；基于解释性理论和扎根理论，适合对研究问题的微观层面进行细致描述，关注研究的深度；擅长通过归纳法自下而上地建立理论。[②]

量化研究方法偏向实验研究，在必要条件下会对一些变量进行人为控制；基于普遍性规范理论，适合探究（较）大规模的因果关系及相关变量之间的关系，强调研究的广度；有助于通过演绎法自上而下地验证理论。[③]

质性研究的长处正是量化研究的不足，反之亦然。为了解决复杂的社会问题，混合研究开始出现。混合研究产生于质性研究与量化研究的争论之中，这种"第

---

① 陈向明. 质的研究方法与社会科学研究［M］. 北京：教育科学出版社，2000：11.
② 陈向明. 质的研究方法与社会科学研究［M］. 北京：教育科学出版社，2000：11.
③ 陈向明. 质的研究方法与社会科学研究［M］. 北京：教育科学出版社，2000：11.

三条道路"以实证主义和系统哲学为理论基础,强调质性与量化的结合。[①] 混合研究方法力图结合质性和量化两种研究方法的优势,以质性研究中的文字、图片、叙述补充和丰富量化研究中的数据信息,以量化研究中的数据增加质性研究中材料的准确性。

在本书中,我们把观察法、访谈法、扎根理论、比较研究法、生命叙事法和行动研究法归入质性研究方法,把问卷法和实验法归入量化研究方法,但这个分类实际上也不是绝对的,量化研究有些也是在自然情境下完成的。很多研究方法间存在交叉的现象,本书仅仅进行了大致的区分。

> **我要提问**
>
> 问:质性研究、量化研究及混合方法研究,孰优孰劣?
>
> 答:选择研究方法更多地是是否适合的问题,而非孰优孰劣的问题。如果研究要证实普遍存在的现象和规律,预测事物的进展,可以侧重于量化研究的方法;如果研究要寻求事物存在的复杂性和整体性,以提出具有独特性的研究结论,在选择研究方法时,可考虑以质性研究的方法为主。研究方法的选择应视具体的研究问题或研究情境而定。
>
> 质性研究方法和量化研究方法属于不同的研究范式,因而混合方法研究不是这两种研究的简单叠加。不同的研究方法只有被合理地、有逻辑地使用,才能达到解决研究问题的目的。研究者在考虑使用混合方法研究时,不能为了混合而混合,需要明确以下四个问题:
>
> (1)阐明需要使用混合方法研究来解决研究问题的必要性,明确其中质性研究和量化研究成分的相互关联性。
>
> (2)分析和呈现的质性研究和量化研究中的数据要清晰可辨。
>
> (3)研究得出的推断或结论要基于恰当的质性研究和量化研究的资料或数据分析结果。
>
> (4)将两个或多个(质性和量化)研究的结果整合成对应一致的推论或结论,比单独的质性研究或量化研究更全面和更有意义。[②]

第三节   教育研究的一些基本概念

进行教育研究前,需要厘清一些相关的基本概念,对教育研究形成基本的认识。例如,什么是研究假设?它与研究问题的区别是什么?

【微视频】
教育研究中
的基本概念
或基本
问题2

---

① 张绘.混合研究方法的形成、研究设计与应用价值:对"第三种教育研究范式"的探析〔J〕.复旦教育论坛,2012,10(5):51—57.

② TASHAKKORI A,CRESWELL J W. Editorial: exploring the nature of research questions in mixed methods research〔J〕. Journal of Mixed Methods Research,2007,1(3):207—211.

一、研究假设

一项研究始于研究问题，而研究问题一般通过"问题"或"假设"的形式呈现。研究假设指有根据的"猜测"或"预感"，一项好的研究假设具有以下四个特点。[①]

（一）以陈述的方式表述

研究假设一般会采用陈述的方式，而不是疑问等方式。例如"大学生的情绪智力是否与其学业表现成正比？"这样的表述就不是研究假设的恰当表述方式，而应该改为：大学生的情绪智力与其学业表现成正比。

（二）可测量

研究假设包括研究的基本变量及对研究对象的要求，在研究假设中，研究变量应该是可测量的，研究对象应该是可获取的。例如在"大学生的情绪智力与其学业表现成正比"的研究假设中，研究对象是"大学生"，这是可以获取的被试，研究变量为"情绪智力"与"学业表现"，这两个变量也是可测量的。又如，在"人们的生活困境对其心理幸福感存在负向影响"的研究假设中，研究对象"人们"不够明确，"生活困境"这一研究变量也较难测量。

（三）具备理论或文献基础

研究假设源自研究问题，是基于对已有的理论或相关文献的回顾而提出的。研究的开展，或研究假设的检验过程，也是完善已有理论并形成新理论的过程。

（四）是证"有"假设，而非证"无"假设

在某项研究中，很少会看到研究假设是为了证明变量间不存在某些差异或某种关系，而是会清晰地陈述出变量间可能存在的差异或关系。因此，在提出研究假设时，研究者要避免提出无相关、无差异、无预测等证"无"假设，例如"大学生的情绪智力与其学业表现不存在相关"。这一点可与假设检验结合起来理解。统计学中一般不直接对研究假设的真实性进行检验，而是要建立与研究假设相对应的"零假设"（虚无假设）。通过对零假设进行检验，做出相应的统计推论：当零假设为真时，就拒绝研究假设；当零假设为假时，接受研究假设。如果研究者所提出的研究假设为"零假设"，那么就很难对形式为"零假设"的研究假设进行检验。这也从另一个侧面说明，一项研究假设应该是证"有"假设，而非证"无"假设。

> **知识快递**
>
> 　研究假设：是两个变量间相互关系的明确陈述，也称备择假设。[②]
>
> 　零假设：教育研究中被检验的假设，代表两个变量之间零相关，也称虚无假设。[③]

①　萨尔金德. 社会科学研究方法100问［M］. 赵文，李超，译. 北京：北京大学出版社，2014：18–19.
②　萨尔金德. 心理学研究方法［M］. 9版. 童定，译. 北京：中国人民大学出版社，2019：25.
③　萨尔金德. 心理学研究方法［M］. 9版. 童定，译. 北京：中国人民大学出版社，2019：24.

我要提问

问：下列哪些表述符合研究假设的表述规范？

1. 问题学习可以提升学生的创造性思维吗？
2. 普通人的网络生活会影响其现实生活中的行为。
3. 小学生的语文成绩和数学成绩无相关关系。
4. 中学生的学业成绩和教师的教学自我效能感成正比。

答：上述表述中，第4项表述符合研究假设的表述规范。其中，第1项表述没有采用陈述句；第2项表述中，研究对象"普通人"和研究变量"网络生活""现实生活中的行为"都不够明确；第3项表述不是证"有"假设，而是证"无"假设。

二、研究数据的类型

按照不同的分类方法，研究数据可以被划分为不同的类型。数据类型的差异会影响统计方法的选择。

（一）定类数据、定序数据、定距数据和定比数据

依据采用不同计分方法的量表类型，研究数据可以分为四类：定类数据、定序数据、定距数据和定比数据。它们之间的比较如表1–1所示。

表1–1　四种不同类型的数据

数据类型	概念界定	数学意义	适用的统计方法
定类数据	表现为类别，如性别"男"与"女"、态度"赞成"与"反对"。由定类量表获得	无数学意义（虚拟变量除外）、定性数据	频数、频率、众数、非参数检验等
定序数据	兼具类别与顺序，如学历"研究生"与"本科"、年级"四年级"与"三年级"。由定序量表获得		中数、四分位差、等级相关、非参数检验等
定距数据	表现为数值，无绝对零点，可进行加减运算，如学生的学业表现等。由定距量表获得	有数学意义、定量数据	计算各种统计量、参数估计等
定比数据	表现为数值，有绝对零点，可进行加减乘除的运算，如身高和体重。由定比量表获得		

注：适用于定类数据、定序数据的统计方法，也适用于定距数据和定比数据，反之不行。

（二）定性数据和定量数据

定性数据是非数字形式的数据，定量数据是数字形式的数据。

（三）离散数据与连续数据

离散数据是不可分割的，如不同分数段的人数；连续数据是可以细分的，如身高、学生的学习自我效能感分数等。

我要提问

问：在任何情况下，定类数据或定序数据都不能进行参数估计吗？

答：一般情况下，定类数据或定序数据不适合进行参数估计，但可以通过虚拟变量（也称哑变量），将定类数据或定序数据"定量化"。通常情况下，在进行多元回归等变量间预测关系的探索时，才可能涉及将自变量设定为虚拟变量。如果将未经虚拟变量转换的一些人口学变量（如性别、婚姻状况、学历、职业等）直接纳入回归模型，随后进行的统计分析会违反多元回归分析中"自变量与因变量要均为连续数据"的基本假设。[1]

在虚拟变量的转换上，以"学历"为例，水平数有三组：水平1（本科），水平2（硕士），水平3（博士）。选定参照组，并将其编码为0。此处把水平3（博士）设为参照组，新建水平1和水平2（本科和硕士）的虚拟变量。虚拟变量是二分变量，用"0"和"1"表示：1表示属于此水平，0表示不属于此水平。学历的虚拟变量转换如表1-2所示，新变量"学历－虚拟1"表示"本科与博士"的对比，新变量"学历－虚拟2"表示"硕士与博士"的对比。在研究实践中，三个组别均可以作为参照组。

表1-2 学历的虚拟变量转换

学历	学历－虚拟1	学历－虚拟2
1（本科）	1	0
2（硕士）	0	1
3（博士）（参照组）	0	0

虚拟变量的转换可通过SPSS统计分析软件实现（本书中所用为SPSS22.0软件）。

三、研究取样

确定研究假设后的一个重要环节是研究取样，也称抽样。样本的随机性是一项研究的结论具有科学性与合理性的重要前提。如果抽样不具有随机性，那么所获得的研究结果可能并不是研究变量造成的，而是受抽样误差的影响。因此，选择合适的抽样方法是保证一项研究科学性与合理性的重要前提。

（一）总体与样本

总体是全部个体的总和，一个样本是总体的一个子集。[2] 在一项研究中，研究者几乎不太可能测量到总体中的每一个个体，比较实际的做法是抽取一个样本来代

---

① 吴明隆.问卷统计分析实务：SPSS操作与应用［M］.重庆：重庆大学出版社，2010：405.
② 萨尔金德.社会科学研究方法100问［M］.赵文，李超，译.北京：北京大学出版社，2014：88.

表总体，之后通过统计方法，检验样本是否能够有效估计或推断总体，即用样本统计量推断总体参数。因此，样本的代表性就变得尤为重要。

（二）抽样方法

教育研究中的抽样方法包括简单随机抽样、分层随机抽样、整群抽样、方便抽样等。前三种属于概率抽样，方便抽样属于非概率抽样。

1. 简单随机抽样

这是指总体中每个个体被抽到的机会都是相等的，都不为零，并且相互之间是独立的。

2. 分层随机抽样

这是一种特殊的随机抽样。在抽样过程中，研究者会考虑与研究变量相关的某一因素的影响（一般为人口学因素），依据这个因素的不同层次，分层次进行抽样。例如在"大学生的情绪智力与其学业表现的关系研究"中，研究对象是大学生，考虑到大学生情绪智力与学业表现之间的关系可能会受到学生性别的影响，在随机抽样的过程中，如果设定大学生的性别比例大概是 6 : 4，那么可以考虑男生人数占 60%、女生人数占 40%。这种抽样方法就是分层随机抽样。分层中的"层"，可以是一层，如"性别"，也可以是多层，如"性别 + 年级"。在研究实践中，简单随机抽样几乎很难实现，较为常用的是分层随机抽样。

3. 整群抽样

这是指一组或一群被试被抽取为样本，即选取由个体组成的单元而非个体本身。[1] 例如在小学生识字量的调查中，研究者可以随机选取某一小学的所有学生作为一个整体进行抽样。整群抽样要求所有群体具有同质性。

4. 方便抽样

这是指没有考虑抽样的随机性，而是以方便为主抽取的样本。例如选择研究者所任教班级的学生为样本。方便抽样的随机性及样本的代表性均存在一定的问题。但在很多情况下，当样本群体比较特殊，无法完全随机时，可能会采用方便取样，例如医学研究中相关病例的抽取等。

（三）样本量

样本量一直是困扰研究者的一个问题。样本量是否越大越好呢？事实上，一个过大的样本并不必然会增加研究结果的可信度或有效性，有时反而会增加很多的麻烦。同样地，一个过小的样本也不会必然使研究结果变得不可信或不可靠。样本量主要取决于研究者的研究目的、研究问题和所采用的研究方法，例如实验研究对样本量的需求可能会低于调查研究。依据统计的"中心极限定理"等，一般希望某个组别的样本量要达到 30~50（但 30~50 人的样本量还是偏小）。在问卷调查中，样本量一般要达到问卷题目量的 4~10 倍。当然，一般的观点认为，样本量越大越好，因为较大的样本会提供较好的可靠性，可以运用更丰富的统计方法。

---

① 萨尔金德.心理学研究方法［M］.9 版.童定，译.北京：中国人民大学出版社，2019：94.

我要提问

问：研究的抽样环节为什么这么重要？是否只要有一定数量的被试参与研究就可以了？

答：样本的概念是相对于总体提出的，抽样使一些本来不可能完成的研究成为可能。例如，开展中国小学生课业负担的调查研究时，对所有的中国小学生（即总体）进行调查，既不经济，也不现实。此时，研究者可以从总体中抽取一个有一定数量且有代表性的样本，完成这项调查研究。

另外，只有一定数量的被试是不够的，还需要其具有代表性。试想，在上述研究中，如果只对东部一线城市的小学生进行课业负担调查，就可以说明全国小学生课业负担的情况吗？答案显然是不可以。地区、性别、年级等都是此研究中需要研究者重点考虑的因素。

四、研究变量

变量指具有不止一个赋值的任何事物，是科学研究所关注的对象，如身高、体重、情绪智力、气质、成绩、坚毅、学习倦怠、学习压力，等等。变量包括不同的类型。

（一）自变量、因变量与控制变量

在实验研究或准实验研究中，自变量一般是被操纵的变量，且较多情况下具有不止一个水平。自变量是原因变量，自变量的变化会引起因变量的变化，或者说可由自变量的变化来预测因变量的变化。因变量是结果变量，因变量的变化可根据自变量来预测，一般是被测量的变量。控制变量一般是被消除或平衡的变量。除了自变量外，其他可能会引起因变量变化的变量都属于控制变量。

（二）潜变量

在教育研究中，很多变量是没办法被直接测量的，而是通过测量与其相关的具体项目而获得，这些变量被称为潜变量。潜变量反应了潜变量自身与测量它的项目之间的关系。比如研究气质类型中的抑郁质，就无法通过一个项目直接进行测量，而是要通过一系列描述抑郁质的项目来测量。

（三）中介变量与调节变量

自变量对因变量的影响会受到"第三个"变量（这里的"第三个"可以是一个变量，也可以是若干个变量）的影响，这些变量可能会起调节作用，也可能会起中介作用。调节变量是指如果变量 Y 与变量 X 的关系是变量 M 的函数，就可以称 M 为调节变量。或者说，Y 与 X 的关系受到第三个变量 M 的影响。[1]调节变量可以是定性的，也可以是定量的。简单地说，调节效应指的是自变量 X 在调节变量 M 的不同水平上对因变量 Y 的影响是不同的。考虑自变量 X 对因变量 Y 的影响，如果变量

---

① 温忠麟，侯杰泰，张雷．调节效应与中介效应的比较和应用［J］．心理学报，2005（2）：268–274.

X 通过影响变量 M 来影响变量 Y，则称变量 M 为中介变量。[①]

五、研究的信度与效度

信度与效度对于研究来说具有重要的意义。对于不同类型的研究，信度与效度的界定存在差异。如在调查研究中，信度是指测量的可信程度，包括重测信度、复本信度、评分者信度、分半信度、内部一致性信度等不同类型；效度是指测量的有效程度，包括内容效度、效标关联效度、结构效度等不同类型。在实验研究中，研究的效度更多地体现为内部效度和外部效度：内部效度是指因变量的变化在多大程度上是由自变量所解释的；外部效度是指实验结果推广到其他同类现象中的程度。信度是效度的必要非充分条件，信度高不一定意味着效度高，但如果效度高，那么信度一般也会高。

我要提问

问：一项研究为什么要报告信度和效度？量化研究和质性研究的信度和效度是否存在差异？

答：信度和效度在一定程度上保证了教育研究的过程和结果的科学价值与意义，因此在教育研究中，报告信度和效度是必不可少的。

在量化研究和质性研究中，效度在概念、分类方法和使用范畴上都有差异。量化研究认为研究对象是一个客观的实体，一般而言，研究者遵循科学的方法和操作流程有助于获得可靠的数据和研究结果。质性研究认为，研究结果的高效度，不仅是指该研究使用的方法有效，还是指对该研究的表述再现了研究过程中所有部分、方面、层次和环节之间的协调性、一致性和契合性[②]。

具体而言，在量化研究中，信度与效度的测量一般会通过 SPSS、AMOS 等统计分析软件实现。而质性研究中的效度检验，除了最常用的三角验证外，还有其他较为多样和灵活的形式。有学者提出，质性研究方法和量化研究方法的结合使用，本身也是一种三角验证。[③]例如，赵瑞军和陈向东从教师访谈编码、教学视频数据和学生问卷三个角度探究了教学行为决策的变化过程。[④]在扎根理论研究中，为保证研究的效度，可以采用分析类推的方式，即理论达到饱和后，在调研群体中再随机抽几名被试进行访谈，以验证分析结果是否与现有的结论一致。[⑤]

①　温忠麟，侯杰泰，张雷．调节效应与中介效应的比较和应用［J］.心理学报，2005（2）：268–274.

②　陈向明．质的研究方法与社会科学研究［M］.北京：教育科学出版社，2000：390.

③　张侨平，丁锐，黄毅英．教育研究方法中的几个误区［J］.教育科学研究，2015（4）：33–36.

④　赵瑞军，陈向东．学习空间影响教师教学决策过程的个案研究［J］.中国远程教育，2020（5）：64–75.

⑤　张慧，查强，宋亚峰．高职学生需要何种创业榜样？：基于学生视角的质性分析［J］.高校教育管理，2019（5）：115–124.

六、研究伦理

在研究开展的过程中，最重要的是研究者要将被试承担的风险降到最低，包括心理、情感和身体等各种类型的风险，即要关注研究伦理。研究者要确保被试的知情权，只有在其了解并同意参与之后，才能开展研究。同时，研究者还要保护个人信息、个人隐私，切忌数据造假等。总之，在教育研究开展过程中，研究者需要时刻提醒自己关注研究伦理。在研究开展前，研究者要依据相关规定，进行严格的研究伦理审查。

思考与练习

1. 教育研究包括哪几个步骤？请举例说明。
2. 请谈谈质性、量化和混合方法研究的特点。
3. 什么是研究假设？一项好的研究假设应该具备哪些特点？
4. 研究数据可分为哪些类型？
5. 请谈谈你对研究取样的认识。
6. 什么是自变量、因变量、控制变量、潜变量、中介变量、调节变量？
7. 请谈谈研究信度与效度的重要性。
8. 请谈谈在研究过程中如何关注研究伦理。

本章关键术语

教育研究（educational research）　　教育研究方法（educational research method）
研究假设（research hypothesis）　　定性研究（qualitative research）
定量研究（quantitative research）　　混合研究（mixed-method research）
研究数据（research data）　　抽样 / 样本（sampling/sample）
变量（variable）　　信度（reliability）
效度（validity）　　研究伦理（research ethics）

第二章 教育研究选题和文献综述撰写

学习目标

1. 理解好的研究选题的特点。
2. 理解教育研究选题的不同来源。
3. 能够自主形成合适的教育研究选题。
4. 能够应用文献综述撰写"四步法",完成一篇文献综述。

知识导图

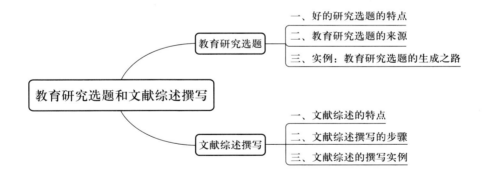

本章关注的是如何选取一个合适的教育研究选题，并据此撰写文献综述。优秀的选题是研究成功的一个重要前提，研究选题的价值性、可行性和已有研究积累是衡量选题质量的重要标准。文献综述的重点在于"述"，而不是简单的"作者＋观点"式地对文献进行罗列。文献综述具有逻辑结构，应该分要点、分结构、分层次地呈现相关内容。

第一节　教育研究选题

【微视频】
研究选题 1

教育研究选题是确定研究问题的过程，对于研究成功至关重要。这一节探讨的主要问题是：什么样的教育研究选题是一个优秀的选题？研究者该怎样发现一个好的选题？

一、好的研究选题的特点

在教育研究过程中，研究方法的使用主要是为了解决研究问题。研究问题既是研究的现实起点，也是整个研究的关键，影响着研究的方向与质量。因此，教育研究选题的质量尤为重要，研究者的选题能力体现了其敏锐的问题意识、扎实的文献基础、熟练的研究方法运用和把握能力。

一个好的研究选题，应当具有价值，且是可行的，以及应当基于研究者的研究积累。

（一）价值性

教育研究选题价值性的内涵非常丰富，包括科学性、创新性等。衡量一个选题的价值主要是从其理论价值和实践价值两个方面来评价，二者是不可分割的。

理论价值是这项研究本身对研究理论的贡献，即研究所获得的研究结论，是否提出了新的理论，或检验、丰富和修正了一个已经存在的理论。如"人力资本理论"是美国经济学家舒尔茨提出的一种较为经典的理论，主要关注人力投资对人类未来发展的重要影响。许多教育研究都以"人力资本理论"为理论基础，但是如果哪个研究能够对这个理论进行修正和完善，例如经过研究后，在人力投资与产出之间获得一个重要的、一般性的中介变量，那么这项研究就有了一定的理论意义。又如美国心理学家加德纳提出的"多元智能理论"，如果有研究能够证明在加德纳提出的智能之外，还存在其他类型的智能，这项研究的理论意义就能够凸显出来。当然，在一项研究中，一般情况下，很难直接提出一个全新的理论，更多的是对已有理论的检验、丰富和修正。对一个理论进行创新可能需要研究者或研究团队持续数十年的研究探索和积累。

实践价值是指一项研究对于社会经济发展和人类生活变迁所带来的意义。教育领域的研究，其实践价值主要体现在是否能够解决在教育实践中遇到的问题。例如教育领域比较关注的教育评价、留守儿童教育、校园欺凌、创新型人才培养等问题，都需要教育研究对实践进行指导。

选题的理论价值与实践价值应同时加以体现，研究选题应该是要解决一个"真问题"。这里的"真"既指选题应该具有科学性，也指选题要能够解决教育实践中真正存在的问题，还指这个选题是前人未曾探索过、没有统一定论的问题。如有研究关注"大学生气质类型与学业表现之间的关系"，这个选题就很难称作是真问题，因为一般情况下，多数研究者认为人的四种气质类型不存在好坏之分，也不影响个体的未来成就，因此研究气质类型与学业表现之间的关系，意义不大。

（二）可行性

可行性是指研究是否可以顺利开展或进行，研究的相关条件能否被满足。有时候，一项研究本身可能很有价值，但因其可行性不足，在研究实践中就很难实施。例如"校园暴力"是一个重要的问题，但是若进行"校园暴力研究"，这个选题就过于宽泛，很难把握具体的研究方法及步骤，可行性不足。

从可行性的视角出发，一个研究选题至少应该确定以下五个方面的内容。

1. 明确研究问题

在教育研究中，研究问题可以是宏观、中观和微观的，都可遵循"大问题做小，小问题做细"的思路，增加实际中的可操作性。例如上述的"校园暴力研究"，研究者可根据不同的研究兴趣，找一个研究切入点，探索校园暴力的影响因素、校园暴力的发生特点、校园暴力行为的性别差异、学生对校园暴力的认知差异等。选题过大、模糊性过强的研究问题较难进行具体的探索，这也势必会影响研究选题的价值与可行性。

2. 确定研究变量

研究问题中同样应该有关于研究变量的描述，如在"校长教育思想形成的影响因素有哪些？"这一研究问题中，校长教育思想相当于结果变量或因变量，通过研究探索要获得的影响因素是原因变量或自变量。在一个清晰的研究假设中，研究变量也会自动生成。例如在"校园暴力行为的性别差异研究"这一研究选题中，性别差异是自变量，校园暴力行为是因变量，依据研究者的文献综述，校园暴力的类型是可能存在的调节变量，学生的人际关系是中介变量等。

3. 界定研究变量的操作性定义

很多研究会忽略研究变量的操作性定义，但它对一项研究的顺利开展非常重要。在具体的研究情境中，一些研究变量的定义非常宽泛，研究者较难把握其具体的意思，或无法明确其具体的测量方法，因此需要给研究变量界定一个操作性定义。"操作性定义是一种规定，它使被确定的需要定义的变量和条件的操作或特征具体化。"[①]"具体化"是操作性定义的核心要素，例如在"小学生创造力培养研究"的选题中，"创造力"是一个很大的概念。在这个研究中，究竟要培养哪种创造力，需要研究者明确。同样地，在"校园暴力行为的性别差异研究"的选题中，"校园暴力行为"也是一个很大的概念，它到底是指语言暴力、行为暴力，还是精神暴力？或者各个方面均要加以关注？侧重点在于施暴一方还是受害一方，也需要明确。例如，笔者曾开展过一个"'新生代海归'创业意向与行动的影响机制和政策

---

① 袁振国. 教育研究方法［M］. 北京：高等教育出版社，2000：26.

研究"的选题，在这一选题中，"新生代海归"的操作性定义是指"在海外接受高等教育后3年内回国的'80后''90后'，他们可以有海外工作经历，也可以没有海外工作经历"。又如，在"饥饿状态下人的反应能力"的选题中，如果要给"饥饿状态"界定操作性定义，那么可以把"连续6小时未进食状态"设为饥饿状态。

4. 关注样本的可获得性

在明确了研究问题、研究变量及变量的操作性定义后，研究者需要进一步关注的是样本的可获得性。如在"'新生代海归'创业意向与行动的影响机制和政策研究"中，我们要关注的是是否能够获得"新生代海归"样本。对于关注特殊群体的选题来说，更需要特别重视样本的可获得性。

5. 考虑数据收集的方法

数据收集的方法与拟采用的研究方法紧密相关，不同的研究方法在数据收集方式上存在差异。具体通过哪种方法来收集数据，是在确定研究选题的过程中需要考虑的方面。

此外，研究的可行性既受到经费、人力、时间、设备等客观条件的限制，也受到研究者自身知识基础、研究专长与经验等主观条件的限制。

（三）研究者的研究积累

一个好的研究选题应当能够体现研究者的"研究积累"，或者说选题过程可以体现研究者对某个领域持续广泛的关注，例如美国心理学家班杜拉在社会学习领域的持续探索。在研究过程中，我们不是不能变换研究主题，而是要尽量聚焦在一个方向上。研究就如同其他任何人类的实践活动一样，需要经验的积累，研究者需要经历一个从新手到专家的过程。如果我们不断变换研究方向或研究主题，就不利于好的研究选题的生成。

知识快递

概念性定义：根据概念或假设的特征来界定研究变量的内涵。[1]

我要提问

问：为什么在确定研究选题的过程中，我们要考虑原来的研究积累？这样会不会失去研究的创新性呢？

答：研究总在强调要有创新性，可究竟什么是"创新"呢？其实，创新并不必然是指开创前所未有的新事物，也可以是在已有事物的基础上，就某一个方面或维度进行拓展。因此，研究积累和保持研究创新性并不矛盾，扎实的研究积累也是研究创新的重要基础之一。

---

① 李方. 教育研究的概念性定义和操作性定义［J］. 教育导刊，2009，4（9）：12–15.

二、教育研究选题的来源

一个好的研究选题主要是基于研究者对某一研究领域的持续观察及积累，并对这一领域的基本知识有较好地掌握。一个好的教育研究选题主要来源于以下五个方面。

（一）基于教育实践中需要持续关注的问题或新问题

教育实践领域总有一些需要持续关注的问题或不断涌现出一些新的问题，例如教育评价、创新人才培养、精准教学、流动人口子女教育、留守儿童教育、"双减"等问题。总之，好的研究选题应该具有生命力，而源于实践就是获取生命力的重要基础。

（二）基于日常的观察

生活中的细致观察及思考也能形成一些优秀的研究选题。如我们曾经看到一则新闻报导，讲述的是海外留学"光环效应"正在逐渐消失的问题。看到这则新闻，结合在创新创业领域的研究积累，我们查阅了教育部相关数据，得知近些年来，各类留学回国人员总数呈现逐年递增趋势。随着大批"海归"回国，其就业与创业情况受到了政府与社会各界的高度重视。但对刚学成归国的"80后""90后"人员的创业情况关注度则相对不多，而这一群体恰恰是回国人员中的主力军，占据总人数的近80%。这部分群体的创业当时存在"落地难""发芽难""生根难"等问题，但对这一群体的创业现状与问题，创业意向与行动影响机制，以及创业政策需求的研究较为薄弱。因此，我们选择了"'新生代海归'创业意向与行动的影响机制和政策研究"作为研究选题。

（三）基于已有研究的思考

每一项研究完成之后，研究者一般都会对该项研究中存在的问题进行总结，同时也会提出关于未来研究的展望及新的研究问题。如笔者曾经对"大学生的创业意向"的选题进行过问卷调查，结果表明大学生创业意向存在"年级倒挂"现象，即高年级学生（大三、大四学生）的创业意向要显著低于低年级学生（大一、大二学生）。在查阅相关文献后，笔者拟从时间距离角度探索大学生创业意向的"年级倒挂"现象，完成了"从意向到行动：基于解释水平理论的高校毕业生创业行为选择机制研究"的研究选题。解释水平理论指对于远距离的事件或人，人们的认知方式更多是抽象的，考虑的是美好结果；对于近距离的事件或人，人们的认知方式更多是具体的，考虑的是过程中的困难。这里的距离包括时间、空间和心理距离等。根据解释水平理论，对于高年级学生来说，毕业后创业距离他们非常近，在具体认知下，他们更多考虑的是创业过程中的困难；对于低年级学生来说，毕业后创业距离他们非常远，在抽象认知下，他们更多考虑的是创业实现后的美好结果。

（四）学科交叉领域的新问题

随着交叉学科研究的活跃，学科交叉领域涌现出了许多值得关注的研究问题。对学科交叉领域研究问题的把握，需要研究者具有较好的学科交叉的意识和学科交叉研究的基本能力。我们要对相关学科的基本理论、基本方法等有一定的了解，否则无法实现真正意义上的学科交叉。例如学生在线学习机制、网络社会媒体使用心理等，是教育学、新闻学和语言学等多个学科交叉领域的问题。

（五）基于已有研究文献的梳理、分析与提炼

已有研究文献中存在的不足和相互矛盾的结论均可以成为好的研究选题的来源。我们只有大量阅读相关领域的研究文献，才能确定这个领域的研究进展程度和研究中存在的不足，这些不足就是未来研究中可以尝试突破的问题。此外，在阅读文献的过程中，我们还能够发现一些彼此矛盾的观点与结论，即不同的研究者采用类似的研究方法，但就同一个研究问题获得了相反的结论。对已有文献中不同结果的探索也是研究选题的来源之一。

此外，研究者还可以从各类课题的申请指南中发现好的选题。表 2-1 为全国教育科学规划 2021 年度立项课题中的部分选题。

表 2-1　全国教育科学规划 2021 年度拟立项课题（部分）

课题类别	课题名称
国家重大	中国共产党百年教育方针研究
国家重点	我国义务教育学业负担综合治理研究
国家一般	学校生活的正义状况测评与改善机制研究
国家一般	建党以来中国特色教研制度变迁逻辑及教研员循证发展路径研究
国家青年	"强基计划"政策执行过程监测与效果评估研究
国家青年	职业院校"理实一体化"混合教学模式研究
教育部重点	研究型大学本科专业教育模式的国际比较研究
教育部重点	职业高原与组织支持：高校教师职业生涯中后期发展研究
教育部青年	青少年数字公民素养的多主体共育模式研究

三、实例：教育研究选题的生成之路

【微视频】
研究选题 2

教育学相关专业的本科生和研究生在进行教育研究方法训练、尝试开展学术研究时，首先要面临的问题，就是提出一个优秀的选题。当看到许多富有创新性、高质量的选题时，也一定想知道在各个选题的背后，是否存在一些共通的生成模式可供自己参考借鉴。为此，我们向部分 2020 年全国教育科学规划课题立项者发送邮件邀请，最终有 3 位教师接受了语音访谈或进行邮件回复。其中 X 老师和 H 老师的讲述，可以帮助我们进一步体会这条困难又有趣的选题生成之路。

X 老师的选题是从校园欺凌的主题聚焦而来的，她从 2013 年起就一直关注教育心理学的研究。在这次的选题过程中，她首先对"特拉华校园系列量表"的英文版进行了中文修订，对校园欺凌问题有了更多的兴趣和思考。然后通过文献阅读和实地调研后，她发现了当前相关研究的不足，即忽视了更广义的、师生间的欺凌，包括学生对教师的伤师性欺凌和教师对学生的师源性欺凌，而这两种欺凌与学生之间的欺凌存在着内在联系。最终，考虑到教师在校园欺凌防治中的重要地位，X 老师

认为从教师视角出发来研究校园欺凌问题，更加具有理论价值和现实意义。

如果说 X 老师的选题来源看起来像是"顺其自然"，那么 H 老师的选题则有点"突如其来"的感觉。她说："当时本来想延续自己博士论文的方向做教育政策，后来想突出实践性……"因此，对 H 老师而言，尽管新选题与高等教育政策研究有一些联系，但主要是从实际问题着手，因此相当于换了一个研究方向。H 老师通过进一步思考后，希望了解相关群体是怎样认识学术职业的，进而选择了与之相匹配的混合方法研究，形成了最终的选题。

综上，根据这两位老师的讲述，我们可以梳理出一个共通的选题生成模式（如图 2-1 所示）。在这个模式中，首先，研究者必须要有一个"点子"。这个点子可能是在研究过程或生活中自然而然生发的思考，也可能是对于某个实际问题的特别关注。其次，我们通过结合已有知识、深入调查和问题分析三个步骤，形成对研究框架的大致理解。深入调查既包括实地调研，也包括文献阅读，其目的在于生成对新现象或新主题的理解。在这个阶段，我们需要思考这个主题究竟存在哪些值得研究的问题，应采用什么研究方法及其可行性等。此阶段的三个步骤是非线性的，我们可能需要在这些步骤间循环往复才能为下一阶段做好准备。最后，我们需要不断聚焦自己的研究方向，将上一阶段的结果尽可能准确地呈现在自己的研究题目和表述中，从而生成选题。

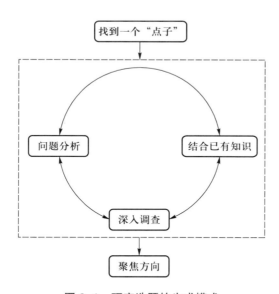

图 2-1 研究选题的生成模式

第二节 文献综述撰写

一项研究的开展，离不开研究者对本领域相关文献的系统梳理和归纳，在此基础上思考并确定该领域值得进一步关注的问题。文献综述既体现了对前人研究的尊重，也揭示出自身研究的必要性、创新性与价值性。本节阐释了文献综述的重要性，随后聚焦文献综述的特点和步骤，通过实例说明如何撰写一篇文献综述。

一、文献综述的特点

【微视频】
文献综述

科学研究是一项拓展人类知识边界的活动，研究者往往需要在前人研究的基础上构建自己的研究，但又需要将自己的研究与已有研究区别开来。因此，文献综述十分重要，其重要性主要体现在以下三个方面。

第一，对已有研究的系统梳理。

第二，提出当前研究与已有研究的区别，说明当前研究的必要性与价值。

第三，体现研究者对相关研究领域的熟悉程度，文献综述很少会遗漏某个研究领域的经典文献和重要文献。

文献综述一般具有以下四个特点。

（一）高质量的文献梳理

文献综述的基本分析材料是已发表的文献，因此高质量的参考文献对于文献综述至关重要。高质量的参考文献首先应该与综述主题高度相关，同时应具有高代表性。在中国知网等数据库中，一般有相关度、被引率、下载率等数据，被引及下载率等都可视为文献具有代表性的指标。引用高质量的参考文献体现了研究者自身对这一研究领域的熟悉程度。

（二）良好的写作逻辑

文献综述的内容结构因研究类型的差异而有一定的区别。在某些研究情境中，对相关主题的系统综述是研究的主要内容，此时，文献综述就成了研究的主体，其内容结构与研究论文差异不大，结构布局可以依据论文的基本结构，包括摘要、引言、正文、结论、讨论和附录等要素。而在有些情境中，文献综述作为研究问题提出的理论或文献支撑，是研究的一部分。虽然存在类型上的差异，但文献综述的主体部分是一致的。

在文献综述的主体部分，我们应该介绍清楚相关研究主题的历史发展、研究现状和前沿趋势。对相关研究的描述和评论要准确合理，逻辑、层次要分明，条理要清晰。避免罗列文献，要按照一定的"规则"或"标准"（这些"规则"或"标准"可以是年代顺序、研究方法、理论基础、研究内容及核心观点等），对文献进行梳理与概括，行文要有一定的逻辑。

（三）独立的概括能力

文献综述应体现出我们对文献资料的分析，具体包括独立性、概括性和相关性。

1. 独立性

文献综述的内容虽然来自已有文献，但应该超出已有文献。我们在阅读大量文献的基础上，要形成对文献的独立思考、分析与判断，在把握文献之间内在联系的同时，要在文献之外形成自己的独立观点。

2. 概括性

在呈现特定的文献时，如果没有特别的理由，不建议详尽地复述文献，即避免全文引用，要以观点引用为主，这也体现了研究者对文献的概括能力。例如"有研究证明了概念图方法对大学生批判性思维存在显著正向影响"，这句引用的是以往研究中的观点，在文献综述时不必详细对这一研究的全过程进行介绍，如这一研究是在什么情况下开展的，抽取了哪些被试，采用了什么测量工具和统计方法，获得了哪些研究结论，存在哪些研究不足，提出了什么研究展望等，除非上述内容与研究者的现有研究密切相关，否则不需要在文献综述中特别指出。

3. 相关性

文献综述不是越长越好，也不是越全越好。某一特定领域的研究文献量可能非常大，例如关于学生学习情绪的相关研究。我们在进行文献综述时，可以概括学习情绪的整体研究进展，但更多篇幅应该聚焦到我们关注的研究观点或结论上。

（四）引用的恰当性与规范性

文献引用的恰当性和规范性与其说是文献综述的特点，不如说是文献综述的基本要求。文献引用过程中有很多较易被忽略的方面，如直接引用和间接引用、原始引用和二手引用等。

直接引用是指引用文献时，未做任何修改，引用内容需要用引号进行标注的引用方式；间接引用是基于研究者对原始文献的理解，对引用内容进行重新概括或阐述的引用方式。一般而言，在文献综述的撰写过程中，不建议进行过多的直接引用。只有在一些重要或基本概念上，才可以适当直接引用。直接引用和间接引用都需要标注参考文献的来源。

在引用文献时，研究者应尽可能阅读某一观点的原始文献，但如果因为某种原因阅读的是二手文献，那么在文献标注时应该标注所阅读过的二手文献，而不适合标注未阅读的一手文献。"引谁标谁"，即观点引用自哪篇文献，就应该标注所引用的这篇文献。

此外，参考文献的标注应当符合一定的格式规范，宜采用 GB/T 7714–2015 格式（参考文献国家标准）。

【拓展阅读】
GB/T 7714–2015

我要提问

问：我阅读了 A 学者的一篇论文，这篇论文中引用了 B 学者某篇论文中的相关观点。如果我的研究中也想引用这个观点，那么我应该标注引用哪位学者的论文呢？

答："引谁标谁"，在这种情况下，应该标注引用 A 学者的论文。如果后来找到并阅读了 B 学者的论文，又根据 B 学者的论文梳理了引用观点，那么可以标注引用 B 学者的论文。

二、文献综述撰写的步骤

如何撰写一篇好的文献综述呢？拜恩列出了完成一篇好的文献综述的八个步骤。

第一步，检索关键词：确定合适的关键词作为文献检索的基础。

第二步，数据库检索：使用数据库检索相关期刊文章和材料。

第三步，核心期刊或著作：找出所研究领域的一系列核心期刊或著作，并将其作为引文检索的基础。

第四步，网络搜索工具：使用网络搜索工具来进一步确定感兴趣的内容。

第五步，浏览摘要：浏览文章、书评等的摘要，以确定是否需要阅读全文。

第六步，精细阅读：阅读已经挑选好的资料，并记录笔记。

第七步，主题组织：将这些笔记作为文献综述主题组织的基础。

第八步，撰写综述：根据主题组织撰写综述，构建一个或多个有趣的研究问题，这些问题是需要通过进一步的研究加以解决的。

这八个步骤可以进一步简化为四个主要步骤，确定检索关键词、检索文献、阅读内化和撰写成文。

（一）步骤一：确定检索关键词

文献综述中的"检索关键词"与本章前述的"研究选题"之间存在差异。研究选题是研究关注的核心问题，例如"大学生批判性思维的动态评估模型构建研究"选题，文献是支持提出这一选题的相关领域的研究基础与积累。但面对许多已有的文献，如何检索并获取合适的文献呢？需要先确定检索的关键词。例如在关注"学生批判性思维评估"这一研究方向中，检索关键词可以选择"批判性思维""批判性思维评估""学生批判性思维"等。在文献综述中，检索关键词不是固定不变的。我们在检索时可以根据情况重新确定关键词，或者进一步细化关键词。

总之，随着研究选题的确定，可以得出检索的关键词。它们可以是特定的术语、研究领域内知名的研究者和研究机构的名字等。研究选题和文献综述并不一定要按照先确定选题再形成检索关键词的顺序进行，也可以依据研究兴趣，先进行关键词检索再形成研究选题，还可以两者同步进行。

（二）步骤二：检索文献

确定检索关键词后，就进入了检索文献的具体过程。检索文献的过程往往决定着参考文献是否足够完整和全面。将检索关键词输入数据库，如中国知网、万方、维普、Web of Science、Science Direct 等，往往就能获得相当多的文献资料。面对浩如烟海的文献资料，我们可以根据时间、来源期刊、引用次数等进行初步筛选，筛选完成后保存检索的结果。结果可以保存在数据库中，也可以保存到 Endnote、Note Express 等文献管理工具中，以便使其成为后续阅读的资料库。

在检索文献的具体操作上，我们以浙江大学图书馆网站为例。浙江大学图书馆网站基本实现了一键式检索，即在网站中可以实现学术搜索、书刊查询、数据库、电子图书、电子期刊等的一键搜索。如图 2-2 所示，在"求是学术搜索"一栏，输入"批判性思维"或"critical thinking"等关键词，就能检索到相关的中英文文献。

浙江大学图书馆的"求是学术搜索"是一种非常便捷的全方位搜索。如果要搜索某个具体数据库中所收录的文献，可以点击"数据库"，进入各类常用中文和外文的数据库中进行检索（如图 2-3 所示）。

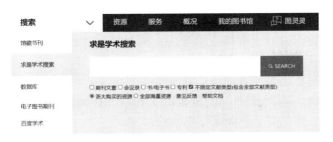

图 2-2 浙江大学图书馆网站检索栏

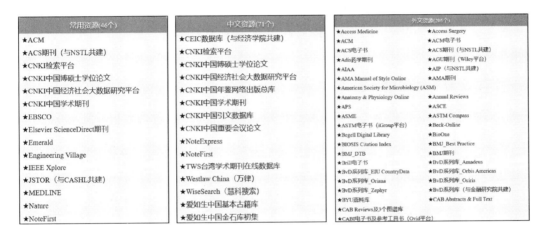

图 2-3 浙江大学图书馆网站数据库资源

如果对数据库不太熟悉的话，可以点击某个具体的数据库，了解更多详细的介绍。

在检索文献的过程中，注意不要遗漏掉本研究领域中的经典文献。经典文献的确定可以依据研究者的研究积累和研究经验进行判断，也可以根据文献被引量等客观指标进行选择。例如在探讨中介效应与调节效应时，就不能忽略温忠麟、侯杰泰、张雷三位作者于 2005 年发表在《心理学报》上的论文《调节效应与中介效应的比较和应用》，这篇论文至 2021 年 7 月，已经被引用超过 6 500 次，下载量近 78 000 次。

（三）步骤三：阅读内化

检索文献完成后，也就同时准备好了资料库，接下来，我们的主要任务是阅读内化。有些研究者可能会选择边检索边阅读，这主要取决于研究者个人不同的文献阅读习惯。

在阅读文献的过程中，经常会产生这样的困惑：与自己研究主题相关的文献非常多，如何能够保证阅读的准确性和所阅读文献的相关性？这里需要说明的是，通过关键词等方式进行检索后所获得的文献不全是研究者所需要的。一个简单的方法是先阅读文献摘要以确定是否要阅读全文，并在阅读过程中及时做好笔记。在前文提及的文献管理工具中，检索得到的文献的作者、期刊、发表时间等都一目了然，我们可以根据需要对文献的重要性进行标记和排序。在这一过程中形成的读书笔记是后续文献综述撰写的重要资料。

　　一篇规范的学术论文，其摘要部分应该清楚地阐述研究的研究背景、研究目的、研究方法、所获得的主要研究结论等。通过摘要，我们可以大致确定这篇论文的相关性，并决定是否要进一步精读全文。

　　无论是阅读摘要还是阅读全文，都需要做好笔记，特别是某篇文献中的一些关键方法及主要观点。当阅读了一定数量的文献后，再翻阅前面所记录的阅读笔记，文献综述的基本思路及框架会逐渐变得清晰起来。

（四）步骤四：撰写成文

　　撰写成文这一步骤的主要任务就是将前期零散的读书笔记进行组织与整合，并根据一定的逻辑顺序与结构安排撰写成文。如果前几个步骤完成得扎实，那么输出过程将水到渠成。当然，规范严谨合理的文稿需要文献整合、思辨和写作能力的长期培养与积累。

三、文献综述的撰写实例

　　文献综述的撰写实例：近二十年（1999—2018）国外创业失败学习研究综述。

　　步骤一：确定检索关键词。

　　本研究对近二十年（1999—2018）国外的创业失败学习研究进行了综述，第一个关键词是"从创业失败中学习（learning from entrepreneurial failure）"。由于研究者通过文献阅读后发现学者谢泼德有一系列相关的研究且具有一定影响力，因此，该学者的名字成为检索的关键词之一。

　　步骤二：检索文献。

　　检索平台和数据库均选择 Web of Science。以"从创业失败中学习（learning from entrepreneurial failure）"为例，除了直接进行搜索外，还拆分为关键词"创业失败（entrepreneurial failure）"和"学习（learning）"进行检索。Web of Science 的检索示例如图 2-4 所示。

图 2-4　Web of Science 检索示例

在检索结果页面，本研究按照日期、被引频次、相关性等对结果进行排序。检索结果可以导出到 Endnote 等文献管理工具中进行保存，也可以进入检索历史中加以保存。Web of Science 检索结果示例如图 2-5 所示。

图 2-5　Web of Science 检索结果示例

在本研究中，研究者当时首先阅读了检索文献的摘要，然后将具有参考价值的文献下载后，保存在电脑的本地文件夹中，接着将这些文献导入 Note Express 中，最后形成了相对浓缩的文献库。

步骤三：阅读内化

阅读文献库中的资料是进行文献综述时非常重要的一步。如果建立文献库时没有提前做好阅读摘要，则需要通过阅读摘要对文献库进行删减；如果事先已经阅读过摘要并建立了相对浓缩的文献库，下一步便是阅读文献并做好笔记。对于一些简单的笔记，尤其是不确定后续是否会用到的笔记，研究者可将其记录在文献管理工具中；而对于一些核心文献的笔记，研究者则可以直接编辑在空白处并及时做好引用，方便后续写作时使用。Note Express 中文献管理与笔记示例如图 2-6 所示。

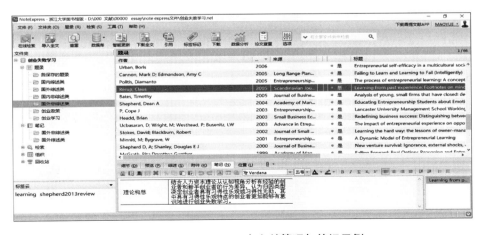

图 2-6　Note Express 中文献管理与笔记示例

步骤四：撰写成文

根据研究者阅读过程中的积累与思考以及与研究团队中其他成员的讨论，本研究最终决定围绕创业失败学习的内容、过程、影响因素对搜集到的文献进行梳理。据此，研究者将阅读笔记整理到相应的部分，撰写相关内容，经历必要的修改后，完成研究综述的撰写。

我要提问

问：采用知识图谱或元分析法进行文献综述时，和上述介绍的文献综述有何区别？

答：有学者将文献综述分为三类：传统的叙事／叙述性文献综述、系统性研究综述（包括元分析法和元综合法）和基于知识图谱可视化方法的文献综述。[①] 在这三类方法中，使用元分析和知识图谱可视化方法做出的文献综述，更加具有定量的意味。

本节介绍的八个步骤或四个步骤对于所有的文献综述撰写应该都是适用的。量化研究的文献综述，也需要进行文献的检索、筛选、阅读、整理和分析。尤其当研究假设涉及效果、关系、趋势时，可为研究者的后续分析提供相对客观的量化和可视化证据。

案例 2-1

基于元分析的文献综述

这里介绍一个用元分析来进行文献综述的实例。[②]

通过阅读文献，作者发现有关 STEM 教育（即集科学、技术、工程、数学多学科融合的综合教育）的实证研究结论并不统一，因此决定采用元分析的方法，对已有的证据进行综合。在这个案例中，作者不仅探讨了 STEM 教育对学生成绩的影响，还提供了完整的元分析步骤及指导。作者提出的研究问题包括以下三个：

（1）相比于非 STEM 教育，STEM 教育是否更有利于提高学生成绩？

（2）若 STEM 教育对学生的成绩有影响，那么影响程度有多大？

（3）哪些因素会影响 STEM 教育的效果？

为了回应上述问题，作者决定采取下述五个步骤进行文献综述，这些步骤也是元分析的通用步骤：（1）理论分析和概念界定，提出研究问题；（2）确

---

① 该观点源自河南大学教育科学学部副教授兰国帅在 2020 年第三届全国人文社科实证研究与论文写作在线研讨会上的讲座发言。

② 曾昭炳，姚继军. 寻找"最佳证据"：如何运用元分析进行文献综述：以 STEM 教育对学生成绩的影响研究为例［J］. 华东师范大学学报（教育科学版），2020，38（6）：70-85.

定文献纳入标准，检索、收集和筛选文献；（3）文献编码与质量评估；（4）计算合并效应量与异质性分析；（5）分析结果的稳健性检验，包括发表偏倚检验和敏感性分析。

通过元分析的方法，作者不仅得到了 STEM 教育对学生成绩的合并效应量，而且分析了各个背景变量的调节作用。例如，小学和高中阶段的 STEM 教育效果比初中阶段的教育效果更好；采用探究式或问题式教学法的 STEM 教育效果，比学科整合教学和项目式学习的效果更好；等等。

在元分析中，为了保证数据的可信度，研究者往往要采取多种处理方法。在这篇文章中，作者对上述分析结果进行了稳健性检验，包括发表偏倚检验和敏感性分析。前者是指当结果为正向且显著时，论文更容易被期刊接受和发表的现象；后者涉及推翻当前元分析结论所需额外添加的元分析研究数量。由于这篇论文收集的样本存在发表偏倚，因此作者对效应量进行了调整。总之，通过采用这种定量研究方法，综合多项前人的实验研究结果，研究证明了 STEM 教育对于学生成绩的正向作用。

思考与练习

1. 请谈谈一个好的研究选题应该具备的特点。
2. 教育研究选题的来源有哪些？
3. 请谈谈在研究实践中你是如何进行研究选题的。
4. 文献综述的重要性体现在哪些方面？
5. 好的文献综述的特点是什么？
6. 撰写文献综述的步骤有哪些？
7. 请寻找一个研究主题，尝试写一篇文献综述。

本章关键术语

研究选题（research theme）　　　　研究价值（value of research）

操作性定义（operational definition）　文献综述（literature review）

参考文献（reference）　　　　　　研究数据库（research database）

第三章　质性研究方法（一）

学习目标

1. 掌握观察法的常用方法和实施步骤。
2. 掌握访谈法的基本步骤，并尝试就某个研究问题设计相应的访谈提纲。
3. 掌握扎根理论编码的流程。
4. 熟练掌握有效提高观察法、访谈法和扎根理论的信度与效度的策略。
5. 比较观察法、访谈法和扎根理论之间的异同。

知识导图

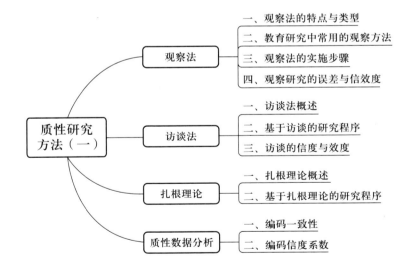

在教育研究中，观察法、访谈法和扎根理论因其理论基础和方法体系日趋成熟，常被用来对描述性、叙事性等教育问题进行深入探究，本章即是对这三种方法的介绍。在内容编排上，本章首先介绍了各种质性研究方法的概念和分类等，形成了对各种研究方法在理论上的清晰认知；其次结合相关案例，从实践角度讨论了各种研究方法的操作和实施；然后就如何把握和提高质性研究的信度及效度提出有效建议；最后是对质性研究中资料编码方法的介绍。

第一节　观　察　法

【微视频】
观察法 1

科学始于观察，社会科学研究中的观察，为研究者发现和解决问题提供了有益思路，观察法也为研究者提供了获得真实情境中最真实、生动的数据资料的可能。许多教育学及心理学研究成果以观察法为主要方法，如陈鹤琴和裴斯泰洛奇等学者开展的关于儿童教育与心理的研究。本节主要对观察法的特点、类型、常用方法、实施步骤以及观察研究的误差与信效度等问题进行探讨。

一、观察法的特点与类型

观察法是指人们有目的、有计划地通过感官和辅助仪器，对处于自然状态下的客观事物进行系统考察，从而获取经验事实的一种科学研究方法。[1]观察法不是随意而为之的，它是有目的、有计划的，同时，观察的对象是处于自然状态下的。观察者可以是研究者本人，也可以是经过培训的研究助手及其他相关研究人员。

（一）观察法的特点

教育研究中的观察法属于科学观察，具有以下四个特点。[2]

第一，观察具有研究目的性。观察者在进行观察的时候，是带着一定的研究目的的，而不是随意地观察。观察目的是在观察活动进行之前就确定的，通常是为了解决教育领域中的某个研究问题。观察目的对观察活动起指导性作用。

第二，观察具有客观性。在教育研究中，观察法受到质疑的一个主要方面是观察过程容易受到观察者主观因素的影响，很难做到完全客观。对于观察者来说，在观察过程中，应该尽可能地做到观察及记录的客观性，避免掺杂观察者个人的主观情感。为保证观察的客观性，观察者可结合使用一些客观的观察记录表等，全面把握研究目的，记录观察内容。

第三，观察具有能动性。观察是有组织、有计划的能动性活动，在观察活动开始之前，观察者需要做详细的计划与安排。此外，观察活动多是在一定的科学理论指导下进行的，其结果解释也应基于相关理论。这种观察活动的科学性和严谨性远远高于日常观察。

第四，观察具有选择性。观察有明确的目的性和任务性，在观察过程中，受限

---

① 裴娣娜.教育研究方法导论［M］.合肥：安徽教育出版社，1995：184.
② 刘淑杰，刘彩祥.教育研究方法［M］.北京：北京大学出版社，2016：123-124.

于时间和精力，观察者应该有选择性地观察并记录与研究问题有关的内容。[①]

（二）观察法的类型

教育研究中的观察法种类较多，按照不同的标准，可以分为不同的种类。

第一，根据观察者是否参与观察活动，观察法可分为参与观察和非参与观察两类。

参与观察是指观察者参与被观察的活动，比如进行小组讨论的观察，在与小组中的其他伙伴建立良好关系的基础上，观察者既要在此小组中承担自己的任务分工，也要观察其他成员的活动。非参与式观察即"局外观察法"，观察者与被观察者需保持一定的距离，观察者要"置身事外"地进行观察，例如教学实践中的听课活动就属于非参与式观察。

第二，根据观察过程中是否需借助仪器设备，观察法可分为直接观察和间接观察两类。

直接观察指的是观察者不借助任何仪器设备，主要通过自己的感觉器官对现象进行观察，例如观察者记录自己所看到的或所听到的内容。间接观察指的是借助一些观察仪器，如单向透视玻璃（单向观察屏）、照相机、摄影机和录音机等进行的观察活动。两种观察法各有利弊：直接观察便于捕捉直接的、真实的第一手材料，但是观察者的感官局限性有时候会影响观察结果的客观性和完整性；间接观察可以通过相关仪器记录观察内容，使得信息更加完整客观，但在真实性及非言语信息的把握上略有不足。

第三，根据在观察活动实施前，是否设计封闭式的、明确且固定的观察条目，观察法可分为结构式观察和非结构式观察两类。

结构式观察是指事先把观察内容具体化和详细化，并将其转化为具体的观察条目表，观察者在观察时只需要按照观察条目表进行观察、记录即可。非结构式观察是指事先没有具体、明确的观察条目表，只是按照总的研究目的及观察目标，灵活地进行观察。两种观察法具有各自的特点：结构式观察较为集中，但可能会遗漏观察条目外的一些重要信息；非结构式观察较为自主，但观察内容可能比较容易分散。一般认为，研究在早期阶段偏向采用非结构式观察，以便获取更多的信息与资料；研究在后期阶段，在研究观点及研究内容更加聚焦的情况下，偏向采用结构式观察。结构式观察主要涉及编码的问题，其观察过程与后续问卷开发的过程相类似：设计总的观察目标，之后有不同的具体维度，每个维度下面也有相应的观察条目。

第四，根据观察对象所处的观察情境是否受到干预，观察法可分为自然观察和实验观察两类。

自然观察是指被观察者所处的情境是在自然状态下发生的，没有任何人为的干预，例如真实的课堂情境。实验观察是指被观察者所处的情境会受到人为的干预，例如研究者创设了基于小组合作的课堂情境。

---

① 徐红．教育科学研究方法［M］．武汉：华中科技大学出版社，2013：65.

二、教育研究中常用的观察方法①②

教育研究中常用的观察方法主要有三种：描述记录法、抽样记录法和核对清单法。

（一）描述记录法

1. 日记描述法

【微视频】
观察法 2

日记描述法简称日记法，是指对同一个或者同一组被观察者进行长期跟踪与反复观察，以日记的形式描述性地记录被观察者的行为表现从而进行研究的一种方法。③教育领域中较早使用日记描述法的是瑞士教育家裴斯泰洛奇，他通过观察自己的孩子写成了著作《教育3岁孩子的日记》。我国教育家陈鹤琴也主要采用此种方法完成了著作《儿童心理之研究》。

2. 实况记录法

实况记录法是指在一定的时间段内，连续地、详尽地记录被观察者的所有表现或活动从而进行研究的一种方法。④实况记录法以时间为观察记录的依据，对一个时间段内所发生的所有行为或事件进行详细、客观地记录，不需要观察者进行主观评价。

3. 轶事记录法

轶事记录法又称记事法，是指观察者在实施观察的过程中，以记事为主，将有价值的、有意义的或感兴趣的事件完整地记录下来。⑤轶事记录法不需要对某个时间段内发生的所有行为或事件进行全过程记录，观察者主要观察并记录对自己来说有价值的或自己感兴趣的事件。轶事记录法要求观察者对研究目的及研究问题非常熟悉，只有这样，才能准确判断出哪些行为或事件对研究是有价值的。

（二）抽样记录法

1. 时间取样法

时间取样法是以一定的时间长度为取样单位，观察并记录被观察者在这个预先设定的时间间隔内的行为表现或活动场景的一种方法。⑥例如，弗兰德互动分析编码系统主要采用时间取样法，将课堂上师生之间的互动分为10类（如表3-1所示），然后在指定的一段时间（如一堂课的时间）内，每隔三秒钟取样一次，对每次取样都按编码系统规定的意义记录相应的编码，最后通过整理和分析这些编码得出相应的结论。表3-2展示了一堂初中物理课的弗兰德互动分析矩阵。

---

① 裴娣娜.教育研究方法导论［M］.合肥：安徽教育出版社，1995：190-194.
② 徐红.教育科学研究方法［M］.武汉：华中科技大学出版社，2013：71.
③ 徐红.教育科学研究方法［M］.武汉：华中科技大学出版社，2013：72.
④ 徐红.教育科学研究方法［M］.武汉：华中科技大学出版社，2013：71.
⑤ 李方.现代教育研究方法［M］.广州：广东高等教育出版社，2010：214.
⑥ 徐红.教育科学研究方法［M］.武汉：华中科技大学出版社，2013：74.

表 3-1 弗兰德互动分析编码系统①

分类		编码	内容
教师语言	间接影响	1	表达情感
		2	鼓励表扬
		3	采纳意见
		4	提问
	直接影响	5	讲授
		6	指令
		7	批评
学生语言		8	应答
		9	主动
沉寂或混乱		10	无有效语言

表 3-2 一堂初中物理课的弗兰德互动分析矩阵②

	1	2	3	4	5	6	7	8	9	10	合计
1	44	1	2	11	7	9	0	2	0	9	85
2	2	5	2	3	1	2	0	0	0	1	16
3	5	1	16	10	9	0	0	3	0	1	48
4	4	8	1	22	4	9	0	55	0	19	122
5	9	0	0	22	183	5	0	0	0	15	234
6	6	0	0	6	4	10	0	10	1	14	51
7	1	0	0	0	0	0	0	0	0	0	1
8	6	0	17	26	9	6	0	33	1	2	100
9	0	0	3	0	0	0	0	0	0	0	3
10	8	1	7	14	17	7	1	5	1	107	168
合计	85	16	48	114	234	51	1	108	3	168	828

在表 3-2 所示的弗兰德互动分析矩阵中,以第 4 行第 8 列(简称"4-8")为例,"4-8"的编码为 55,指的是在这一段观察时间内,以 3 秒为取样单位,共发生了 55 次"从教师提问到学生应答的行为",又以第 9 行第 10 列(简称"9-10")为例,"9-10"的编码为 0 次,指的是在这一段观察的时间内,"从学生主动语言到无有效语言的行为"出现次数为 0 次。

---

① 宁虹,武金红.建立数量结构与意义理解的联系:弗兰德互动分析技术的改进运用 [J].教育研究,2003,4(5):23-27.

② 宁虹,武金红.建立数量结构与意义理解的联系:弗兰德互动分析技术的改进运用 [J].教育研究,2003,4(5):23-27.

2. 事件取样法

事件取样法是指根据研究的需要，观察者先确定需要观察并记录的事件类型，当预先确定的事件出现时，观察者再对事件的全过程进行记录。例如对课堂问题行为的观察，研究者可先确定哪些事件属于课堂问题行为，当这些行为出现时再进行记录。戴维对学前儿童争执事件的研究就采用了事件取样法，他用了 4 个月的时间记录了自然情境下的 200 例幼儿争执事件，记录表如表 3-3 所示。

表 3-3　幼儿争执事件记录表[①]

姓名	年龄	性别	争执持续时间	发生背景	行为性质	做了或说了什么	结果	影响

（三）核对清单法

1. 行为检核法

行为检核法主要是指在观察之前可事先确定好需要观察的具体行为，制作出详细的行为"清单"，观察者在观察的过程中，只需要依据观察清单就行为是否出现给出观察判断即可。行为检核法是一种典型的结构式观察，例如对中学生学习行为问题表现的检核表如表 3-4 所示。

表 3-4　中学生学习行为问题表现检核表[②]

题号	分量表	学习行为问题表现	有	无
1	学习能力	常常忘了带书、带笔记、交作业		
2		听课的时候经常走神		
3		做题担心会出错		
4		经常漏看题目		
5		阅读时出现不流畅的情况		

2. 等级量表评定法

等级量表评定法是行为检核法的进一步细化和深化，观察者需要先判断某种行为是否出现，然后再判断行为出现的强度或频率，如将等级分为"总是如此""经常如此""偶尔如此""从不"四类。

三、观察法的实施步骤

通过整合现有文献，根据研究中的具体操作和运用过程，本书认为观察法的实

①　徐红. 教育科学研究方法 [M]. 武汉：华中科技大学出版社，2013：75.

②　范晓玲，杨永韵，沈莹盈，等. 中学生学习行为问题检核表的初步编制 [J]. 教育测量与评价（理论版），2016（4）：9-15.

施大致可以按照以下三个步骤进行。[1][2]

（一）观察前的准备

1. 明确观察问题

在开始观察前，观察者需要明确观察问题。观察问题可以与研究问题一致，也可以是研究问题的一小部分，这可依据研究问题所需的数据或资料而定。[3]

2. 设计观察计划和方案

总体来看，观察计划和方案中应该包括以下三个要素。

（1）观察的内容、对象与地点。

（2）观察的时间、时间长度与次数。

（3）观察的类型与方法。

3. 制订观察提纲

观察提纲是对观察内容的进一步细化，观察提纲一般包括以下六个方面：[4][5]

谁：被观察者是谁？

什么：被观察者有什么样的行为表现？

何时：这些行为或者事件是什么时候发生的？发生的频率是多少？持续了多久？

何地：这些行为是在什么样的情境下发生的？

如何：这些事件是如何发生的？它和其他事件有什么不同之处？

为什么：为什么会发生这样的事情？

4. 准备观察工具 [6]

在实际观察前需要准备观察工具，如制订相关的观察记录表。观察记录表分为结构观察记录表和非结构观察记录表两种类型。结构观察记录表要有明确的观察条目。非结构观察记录表相对比较简单，因为事先并无明确的观察行为预期，因此，内容主要是可被观察的一些基本信息。

如果研究条件许可，在不违背研究伦理的前提下，观察者可以准备好录音笔、照相机、录像机等工具辅助记录。

（二）实施观察

在对观察活动进行充分的准备后，观察者就可以进行实际的观察了。有学者把观察过程比作一个漏斗，最上面为全方位的观察，中途逐渐缩小观察范围，最底部为完全聚焦问题。[7]

观察记录应该尽可能地详细、准确，并能够突出重点。同时，在可能的情况

---

① 刘淑杰，刘彩祥. 教育研究方法［M］. 北京：北京大学出版社，2016：141–159.

② 朱德全，李姗泽. 教育研究方法［M］. 重庆：西南师范大学出版社，2011：135–138.

③ 朱德全，李姗泽. 教育研究方法［M］. 重庆：西南师范大学出版社，2011：135.

④ 徐红. 教育科学研究方法［M］. 武汉：华中科技大学出版社，2013：79.

⑤ 杨晓萍. 教育科学研究方法［M］. 重庆：西南师范大学出版社，2012：58.

⑥ 刘淑杰，刘彩祥. 教育研究方法［M］. 北京：北京大学出版社，2016：148–152.

⑦ 白芸. 质的研究指导［M］. 北京：教育科学出版社，2002：134.

下，也可使用辅助记录工具，以便在观察后对观察记录进行补充和完善。

（三）观察资料处理与观察报告撰写

当观察活动结束后，依据不同的观察方法会获得不同的数据类型，这时就需对观察资料进行处理。对于定性的资料，可采用编码的方式进行分析；对于定量的资料，则需根据情况采用相应的统计方法进行统计分析。

最后的步骤为撰写观察报告。观察报告包括标题、关键词、观察报告正文及相应的参考文献。

四、观察研究的误差与信效度

（一）观察研究的误差

一项观察研究的开展，不可避免地会存在一些误差或偏差，具体注意以下八条内容。[①]

（1）观察者的选择性注意。受研究兴趣或研究经验的影响，观察者会不由自主地观察自己"想"观察的内容，从而导致观察的失真。

（2）被观察者的反应性。当被观察者感知到自己的行为在被他人观察时，可能会改变自己的行为，从而导致观察行为的失真。

（3）观察内容的有效性。需要依据有效的证据对观察内容做出判断，例如当观察到一个微笑时，其到底是友善的、敌意的、紧张的，还是放松的？观察者在进行判断时不免会带有主观性。

（4）有选择性的记录。观察者有时候记录的并不是观察的现象，而是对现象的解释。

（5）有选择性的回忆。如果观察记录发生在被观察者的行为发生之后，则有可能会受观察者有选择性的回忆的影响。

（6）人际关系和反向移情。观察者对被观察者的不同的情感态度，也会影响观察的结果。

（7）期望效应。观察者如果非常熟悉和清楚研究假设，在观察过程中，他们有时就会不自觉地对观察行为产生期望效应，这可能会使观察者过多地记录符合假设期待的行为。

（8）观察者的人数。如果观察中有多位观察者，那么会产生由观察者差异所导致的偏差。

观察研究中的误差涉及的就是观察的信度与效度问题。观察研究的信效度估算和量化研究中的估算存在差异，但在观察研究中，同样需要考虑信度与效度的问题。

（二）观察研究的信度

观察的信度一般是指观察者所观察到的内容的可靠或可信程度。观察的信度包

① COHEN L, MANION L, MORRISON K. Research methods in education ［M］. 6th ed.London：Routledge，2007：410–411.

括不同观察者同时观察的一致性情况，同一位观察者不同时间观察的稳定性，不同观察者在不同时间内观察的一致性情况。[1]

为了保证观察的信度，研究者需注意以下五个方面[2]。

第一，对研究中的关键概念进行操作性定义，并使用相同的操作性定义。

第二，对相同的观察内容采用同样的记录方式。

第三，观察者的注意力应该保持集中。

第四，观察过程中要关注细节。

第五，观察者需具备依据观察数据做出准确判断的必要经验，或者至少应该接受必要的培训。

我要提问

问：在观察研究开始之前，研究者应该考虑哪些因素？

答：根据科恩、马尼恩和莫里森的观点，研究者需要考虑以下内容[3]。

1. 观察的时间、地点、方法和内容。

2. 在观察中有哪些内容或结构需要被观察。

3. 观察时间的持续周期，被观察行为应该能在这个持续周期中出现，并可以被观察到。

4. 观察周期的具体时间，如早上、下午或晚上。

5. 观察的情境，如一场会议、一堂课、一次工作坊等。

6. 观察的特点或类型（结构式或非结构式）。

7. 观察的机会，确定被观察者及被观察行为的存在。

8. 观察的主观性与客观性的有效整合。即使是在结构式观察中，当观察计划形成后，这一计划也有可能会变得非常主观，因为观察者的解释、选择和反向移情等可能会影响观察。

9. 为了减少被观察者的反应性，考虑是否采用参与式观察。

10. 信度和效度。

11. 使观察具有可操作性，确定观察内容是一致的、明确的和有效的。

12. 选择合适的观察记录方法。

13. 如何进行保密，或者是否需要获得被观察者的知情同意。

（三）观察研究的效度

观察的效度一般是指观察者在多大程度上观察到了自己所想要观察的内容，或者反过来说，是指观察者观察到的内容在多大程度上是"失真的"。在观察研究中，

---

① 朱德全，李姗泽. 教育研究方法［M］. 重庆：西南师范大学出版社，2011：139–140.

② COHEN L，MANION L，MORRISON K. Research methods in education［M］. 6th ed.New York：Routledge，2007：411.

③ COHEN L，MANION L，MORRISON K. Research methods in education［M］. 6th ed.London：Routledge，2007：412.

观察者"深度卷入研究"会影响观察研究的内部效度。内部效度受到的影响包括：观察者在对现在的事件进行探索或观察时，可能没有意识到会受先前事件的影响；被观察者的样本代表性问题；观察者在场可能会使被观察者出现不同的行为；观察者自身可能会过于卷入其中，以致不能理智地看待事件。①

观察者可以通过以下四个方面来提高观察的效度。②

第一，观察者要保持客观、中立的立场。观察者对被观察者及自身的观察行为要尽可能地保持客观、中立的立场，尽量不要带入个人的主观认知或个人情感，特别是避免带入主观倾向或主观偏见。

第二，保证足够多的观察次数或时间。提高效度的一个重要方面是观察者要确定自己所观察到的行为是偶尔出现的，还是经常性行为。因此，多次、长时间的观察是必要的。

第三，使用有效的记录方法。观察内容最终要转化为记录文本。观察者采用恰当的记录工具，对观察内容进行准确、详细的记录，也是确保观察效度的一个重要方面。

第四，所选样本具有代表性。与问卷法、实验法等量化研究方法相一致，质性研究方法中的观察法，其样本选取的随机性与代表性能够有效地排除抽样误差，使样本可以有效地代表总体，从而提升研究的效度。

第二节　访　谈　法

一、访谈法概述

访谈法是"研究者'寻访''访问'被研究者并且与其进行'交谈'和'询问'的一种活动，是一种研究性交谈，是研究者通过口头谈话的方式从被访者那里收集（或者说'建构'）第一手资料的一种研究方法"③。同样，访谈可以由研究者或者经过培训的访谈人员进行。

（一）访谈法的目的

与日常谈话不同，访谈法作为一种独特的研究方法，有明确的研究目的。访谈法主要有以下三个目的。④

第一，访谈法是收集关系到研究问题相关信息的主要手段。它能够帮助研究者发现被访者知道或不知道什么（知识或信息），喜欢或不喜欢什么（价值观和偏好），以及被访者的想法（态度和认知）。

---

① COHEN L，MANION L，MORRISON K. Research methods in education［M］. 6th ed.London：Routledge，2007：158.

② 朱德全，李姗泽 . 教育研究方法［M］. 重庆：西南师范大学出版社，2011：139.

③ 陈向明 . 质的研究方法与社会科学研究［M］. 北京：教育科学出版社，2000：165.

④ COHEN L，MANION L，MORRISON K. Research methods in education［M］. 6th ed. London：Routledge，2007：351.

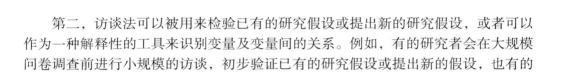

第二，访谈法可以被用来检验已有的研究假设或提出新的研究假设，或者可以作为一种解释性的工具来识别变量及变量间的关系。例如，有的研究者会在大规模问卷调查前进行小规模的访谈，初步验证已有的研究假设或提出新的假设，也有的研究者会在问卷调查后针对某些令人意外的调查结果进行访谈以寻求解释。

第三，在研究工作中，访谈法可以与其他研究方法结合使用，或者验证其他研究方法所获得的结果，或者更深入地了解被访者的动机。例如，综合使用访谈法与其他研究方法时，如果发现被访者在接受访谈时的回答与其他研究方法的结果（问卷调查）不一致，则可以通过追问了解其中的原因，也可以通过其他研究方法进行检验。

（二）访谈法的类型

根据不同的分类标准，访谈法可以分为多种类型。[①]

1. 按照访谈内容的开放程度，访谈法可以分为结构型访谈、非结构型访谈和半结构型访谈

结构型访谈。结构型访谈是指访谈的问题、计分方式、问题选项、记录方式、提问顺序等都是事先确定好的，在访谈过程中一般不进行更改。例如，"您对学校的教学环境是否感到满意：满意、不满意"。结构型访谈的结果便于统计分析，但是其提问的内容及固定的答案可能会使研究者所收集到的信息量有限。

非结构型访谈。非结构型访谈是指事先只给定一个讨论的主题或范围，没有具体的访谈问题或规定的程序，鼓励被访者围绕讨论主题自由地发表见解。例如，围绕"小学生晚托政策的效果评价""家校有效沟通的策略"等讨论主题所开展的访谈。如果研究者确定了研究的大方向但没能明确具体的研究问题，就可以选用非结构型访谈发现问题。但非结构型访谈有时候会出现访谈不够聚焦的情况。

半结构型访谈。半结构型访谈是指事先拟订访谈提纲，访谈主要按照访谈提纲进行，但研究者也会根据访谈实际做出调整。例如，"1. 小学生晚托政策已经实施了一段时间，请您谈谈政策的优势方面有哪些？""2. 请您谈谈小学生晚托政策中存在的一些问题。""3. 您觉得小学生晚托政策可以从哪些方面进行完善？"半结构型访谈因其相对的灵活性，在研究实践中被普遍采用。

2. 根据访谈者和被访者接触的方式，访谈法可以分为直接访谈和间接访谈

直接访谈。直接访谈是指研究者和被访者面对面地进行访谈的方法。面对面交流可以使研究者观察到被访者的表情和动作等非语言式的表达，从而能更全面和准确地理解被访者及其回答。

间接访谈。间接访谈是指研究者和被访者通过一定的通信工具如社交软件等进行访谈的方法。间接访谈可以消除访谈者与被访者之间的距离障碍并节省时间，但研究者较难获得非语言表达的内容。

3. 根据参与访谈的人数，访谈法可以分为个体访谈和集体访谈

个体访谈。个体访谈是指只有一个研究者和一个被访者的访谈方法。在这种访

① 陈向明. 质的研究方法与社会科学研究［M］. 北京：教育科学出版社，2000：171-173.

谈方式下，被访者可以获得研究者全部的关注，且没有在群体面前的压力，可能有利于深入挖掘被访者内心真实的想法。

集体访谈。集体访谈是指一个或多个研究者和多个被访者的访谈方法。在这种访谈方式下，被访者能够相互交流甚至争论，可以获得个别访谈或许无法获得的资料。但是由于受到群体压力，受访者可能因此产生从众等现象。

4. 按照访谈的正式程度，访谈法可以分为正规访谈和非正规访谈

正规访谈。正规访谈是指研究者和被访者事先就访谈的时间、地点和内容有正式的约定的访谈方法。研究者在访谈前一般会把访谈提纲先发给被访者。

非正规访谈。非正规访谈是指研究者根据被访者日常生活的安排在被访者的生活情境中与其进行访谈的方法。因为没有刻意的准备，研究者获得的资料可以更加真实和贴近生活。

此外，根据访谈的次数，访谈还可以分为一次性访谈和多次性访谈。还有学者提出人种志的访谈、精英访谈、生活史访谈等方法。访谈法的类型多样，对访谈方式的选择应该根据研究的具体情况，如研究目的、研究对象和现实条件等进行选择。

二、基于访谈的研究程序

那么，应该如何设计和执行一个基于访谈的研究呢？科恩、马尼恩和莫里森列出了基于访谈研究的一般程序，主要有如下七个步骤。[①]

第一步，确定主题。

访谈研究的最初阶段是确定研究主题，既包括对研究的理论基础、研究价值及访谈研究方法的选择进行阐述，也包括将总的研究目标转化为具体的子目标，使研究目标在后续研究过程中具有可操作性及可执行性。

第二步，设计访谈提纲。

在设计访谈提纲的过程中，研究者应该结合研究问题与研究目的，考虑访谈提纲的类型。除此之外，还要考虑设计访谈提纲的具体内容，即拟订访谈的问题。

在准备访谈问题时，可以确定具体的问题类型。问题类型的选择通常取决于以下因素：访谈的目标，访谈过程中的主观性因素，研究者探寻的是事实或是观点或是态度，被访者的受教育水平、信息资源、动机，研究者对被访者的了解，研究者与被访者的关系等。在预先考虑了这些问题之后，研究者就可以决定使用开放或封闭的问题、直接或间接的问题、具体或抽象的问题了。

① COHEN L, MANION L, MORRISON K. Research methods in education［M］.6th ed. London: Routledge, 2007: 356.

知识快递

访谈中的问题

1. 封闭问题与开放问题

封闭问题有固定选项，被访者可从两个或多个选项中进行选择。例如：你在学校住宿吗？选项为是或否。这种问题使被访者的回答符合指定类别，更容易进行编码；但可能会存在备选的选项均不是被访者想要选择的情况。

开放问题没有固定选项，只是提供思考方向，但不限制被访者的回答。例如：你喜欢什么样的教师？这种问题较为灵活，如果被访者愿意，就可以更深入地回答问题，但被访者对类似问题的回答可能会超出研究者的预期。

2. 直接问题与间接问题

直接问题直接反映了研究者提问的目的。例如，直接询问教师是否喜欢自己的工作。这种问题的优点是直截了当，不容易造成误解，但被访者可能由于某些原因会隐藏自己的真实看法。

间接问题的目的性不那么明显。例如，询问教师对学生、教育教学、学校运行方式等的看法，进而间接地从他们对这些问题的回答中推测出其是否喜欢自己的工作。对于不便直接询问的问题，间接问题可能会获得更加坦诚和开放的回答。

此外，按照访谈问题是否包含特定明确的对象，访谈问题还可分为具体问题和抽象问题。总之，在设计访谈问题时，研究者需要注意使用简单易懂的词语，避免使用带有偏见的语言，避免歧义，合理使用带有诱导性的问题，对个人隐私保持敏感等。

第三步，实施访谈。

首先，寻找和联系访谈对象。研究者可以向潜在被访者介绍研究的内容和目的等，并对保密问题等做出承诺，在取得他们的知情同意后约定访谈的时间和地点，并商议能否进行录音、录像等相关问题。访谈对象的选择应该尽可能随机。

其次，在约定的时间和地点依据事先设计的访谈提纲进行访谈。访谈开始之前，研究者应该再次对自己的研究和访谈内容进行简要介绍，真诚地向被访者表示感谢。在访谈过程中，研究者不应透露自己的看法和价值观，避免进行主观判断；如果被访者的回答离题了，研究者需要不失礼貌地进行引导。更重要的是，访谈是一次人际交往活动，而不只是数据收集过程。研究者应该在以下四个方面加以注意[1]。

---

① 陈向明. 质的研究方法与社会科学研究［M］.北京：教育科学出版社，2000：182.

提问。提问是研究者在访谈过程中最重要的工作。提问要顺畅自然、尽量不要打断被访谈者，要在适当的时候进行追问。

倾听。倾听是研究者在访谈中时间占比最多的状态。研究者应该做到有质量地、有深度地和有温度地倾听。

回应。回应是访谈中流畅交流的必要组成部分，研究者要在恰当的时候，通过语言、表情、声调等各种不同的方式做出适当的回应。

最后，结束访谈。在适当的时机，例如到了约定时间、被访者面露疲倦、访谈内容不受控制时，研究者应尽量以轻松自然的方式结束访谈。如果有多次访谈，研究者可以借机与被访者约定下次访谈的时间。

第四步，转录/整理访谈资料。

转录/整理访谈资料涉及记录方式的问题，这是访谈中至关重要的一步，因为有可能会造成大量数据丢失或失真。记录的方式主要有现场笔录、录音和录像。研究者应根据研究的具体情况选择合适的记录方式，并进行相应的整理，同时需取得被访者的同意。在资料收集、记录与转录/整理过程中，研究者应确保将不同类型的数据记录在转录本中，包括谈话的内容、谈话者的语调（严厉的、亲切的、鼓励的）、声音的变化（增强或减弱、节奏和重点）、停顿和沉默及其长短、谈话者的情绪（激动、愤怒、无聊、热情）、谈话的速度（快或慢、匆忙或从容）、有多少人在同时说话、说话的人、谈话的同时所发生的其他事件等。

第五步，分析访谈资料。

通常情况下，研究者可通过某种形式的编码或评分分析访谈资料。这包括以下四个阶段：产生自然的意义单元、对这些意义单元进行分类和排序、构建故事以描述访谈内容、解释访谈数据。

第六步，检验。

检验应当在基于访谈研究的所有七个阶段中进行。

（1）研究的理论基础必须严格，理论基础与研究问题之间应该有逻辑关联。

（2）研究设计的各个方面必须要扎实和严谨。

（3）资料必须准确、可靠和有效（检查一致性和可靠性）。

（4）从口头到书面，资料的翻译等必须服从访谈的关键特性。

（5）资料分析必须依据实际。

（6）检验应该有效。

（7）研究报告对读者而言应该是准确且公平的。

第七步，形成研究报告。

研究报告的性质在一定程度上取决于访谈的性质。例如，标准化、结构化的访谈可能会产生数值数据，这些数据可以用表格和图简洁地呈现，而质性的、基于词语的、开放式的访谈将产生文字报告。

一份基于访谈的研究报告应包含以下四个要素：引言，介绍主题和内容；研究方法，包括研究设计、访谈、转录和分析等手段的说明；结果，资料分析、解释和验证；讨论，关于研究意义和局限等的讨论。

三、访谈的信度与效度

（一）访谈的信度

访谈的信度是指访谈所获得的信息在多大程度上是可靠的或可依赖的。有观点认为，确保信度的方法之一是采用高度结构化的访谈，对每位被访者采用相同内容、格式和顺序的问题。同时，访谈者与不同的被访者进行交流时，要保持措辞的一致。在访谈过程中，措辞、语境和问题重点的变化会削弱研究者的可信度，因为对每个被访者来说，其所接受的访谈问题可能不再是同一个问题。访谈的误差可能源于访谈措辞、程序、顺序、记录和（访谈者与被访者）融洽关系的改变，因此，对访谈者进行培训对于提高信度是非常重要的。[①]

可以通过以下五种方式提高访谈的信度。

（1）精心安排访谈的时间表。

（2）对访谈者进行培训。

（3）对访谈资料进行编码，确定编码的一致性信度。

（4）访谈中增加封闭式问题。

（5）当有多位访谈者时，确定每位访谈者对访谈问题的理解是一致的。

我要提问

问：一个有经验的访谈者应该具备哪些素质？

答：为了实施有效访谈，一般而言，访谈者需要具备以下十种素质。

（1）了解主题，以便进行有准备的、知情的访谈。

（2）较好地组织访谈，以使被访者对访谈的每一个阶段知情。

（3）清楚材料中的术语和隐含的意思。

（4）允许被访者以他们自己的节奏及方式回答问题。

（5）敏感、有同理心、积极倾听，对被访者所言和所隐含的非语言交流保持敏感。

（6）注意访谈中那些对被访者可能有重要意义的方面。

（7）抓住要点，把访谈引向解决这个要点问题的关键点。

（8）通过适当的提问来检查被访者回答的信度、效度和一致性。

（9）能够回顾并参考被访者在访谈过程中提到的观点。

（10）能够与被访者一起澄清、确认和修改有关被访者的评论。

（二）访谈的效度

访谈的效度是指访谈在多大程度上测量到了访谈研究所想要测量的内容。访谈的效度受到各种来源的误差的影响，包括访谈者的特点、被访者的特点及访谈问题

---

① COHEN L, MANION L, MORRISON K. Research methods in education［M］. 6th ed. London: Routledge, 2007: 150.

的实质内容。具体来说，访谈的效度涉及的问题如下：访谈问题的有效性，访谈问题的实质内容是否能够涵盖访谈研究所要收集的信息，被访者是否准确理解了访谈问题并完整真实地表达了其对访谈问题的看法，访谈者是否准确完整地表达了访谈问题并不带偏见地记录了被访者的回答等。提高访谈的效度需要尽可能减少访谈误差，访谈误差的来源具体包括以下六个方面。[①]

（1）访谈者的态度、观点和期望。

（2）访谈者以自己的想象来看待被访者的倾向。

（3）访谈者寻找支持研究结论的倾向。

（4）访谈者对被访者所讲内容的误解。

（5）被访者对访谈者所提问题的误解。

（6）一些人口学变量，例如性别、社会阶层和年龄等，在某些情况下也可能是出现访谈误差的原因（访谈者效应）。

此外，也有观点认为访谈是一种人际互动的活动，人际互动中的人际影响较难避免，即访谈者会不自觉地影响被访者，从而使通过访谈获得的数据资料的准确性受到影响。在访谈过程中，同样存在访谈者与被访者之间的移情与反向移情。因此，很难让被访者做到完全中立。[②]

事实上，访谈的信度和效度二者很难做到"双赢"，更多的是一种"理性的妥协"。在研究中使用访谈的主要目的是，相比其他更加"冰冷"的情境，在人际交往中，人们更有可能透露自己的认知、情感和价值观。在访谈过程中，研究者有必要创设一种让被访者感到自在的对话氛围。换句话说，访谈中独特的人文性因素对访谈的效度是有影响的。因此，在一个具体的访谈中，如果访谈者变得理性、超然于事外，访谈就不太可能会被认为是一次友好的人际交往活动，被访者的回应或回答也很有可能是经过修饰的。或者说，如果访谈者的行为是程序化的，包括措辞、语调、提问顺序、记录，与每位被访者距离的把握等都是固定的，那么，访谈的信度可能会提高，但访谈的效度可能会降低。

【拓展阅读】访谈误差产生的原因及减少措施

第三节　扎　根　理　论

扎根理论是质性研究的一个重要方法，它有利于收集相关资料，获取相应信息，从中可以生发新的理论。

一、扎根理论概述

（一）扎根理论的概念

扎根理论是质性研究的重要方法之一，是一个针对现象系统地收集和分析资

---

① COHEN L, MANION L, MORRISON K. Research methods in education［M］. 6th ed. London：Routledge，2007：150.

② COHEN L, MANION L, MORRISON K. Research methods in education［M］. 6th ed. London：Routledge，2007：150.

料，从资料中发现、发展和检验理论的过程。三级编码是其重要的步骤与内容。[①] 其定义有以下四个关键点。[②]

（1）理论是自然呈现的而不是预先被定义和检验的，即研究前没有明确的理论。

（2）理论源于研究过程中收集的资料。

（3）理论是系统的数据收集和分析的结果。

（4）理论隐含在资料中，等待被发现。

（二）扎根理论的目的与意义

扎根理论的目的是：呈现行动者在处理某个问题时的行为，找到各种行为模式，并将这些模式用理论的形式表达出来，而这种理论是介于微不足道的"小工作假设"和普遍适用的"宏大理论"之间的中层理论。[③] 扎根理论的意义在于：打破"照搬"经典理论或者说在经典理论之上做检验与修正的假设检验模式，发现和提出能够反映现实、贴近本土和有创新性的理论。[④][⑤]

二、基于扎根理论的研究程序

和基于其他方法的研究类似，基于扎根理论的研究也遵循确定选题、设计与实施研究方案、收集研究资料、分析研究资料、检验、形成研究报告的步骤。

扎根理论较核心的操作程序是资料分析过程中的三级编码。因此，扎根理论有时会被狭义地认为仅仅是质性研究中资料分析的方法。尽管如此，研究者在使用此方法时不应忽略的是，除了比较明确的编码分析步骤外，扎根理论对前期的文献阅读与回顾和后期的评价检验也有独特的要求。[⑥][⑦]

（一）三级编码

编码是对资料进行分解和重组的过程，即资料依据一定的规则被分解成了一个个更小的单元，之后再依据一定的规则被重新组合，从而产生新的理解。在编码的早期部分，编码基本上是混乱的，材料中的部分内容是不相关的。之后，随着编码的进展和主题的出现，分析变得更有组织和结构化。[⑧]

1. 一级编码（开放式登录）

一级编码的主要任务是探索资料和识别分析单元。在这一阶段，研究者要以开放的心态对原始资料进行十分仔细甚至是逐字逐句的登录编码，尽量避免遗漏重要信息。

① 陈向明. 扎根理论在中国教育研究中的运用探索［J］. 北京大学教育评论，2015，13（1）：2-15.

② COHEN L，MANION L，MORRISON K. Research methods in education［M］. 6th ed. London：Routledge，2007：491.

③ 陈向明. 扎根理论在中国教育研究中的运用探索［J］. 北京大学教育评论，2015，13（1）：2-15.

④ 费小冬. 扎根理论研究方法论：要素、研究程序和评判标准［J］. 公共行政评论，2008（3）：23-43.

⑤ 陈向明. 扎根理论在中国教育研究中的运用探索［J］. 北京大学教育评论，2015，13（1）：2-15.

⑥ 费小冬. 扎根理论研究方法论：要素、研究程序和评判标准［J］. 公共行政评论，2008（3）：23-43.

⑦ 陈向明. 扎根理论在中国教育研究中的运用探索［J］. 北京大学教育评论，2015，13（1）：2-15.

⑧ COHEN L，MANION L，MORRISON K. Research methods in education［M］. 6th ed. London：Routledge，2007：492-493.

一级编码就是从资料文本到概念再到范畴的过程。在一级编码中，研究者以访谈文本为依据，抛开个人偏见及研究界的"定见"，对资料进行细致的编码，不遗漏任何重要信息，直至码号饱和。概念是人们认识事物的一个基本单元，概念的提炼过程也是从现象到理论抽象的过程。[①]

2. 二级编码（关联式登录或轴心登录）

二级编码的主要任务是对一级编码的概念进行探讨，研究它们之间的相互关系，从而形成更大的类属。这些更大的类属能够表现资料中各个部分之间的有机关联，如相关关系、因果关系、时间先后关系、语义关系等。

3. 三级编码（核心式登录或选择登录）

三级编码可识别核心类属，明确核心类属与其他类属之间的关系。这一阶段要求研究者确定一条主线，将二级编码模型中的类属整合在一起。通常而言，核心类属应该在这条主线中居于中心地位，与其他类属紧密联系，且在资料中频繁出现。

表 3-5 为三级编码示例（见下页）。

（二）文献阅读与回顾

文献阅读与回顾是扎根理论较之其他研究方法更具有差异性和争议性的步骤。[②]采用其他方法的研究通常会在选题确定后进行文献综述，以明确研究的必要性和创新性。采用扎根理论的研究通常会将文献综述的步骤延迟，至少放在一级编码之后，这是为了避免受其他理论先入为主的影响，确保研究者能够发现概念和问题并对资料进行分析。

（三）评价检验

扎根理论的评价基于一套单独的标准——适用性、可行性、相关性和可调整性。[③]

适用性。通过不断比较和持续修正概念，研究者要充分表达资料中要概念化的东西。

可行性。最终理论能够充分解释研究对象的行为，并使之获得关注和理解。

相关性。研究是对研究对象的真实关切，而非研究者事先做出的假设。

可调整性。由于社会现象的变化性，因此要保持修改和调整的常态。

值得一提的是，评价检验不是在资料分析结束后进行的，而应当贯穿整个不断比较分析的研究过程，从而最终得到一个较为理想的实质性的扎根理论。

---

① 靳代平，王新新，姚鹏．品牌粉丝因何而狂热？：基于内部人视角的扎根研究［J］．管理世界，2016（09）：102-119.

② 费小冬．扎根理论研究方法论：要素、研究程序和评判标准［J］．公共行政评论，2008（3）：23-43.

③ 费小冬．扎根理论研究方法论：要素、研究程序和评判标准［J］．公共行政评论，2008（3）：23-43.

表3-5　三级编码示例[①]

原始资料	一级：开放编码	类属	属性	维度	三级：选择编码
我爱人是从事服务行业的，当会计，天天很忙，孩子上幼儿园，她得天天接送。我在家时，由我接送；我出来后，接送孩子就得她去。她的父母身体不大好，有时我们还得照顾老人。我的祖母半身不遂，所以，我的父母还得照顾老太太，帮不了我们的忙。这样，负担就全靠她了。我出来时，她也得全靠自己，她觉得她也挺不容易的。她不让我出来，她觉得她对不起我，我又觉得对不起她。她还怕我学不成了，变心甩了她。我哪能忍！糟糠之妻不能忘，就凭她支持我出来这一点，以后就得好好营造。我不爱说大话，那都是客观的；主观上主要还是想营造好个家。没有家，哪有国呀！想国想她为我付出这么多。这辈子也得好好爱她。俗话说："海枯石烂，永不变心。"	家庭负担重	家庭负担变化	爱人工作	忙—不忙	核心类属：夫妻间关系伦理
	爱人工作忙		孩子	小—大	支援类属：1. 妻子做出反应；2. 丈夫做出反应
	孩子小		老人	需要照顾—不需要照顾	情境条件：家庭负担变化
	老人需要照顾				因果条件：丈夫外出读研
	家庭责任分担变化	妻子做出反应	责任分担	部分靠她—全部靠她	初步假设：
	全部靠妻子承担		变化	高—低	1. 当双职工家庭上有老下有小、一方长期离家时，会造成夫妻关系紧张。
	妻子用哭表达歉疚和担心	丈夫做出反应	担心	高—低	2. 平衡婚姻稳定的基础有三个：(1) 双方的情感状况；(2) 社会地位的平衡；(3) 家庭责任的分担。当 (2) 和 (3) 发生变化时，(1) 也会发生变化。
	丈夫产生歉疚感		歉疚	被动—主动	3. 丈夫离家，妻子会比较担忧，反过来并非如此，而且通常妻子出来的机会比较少。
	主观与客观统一	夫妻间关系伦理	表达方式	低—高	4. 当丈夫现在无法回报妻子时，通常会使用文化格言作为口惠，高调承诺未来报答；而妻子通常使用"弱者的武器"（眼泪、身体辛劳）来应对
	家国同构		歉疚	高调—低调	
	夫妻间关系伦理		承诺	主客结合—主客分离	
	个体行动动空虚感		表达动机	家国同构—家国分离	
	文化传统影响		社会地位	平衡—不平衡	
			家庭责任	分担—不分担	
			回报时间	现在—未来	
			性别差异	口惠—眼泪	
			文化传统	变心—坚守	

[①] 陈向明. 扎根理论在中国教育研究中的运用探索 [J]. 北京大学教育评论，2015，13 (1)：2-15.

案例 3-1

中小学名校长教育思想形成的影响因素分析
——基于扎根理论的研究 [①]

第一步，确定研究选题

本研究主题为名校长的教育思想。研究问题是"中小学名校长的教育思想是如何形成的？影响因素有哪些？这些因素如何相互作用促进了名校长教育思想的形成？"；研究目的是"找出中小学名校长教育思想形成的影响因素，发现其教育思想的形成规律"。

第二步，设计与实施研究方案

本研究的研究方案为：以扎根理论作为主要研究方法，抽取20位长三角地区的中小学名校长作为研究样本，通过访谈法、文本分析法和观察法收集定性资料，对收集到的资料根据扎根理论进行三级编码分析，进行理论饱和度检验，得出研究结果并撰写研究报告。

第三步，收集研究资料

本研究的资料收集过程包括三个部分：（1）对20位中小学名校长进行深度访谈获得的资料；（2）收集反映他们教育思想的文稿；（3）在相关活动中对他们进行观察。

第四步，分析研究资料

随机抽取其中15位名校长的资料用于编码分析，遵循扎根理论研究的三级编码程序进行编码分析：

一级编码。经过多次整理分析，最终从资料中抽象出72个概念和17个范畴。例如：

（范畴1）政策条件——（相应的概念）世界教育改革潮流、素质教育、新课程改革等；

（范畴2）教育制度——（相应的概念）校长职级制、校长专业化、校长负责制等；

（范畴3）当代文化——（相应的概念）转型期价值观多元、勇于创新等；

……

二级编码。通过分析发现各个范畴之间存在内在联系，对其进行归类后，各个范畴之间形成了以下几种联系：社会制度环境、政治文化环境、社会需要、人生经历、办学经历、关键事件与关键人物、专业素养、精神特质。它们又可进一步概括为三大主范畴：环境因素（前三个）、客体因素（中间三个）和个人因素（后两个）。

———————————

① 王红霞. 中小学名校长教育思想形成的影响因素分析：基于扎根理论的研究［J］. 教育发展研究，2012，32（22）：70-74.

三级编码。根据研究目的，本研究将三大主范畴编码为"名校长教育思想形成的影响因素"，即为核心范畴。

第五步　理论饱和度检验

本研究对剩余的5个样本资料重复上述编码分析，仍然得出了相似的结论。经过检验，发现没有形成新的范畴和关系，因此，上述理论模型是饱和的。

第六步　形成研究报告

本研究报告最终主要包括如下五个部分：（1）引言，简要介绍了研究背景、研究目的与意义等；（2）文献回顾，主要回顾了校长教育思想形成影响因素的相关文献，表明研究基础、研究的必要性与创新性；（3）研究过程，包括研究变量界定、研究设计等的描述，研究设计具体包括研究方法、数据收集、研究具体的三级编码过程；（4）研究结果，详细阐述了研究者在本研究中发展出的"扎根"理论，即"环境因素、客体因素、个人因素是促进名校长教育思想形成的重要因素，并分析这些因素对名校长教育思想形成影响的机制"；（5）研究建议与展望，即基于研究结果提出现实的指导建议。

第四节　质性数据分析

对于一些质性观察资料，研究者可以采用编码的方式进行分析，如由不同的编码者对观察结果依据一定的规则进行编码，之后检验不同编码者之间的一致性程度。下面对此类方法进行介绍。

一、编码一致性

检验不同编码者（两位及两位以上编码者，一般为两位编码者）之间的一致性程度，主要采用编码一致性百分比公式，如下所示：

$$编码一致性 = \frac{2 \times S}{T_1 + T_2}$$

其中，S 是两位编码者编码一致的数量，T_1 和 T_2 表示每位编码者的编码数。[1]

二、编码信度系数

编码信度系数公式如下：

$$编码信度系数 = \frac{n \times 平均相互同意度}{1 + (n-1) \times 平均相互同意度}$$

在编码信度系数公式中，n 为编码者的人数，平均相互同意度的计算与编码一

① 　徐建平，张厚粲.质性研究中编码者信度的多种方法考察［J］.心理科学，2005，4（6）：152-154.

致性的计算方式相同，因此，编码信度系数是基于编码的一致性。在研究实践中，一般采用编码一致性来确定两位编码者的相关度。[①]

案例 3-2

编码一致性实例

如果某观察中共有 20 个观察编码类别，两位编码者编码一致的类别有 15 个，则其编码一致性（平均相互同意度）和编码信度系数分别为：

$$编码一致性 = \frac{2 \times S}{T_1 + T_2} = \frac{2 \times 15}{40} = 0.75$$

$$编码信度系数 = \frac{n \times 平均相互同意度}{1 + (n-1) \times 平均相互同意度} = \frac{2 \times 0.75}{1 + (2-1) \times 0.75} = 0.86$$

当编码者人数超过 2 人时，"平均相互同意度"的值就不止一项了，如有 3 位编码者时，分别计算两两之间的编码一致性（平均相互同意度），共获得 3 个数值，求其平均值；当有 4 位编码者时，同样分别计算两两之间的编码一致性（平均相互同意度），共获得 6 个数值，求其平均值。

对一些质性资料的编码，虽然获取资料所采用的具体方法不同，但编码思路及信度估计的方法基本上是相同的。

🍃 思考与练习

1. 什么是教育观察法？教育观察法有什么优点和缺点？
2. 教育观察法有哪些分类？
3. 如何实施教育观察法？
4. 如何提高教育观察法的信效度？
5. 选一个自己感兴趣的研究问题，制订一份访谈提纲，并阐释其实施的可行性。
6. 扎根理论的三级编码及其操作要点分别是什么？

🍃 本章关键术语

观察法（observation method）

弗兰德互动分析矩阵（Flanders interaction analysis system）

观察信度（reliability of observation）   观察效度（validity of observation）

访谈法（interview method）   访谈信度（reliability of interview）

访谈效度（validity of interview）   扎根理论（grounded theory）

---

① 董奇．心理与教育研究方法［M］．修订版．北京：北京师范大学出版社，2019：271．

第四章　质性研究方法（二）

学习目标

1. 理解比较研究法、生命叙事法和教育行动研究的基本概念。
2. 掌握比较研究法、生命叙事法和教育行动研究三种研究方法的特点和适用范围。
3. 掌握比较研究法、生命叙事法和教育行动研究三种研究方法的基本步骤。
4. 尝试在具体的研究中运用比较研究法、生命叙事法和教育行动研究。

知识导图

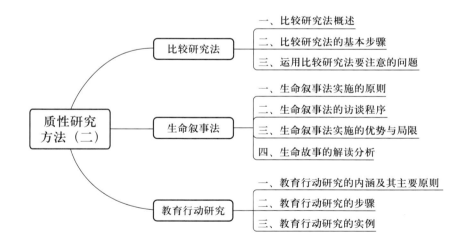

本章将继续介绍另外三种质性研究方法：比较研究法、生命叙事法和教育行动研究。

第一节 比较研究法

比较研究法是社会科学研究领域中常用的一种研究方法。在教育研究中，比较是常见的思维方式，是人们认识与解释教育问题的基础。

一、比较研究法概述

比较研究的目的是通过对不同教育现象的研究，了解本国或本地区教育的真实情况与信息，了解教育问题发生的原因，为改善本国或本地区的教育提供借鉴，并为其教育决策服务。

（一）比较研究法的产生

比较研究法是教育研究中常用的方法，有很长的使用历史。教育研究中的比较研究法指的是有意识、有目的、有计划地在特定的标准下对特定的教育现象进行比较，以期得出有效的结论与有价值的研究结果的一种研究方法。在教育学的分支学科中，就有"比较教育学"，它是一门用比较研究法研究教育制度、教育思想和教育问题等的学科。同理，不同的人文社会学科也有相应的比较研究的分支学科，如比较法学、比较文学等。

就教育研究而言，比较研究法经历了从较宽泛的情况描述到严谨的科学运用的转变。在距今较久远的一些记载教育情况的著作与传记中，作者都会将自己见到的各种教育现象进行比较。例如，13世纪，意大利旅行家马可·波罗在《马可·波罗行纪》一书中描述了东方教育尤其是中国古代传统教育的情况。这类著作中的教育比较往往是作者将不同地区的教育情况加以描述，并没有采用科学的研究方法。直到1817年，法国教育家朱利安以小册子的形式著写了《比较教育的研究计划和初步意见》一书，比较教育研究才逐渐开始进入比较正式的学科发展阶段，比较研究法开始成为一种严谨的研究方法。[1]法国教育家库森的《普鲁士教育报告》就是较为典型的在教育研究中运用比较研究法的案例。此后，比较研究法在教育中的运用越来越多，研究成果越来越丰硕，比较教育逐渐成为了教育学中一门相对成熟的学科。

（二）比较研究法在教育研究中的作用

作为一种思维方式，比较可以让人们更好地认清自身与他者的区别，辨明优点与缺点。作为一种研究方法，比较研究法有着很高的价值。在科学、正确使用的前提下，通过比较研究法，人们可以更好地了解教育规律，发现新的问题，为教育决策提供参考。比较研究法在教育研究中的作用大致可以归纳为以下四点。

第一，比较研究法可以帮助研究者拓宽视野，更好地认识本国或本地区的教

---

① 伍尔夫松.比较教育学：历史与现代问题［M］.肖甦，姜晓燕，译.北京：教育科学出版社，2007：3.

育状况。在社会发展进程中，随着教育重要性的不断提升，相关研究者了解其他国家或地区教育发展情况的需求越发强烈。在古代，这类信息可通过旅行者的游记等方式获得。随着现代社会的到来，信息传播与通信方式都发生了变化，了解其他国家或地区的教育情况变得更为便捷，研究者可以获得更多的教育统计数据和政策材料，有利于拓宽自身视野，更好地进行本土思考。

第二，比较研究可以帮助研究者从不同的角度获得特定教育问题的新认识、新观点。研究者对其他国家或地区教育的比较研究，探寻的是不同教育现象背后的文化影响和社会与教育的交互作用模式。比较研究的区域越广阔，研究者对教育本质的理解会越深刻，对教育与文化关系的理解也会越开放、包容与多元。

第三，比较研究可以帮助研究者更好地认识教育发展的普遍规律。凭借科学的标准和严肃客观的材料，研究者可以获得特定环境下教育发展与变革的规律。教育与儿童发展之间的联系，教育与地区经济、文化发展之间的关系等都可以借助大量的材料分析来获得。尤其是在大数据时代，研究者可以借助科技手段，在纵向变化与横向差异的比较中更好地认识教育发展的普遍规律。

第四，比较研究可以为教育政策的制定和相关教育决策提供依据和参考。通过比较研究所获得的有益经验与教训，研究者可以为本国或本地区的教育决策建言献策，让教育发展少走弯路，以更小的代价获得更大的发展成就。

（三）比较研究法的基本类型[①]

1. 同类比较法和异类比较法

同类比较是指比较两种或两种以上同类对象而认识其相异点的方法，如比较不同国家教育财政的投入，概括其差异点；异类比较是比较两种或两种以上的异类对象而认识其相同点的方法，如对学校管理与企业管理的理念、模式与策略进行比较研究，对学校管理来说，可以获得有益的启示。

2. 纵向比较法和横向比较法

纵向比较是指比较同一对象在不同历史时期内的发展、变化的方法，如研究义务教育制度在不同地区或国家中的形成与发展及其政策制定的影响因素等；横向比较是把同类的不同对象在同一时期、同一标准下进行比较，如研究 21 世纪以来中国与美国在科技教育方面的财政投入与相关政策激励的情况。

3. 宏观比较法和微观比较法

宏观比较是对教育系统或其外部关系的整体性的比较研究，如比较世界各国教育评价的情况；微观比较是比较教育系统内部的一个具体的局部问题，如混合教学模式的比较。

二、比较研究法的基本步骤

自美国比较教育学家贝雷迪提出了比较研究的"四步法"以来，比较研究法就

---

① 王承绪，顾明远. 比较教育［M］. 4 版. 北京：人民教育出版社，2012：29–30.

开始形成了相对稳定的研究步骤与程序。一般而言，比较研究法包括以下五步。①

步骤 1：明确要比较的教育问题

明确要比较的教育问题，涉及研究者关注的教育现象及研究者对特定教育现象或问题的价值判断。比较研究法在实际运用中往往要求所比较的教育问题具有意义和价值，而且要有可操作性。例如，比较研究不同类型高校在财政支出上的效率，显然有价值，但需要考虑其可行性，如效率评估有无可依据的指标。

步骤 2：确定比较的标准

比较研究法的核心之一就是确立标准。没有科学、统一的标准，比较研究得出的结论的价值就会大打折扣。教育研究中的比较标准，可以是一种权威性较强的测验工具或量表，例如，用 PISA 测验来比较中国和其他国家学生的学业水平。教育研究中的比较标准也可以是一种具有可操作性的、具体化的指标，例如，比较两个人口数量与经济发展水平接近的国家对教育的投入，可以以其教育财政支出的总经费为标准；而比较两个人口数量与经济发展水平差异较大的国家时，可以以人均教育投入、教育经费占国民生产总值比重等指标为标准。当然，教育研究中的比较标准还可以是一种程序或一套规则。例如，比较两个国家教师资格证书获取的差异时，其标准不是数量化的测验工具与指标，而是指程序或规则，以及指导制订这些程序或规则的理念。

步骤 3：收集和整理资料

研究者要尽可能多地收集比较对象中有关教育主题的资料，包括官方的政策文件等资料，也包括各类利益相关者的资料，尽可能全面地掌握研究课题的真实面貌。同时，在收集资料的过程中，研究者要根据事先制订好的资料分类标准，将相关资料按类别统一整理，找出关键资料与证据，以便下一步进行数据统计与分析。

步骤 4：数据统计与分析

资料收齐之后，研究者需要根据标准进行比较，找出差异和共同点，并对其背后的社会与文化等因素进行深刻地研究。对相关数据与事实进行比较分析时，研究者要避免资料的罗列，要运用相应的理论知识找出这些差异与共同点背后的本质内涵。

步骤 5：得出结论

比较研究法的最后一个环节，通常是得出结论。通过比较研究之后，研究者对特定的教育课题在不同国家或地区的表现、差异与共同点做出总结性陈述，并提炼出关键性的原因或结论。

三、运用比较研究法要注意的问题

（一）研究对象的可比性

教育现象与自然现象不同，前者受社会文化的影响，在不同的国家或地区之

---

① 袁振国 . 教育研究方法［M］. 北京：高等教育出版社，2000：164.

间，表现出了不同的教育景象。在诸多教育现象当中，有些存在共同的基础，可以进行比较研究。但是，许多教育现象，往往是独特的、区域性的，很难找到与其相对应的、具有一致性的可比较对象。或者，研究者由于自身缺乏对特定社会文化影响下教育独特性的理解，因此容易将不具有可比性的两个教育问题进行比较。例如，英国的 public school 与美国的 public school 两者就是不同的概念，前者是指贵族学校，而后者是指普通的公立学校。如果将此二者视为同一类学校进行比较，必然会得出错误的结论。又如，中国古代文献中记载有"大学"，其含义与今天大家所熟悉的"大学"大不相同，两者其实很难进行比较。

（二）比较研究的动态性与整体性

教育是随着时代与社会的发展而变化的，比较研究在关注资料与文献的同时，也关注教育现象的即时动态发展情况，以及特定的教育现象与更广泛的教育社会系统之间的关系。换句话说，运用比较研究法时，研究者不能只比较具体的细节而放弃相关细节在整个教育系统和社会系统中的丰富含义，更不能僵化地进行比较，而要将相关资料放在历史发展的过程中辩证地加以看待。例如，在比较研究的过程中，不能依据某个方面的优势或不足就判断某个国家或地区的教育整体特点。

（三）比较分析的客观性与主观性相统一

在运用比较研究法时，研究者要注意尊重资料与事实，保证以客观的态度评价与分析两种教育现象的优点与缺点。同时，与其他所有人文社会科学的研究一样，研究者难以避免自己主观评价的介入，关键在于如何保持科学性与公正性相统一。尤其是在对客观资料的评价与分析过程中，研究者可以有自己的研究取向，但不能完全依据自己的主观需要来裁剪需进行比较研究的资料，要在研究过程中保持客观性与主观性的统一，用资料与事实证明自己的观点，而不是用自己先入为主的观点去调配资料，从而使研究结果失真。

（四）比较的深度

最后，也是最重要的一点，就是比较研究法不能限于对相关资料的翻译和解释性说明，而是要对材料进行深度剖析。研究者要通过现象看本质，找到教育现象、统计资料背后的深层次社会文化与教育哲学的影响力量。

我要提问

问：在运用比较研究法的教育研究中，想要确定两个研究对象之间是否具有可比性，需要考虑哪些因素？

答：需要考虑的因素包括以下三点。[①]

首先，比较对象之间需要具有同质性和异质性，完全相似的事物之间没

---

① 迟旭，周世厚.是什么使比较成为可能?：论比较教育中的可比性［J］.外国教育研究，2009，36（4）：1-6.

有比较意义，完全不同的事物之间又缺乏比较的基础。

其次，在同质性这一维度下，共包含三个方面的因素：问题的同质性、背景的相似性、资料与数据的一致性。问题的同质性指的是研究对象之间的概念内涵要具有一致性；背景的相似性指的是研究对象之间需要有相似的背景；资料与数据的一致性指的是资料和数据的收集方式与处理方式要一致，包括统计标准和比较标准等。

最后，异质性维度要求比较对象之间具有差异性，差异性可能体现在教育思想、教育组织形式、教育方法和教育内容等方面。

第二节   生命叙事法

人们在回顾并叙述其过往经历时，并非只是将各种事实和细节进行碎片化罗列，其意识中往往有一条故事主线将各种事实连贯而成。生命叙事法即是将个体生命历程中的体验与经历完整叙述出来，通过收集个体完整的生命故事资料，将个体的生活世界放大至社会及文化变动的大背景下进行解读的一种质性研究方法。它起源于心理学的研究，目前被广泛运用于社会学、教育学等学科领域。

生命叙事法的研究理念包含三个层面的结构：实证主义、解释的客观主义和对话的建构主义。实证主义是将访谈得到的叙事故事界定为客观事实，通过内容的丰富与充实尽可能完整地再现客观的现实世界。解释的客观主义是在研究中，不是将访谈得到的叙事故事直接用作研究资料，而是需要对其内涵结构进行解读，通过多个叙事的重合分析，归纳总结与完整揭示社会群体、社会现象的特点状况。对话的建构主义认为生命叙事的研究是在特定的访谈场地，由被访者和访谈者共同完成。生命叙事叙述的是被访者过去的经历与经验，但实质上是被访者与访谈者共同的主体体验活动。访谈的场所是形成与构建被访者生命叙事的特定文化场域。通过分析生命经历是如何被叙述的与如何被建构的，访谈者可以进一步深入被访者的主观意识世界，在分析其事实叙述的同时，关注其情绪情感等心理的起伏变化。[①]

一、生命叙事法实施的原则

在实施生命叙事法的过程中，访谈者要严格遵守以下三项原则。

1. 严格只听不说

严格遵守只听不说的原则，特别是在主述阶段。这就要求访谈者要有极大的耐心来倾听被访者的经历叙述，要克服结构式访谈的习惯，避免通过提问，诱导或打断被访者的叙述思路。对于被访者所谈的任何内容，原则上都应接受，哪怕是细小而琐碎之事。坚信被访者所谈的任何内容都是其现实和心理世界的反映，对于访谈

---

① 　樱井厚 . 采访的社会学：生命叙事的访谈法［M］. 东京：东京塞力加出版社，2002：13–14.

者后续的解读和研究是有用的。

2. 以倾听促进谈话

访谈者要强调身体、表情等非语言技术的运用，特别要以真诚、共情和积极关注的眼神、表情与身体动作，让被访者感受到期盼与鼓舞，促使其愿意敞开心扉，真实叙述自己的生命经历。

3. 被访者结束为止

被访者在叙述中会有所中断，在主述阶段，被访者可能会出现几次这样的停顿。有时是被访者要梳理自己的思路，有时是某件事的叙述触动了被访者，其需要进行情绪上的调整与平复，有时是被访者想观察访谈者对其叙述内容的反应。总之，出现这些停顿时，访谈者需要保持眼神、表情等的稳定，静静地等待，以身体动作平复被访者的情绪与思绪，直到确认被访者的讲述结束为止。

二、生命叙事法的访谈程序

生命叙事法的核心关键词是个体、生命经历、口述。生命叙事法的访谈程序包括三个阶段：主述阶段、补问阶段和目的性提问阶段。[①]

（一）主述阶段

在主述阶段中，访谈者只对被访者提出一个问题：请你谈谈自己的人生经历，越详细越好。此后，访谈者不再进行提问，只是借助眼神、表情及点头回应等方式使被访者内心感受到尊重与鼓舞，以便其努力、完整地说出自己的生命故事。这个阶段是一种完全开放式的访谈。由于没有提纲式访谈的一问一答，因此这对于访谈者的耐性与沟通技巧是一种巨大考验，因为这需要其主要以一种非语言的方式去收集资料。对于不善或不愿言辞者，访谈者需要通过自身的身体语言，帮助他们回想及用语言加以表述，内容越详细越好。对于那些较愿意表达的被访者，访谈者需要有足够的耐心去倾听，哪怕被访者所述与访谈主题不太相关，也不应打断其叙述思路。

这种开放式的访谈不预设任何问题，收集的访谈资料越丰富、越完整，对被访者的生命了解就越深。研究分析时，研究者可以从更广泛的视角，达成更多样化的研究目的。

主述阶段要注意的问题有如下四点：①访谈者和被访者要克服传统访谈中一问一答的习惯；②访谈者在倾听过程中要有足够的耐心，要假设被访者所谈的任何事情对后续的研究都是有用的，不可打断，也不能采用如"好""坏"等暗示性语言进行诱导；③访谈中要强调非语言的应用技术，当被访者停顿时，访谈者要静静地等待，用鼓励和期待的目光与表情让对方说下去，直到确认被访者停止；④访谈者要注意了解被访者的所思所想、情感体验和心理变化，而非只关注其事件的叙述。[②]

（二）补问阶段

在补问阶段，除了提问被访者略过或没有讲清楚的生命经历外，访谈者要补

---

① 郑剑虹，赖诚斌，丁兴祥 . 生命叙事与心理传记学：第 4 辑［M］. 北京：中央编译出版社，2017：1.

② 郑剑虹，赖诚斌，丁兴祥 . 生命叙事与心理传记学：第 4 辑［M］. 北京：中央编译出版社，2017：4.

充提问以下三个方面的问题：①个人成长的背景因素，包括与父母及其他家人的关系、对自己外表、智力、能力、魅力等的认知与评价，成长动力，角色楷模，如在人生不同阶段对其产生影响的人或事等；②核心情节，包括高峰点（生命中感到最快乐、最幸福的事情）、低谷点（生命中感到最痛苦、最悲伤的事情）、转折点（引起人生重大转折的事件）、早期记忆、最深刻的记忆，等等，以此把握被访者主观意识中人生发展的重要节点与阶段；③被访者未来的人生计划与设想。对未来人生的计划与设想实质上从另一侧面可补充被访者对其到目前为止的生命历程的评价。

补问阶段要注意的问题有以下两个：①被访者的叙述与主述阶段有重复性内容也不可打断；②被访者在回答补问阶段的任何一个问题时，访谈者仍然需要严格遵循"只听不说"的原则，以防诱导或打断被访者的叙述思路，影响其叙述内容的可信度。

（三）目的性提问阶段

访谈者在主述阶段和补问阶段的提问是必须要进行的，是否继续提问，访谈者要根据资料收集是否完整和充足来考虑，有时还要根据研究目的和研究主题来设计需要提问的问题。对于纯粹的生命叙事研究而言，该阶段不是必须要实施的阶段。如果访谈者事先有明确的研究主题，那么除了完整收集被访者的生命故事资料外，还要根据研究主题，按照事先设计好的问题继续进行该阶段中有针对性的提问，以充实研究资料。

访谈者进行目的性提问时，要注意访谈前应对被访者的基本情况及背景信息有一定的了解，确保提问的针对性和有效性，避免误导被访者，从而影响其叙述的可信度。

三、生命叙事法实施的优势与局限

生命叙事法与一般的访谈有一定的区别，体现出其研究方法的独特性，包括完全开放式的研究方式、收集资料的完整与丰富、非语言的细节资料等。

生命叙事法研究的局限包括以下三个方面。[①] 首先，被访者的适切性问题。因生命叙事需要被访者完整讲述自己的生命故事，而这对被访者的年龄、语言表达能力、性格、人生经历的丰富性等均有一定的要求。这使得目前的生命叙事研究偏重于具有一定受教育水平的成人群体，如学校教师、高校学生等。其次，叙述的真实性问题。由于趋利避害的心理特点，在叙述生命故事的过程中，被访者因此可能会回避一些敏感的或认为对自己具有负面影响的问题，而对一些主观认为的积极事件的叙述则进行扩大化、虚构化的处理。这些都需要研究者在后续解读分析时进行鉴别与加工处理。最后，研究伦理问题。生命叙事法会涉及被访者的大量私密性事件，研究者要注意对这些隐私进行保密。

四、生命故事的解读分析

在获得了丰富的生命故事资料之后，研究者需要对个体的生命经历进行分析，

---

① 樱井厚. 采访的社会学：生命叙事的访谈法［M］. 东京：东京塞力加出版社，2002：263–265.

探寻并解读其深层的生命主题故事。生命叙事法研究的特点是从个体出发，追踪回归至社会整体的、普遍的现象把握。这就要求研究者对被访者的生命故事的解读，不仅是针对个体特定的行为体验在结构上进行还原，更重要的是将个体经历作为一个整体进行理解与分析，由此揭示被访者的人生所具有的社会和文化价值。

一般而言，生命故事可以从以下五个方面进行解读与分析：[①] ①叙述的基调。基调涉及的是一个故事中情绪的总体性质，如叙述的个人经历是以积极情绪为主（乐观）还是以负面情绪为主（悲观）。②主题。包括个人行为主题和集体主题，前者与成就、权力等有关，后者与友情、团体等有关。③思想背景。这涉及个体持有的价值观等。④核心情节。核心情节是指在个体生命故事中以某种醒目印记凸显出来的特定情节，包括高峰点、低谷点、转折点、早期记忆、最深刻的记忆等。⑤意象。意象即一种理想化的、由文化塑造的自我人格。个体的生命故事可能不止一种意象，每个意象都表明了自身的价值观、信念、目标和作用，会分别在生命故事的不同部分起主导作用。

个体生命故事的叙述与解读分析同所处的文化环境高度相关。生命叙事研究法从表面上看是基于个体主观世界的解读分析，但是生命叙事的被访者本人并不是一个完全独立的个体，其是在特定的群体与社会中生存、体验与发展的。被访者的个体叙述实质上含有更宏大背景下的社会文化叙事。在生命叙事研究中，被访者并非独特的个体，而是特定社会中的"平均的""标准的"成员。生命叙事所反映的不仅是个体的经历，更多的是其所属社会的变革与发展的脉络。从被访者的生命叙事中，研究者不仅可以解读出其个体的人生轨迹，而且能够分析出其所属群体的特点，进而探讨处于更加宏观层次的社会、政治、文化等的特点与变革趋势。

一般而言，中国文化背景下的个体生命叙事可从生命篇章、关键事件、重要他人等三个方面进行主题、基调、认同分析。

1. 主题分析

大多数中国人的生命故事主题主要有三种：修身主题、人伦主题和事功主题。修身主题主要针对个体自身，涉及自身的性格陶冶、道德修养、心理素质提升等。人伦主题涉及个体的人际关系，属于亲情、友情、爱情等情感方面的主题。其中，人际关系包括同事关系、血缘关系、朋友关系等。事功主题包含两个方面的内容：一是为国家和团体的利益而努力奋斗，建功立业（社会事功）；二是为个体的发展而努力取得成就（个人事功）。事功主题对于个体来说，是一种有着较为明确的目标、任务和职责的人生发展追求。

依据上述个人生命叙事的主题，研究者可以找到相应表述的句子或段落进行内容分析，判断个体在不同人生发展阶段的主题变化轨迹及其所受的影响。[②]

2. 基调分析

主要对生命故事中涉及情感、情绪的词语进行内容分析，统计这些词语出现

① MCADAMS D P. Handbook of Psychobiography：What psychobiographers might learn from personality psychology.［M］. In Schuitz，W.T.（ED.）London: Oxford University Press，2005：64-83.

② 郑剑虹，赖诚斌，丁兴祥. 生命叙事与心理传记学：第 4 辑［M］. 北京：中央编译出版社，2017：10.

的频率，以此判断个体在叙述自身生命故事时的基调，如乐观或悲观、期望或失望等，分析个体在不同生命发展阶段的心理基调变化。

3. 认同分析

生命叙事法主要是指研究者通过个体的事实叙事，从心理情感层面分析和把握被访者的认知与感受程度。认同分析是被访者主观意识上对其生命历程的判断与评价，其自我认同主要集中于以下四个方面。[①]①自我接纳。表现为个体对过去自我、现实自我、身体自我、关系自我等时空、关系维度上自我的认可和接纳。②自我连续性。强调自我的时间和空间的不同维度，表现为过去自我、现实自我及未来自我是连贯的、和谐的，生命故事清晰协调，个体自身经历中没有矛盾或很少有自我矛盾和冲突。③自我意义。即个体的生命故事富有价值感和意义感，具体表现为对自己、家庭、团体和社会的认同感、责任感和成就贡献感。④自我与他人关系和谐。表现为个体的自我与他人之间的关系是融洽与和谐的，很少产生对立与冲突。

不少生命叙事的研究重视分析被访者的职业生涯故事，个人的职业认同过程可采用自我认同的四个方面进行说明。①职业接纳。指个体对自己所从事职业的认知和情感态度等。②职业意识和谐。表现为个体在职业认识、职业态度和职业行为上的前后一致性和连续性，在入职前后的意识、情感、行为上的冲突与矛盾程度。③职业意义。个体对自己所从事职业价值的认知及相应的行为表现。④职业工作和谐。即个体对所处的职场中人际关系、工作完成情况的认知与感受程度等。

我要提问

问：相较于访谈法，生命叙事法的独特性体现在哪些方面？

答：首先，生命叙事法给予被访者更大的叙述空间，特别是在主述阶段。因此，研究者能够从中收集到更多关于个体生命的信息资料，包括非语言的细节资料。这使得研究可以达成多样化的研究目的，甚至发现之前没有预想到的研究方向。其次，生命叙事法能够尽量减少研究者对被访者的干预，研究者只听不说，降低了研究者对被访者的干扰，有助于获得更加客观真实的访谈资料。最后，生命叙事法将被访者的个体经历作为一个整体进行分析，便于获得个体不同生命发展阶段多方面变化的连续的访谈资料。

案例 4-1

职业身份的追认：一个教育学者的生命叙事[②]

在本研究中，作者结合当前高校教师面临的教学与科研的矛盾问题，对研究对象 L 老师在克服困难和纠结之后，不断尝试和努力，最终形成了坚守

---

① 郑剑虹，赖诚斌，丁兴祥. 生命叙事与心理传记学：第 4 辑［M］. 北京：中央编译出版社，2017：11–12.
② 李孝川. 职业身份的追认：一个教育学者的生命叙事［J］. 教育学术月刊，2016（3）：63–70.

岗位、以教学与科研并重的职业理念及职业身份认同的经历产生兴趣。因为此研究涉及 L 老师的职业发展历程，所以作者选择用生命叙事法进行研究，以 L 老师的生命成长历程为探讨的焦点，从个体层面理解其理念的养成和行为的发展。

作者的访谈过程经历了主述、补问等阶段。在这一过程中，研究者的角色由传统的访谈者转化为倾听者。被访者描述了其个体生命史的面貌，职业生活世界的经历等成长历程。访谈全程录音，然后作者按照一定规则将语音素材整理为可供阅读的文本资料。

资料收集完毕后，作者参照德国教育学者科克莫尔的参照推论分析理论对语音素材进行了理解和诠释，对被访者的个案图像、生活史图像和职业史图像进行了解读，绘制了 L 老师职业身份追认的脉络图谱。

第三节　教育行动研究

一、教育行动研究的内涵及其主要原则

（一）教育行动研究的内涵

教育行动研究是教育研究中常用的方法之一，"行动"与"研究"的结合使这种行动成为了一种有一定"规则"的探索。在这种探索中，行动者试图去理解、改进和改革实践。[①] 教育行动研究是指行动者为了改进自己的教育实践而在自己的行动中亲自展开研究。[②] 在这个概念中，体现了教育行动研究法的一些关键词：行动者、改进、实践、行动、亲自。

【微视频】
行动研究
法 1

教育行动研究的行动者——以教师参与为主。教育行动研究的行动者／承担者可以是单独的教师、一个学校内有合作关系的教师研究团队、与研究者或研究团队一起工作（如来自高校部门的研究团队）的教师或教师研究团队。[③] 一般情况下，教师是教育行动研究法的主要开展者。

教育行动研究的起因——教育实践中的问题。例如，当传统的教学方法不适用时，是否可以用发现法替代？是否可以用综合的学习策略替代单一学科的学习策略？增值评价对学生发展的促进作用是否要优于形成性评价？除此之外，学生管理、教师专业发展、学校管理等各方面在教学实践中出现的一些问题，需要通过教育行动研究法来改善。

①　COHEN L，MANION L，MORRISON K. Research methods in education［M］. 6th ed. London：Routledge，2007：297.

②　陈向明. 教育研究方法［M］. 北京：教育科学出版社，2013：355.

③　COHEN L，MANION L，MORRISON K. Research methods in education［M］. 6th ed. London：Routledge，2007：298.

教育行动研究的目的——改进实践。教育行动研究源于实践中的问题，其目的是改进实践。这里需要强调的是，教育行动研究并不仅是为了解决问题，也包括提出问题。[①]

教育行动研究的行动特点——系统、合作、反思、公开。教育行动研究的来源是教育实践中出现的问题，但其与教师平时对某个教学问题的思考又存在差别。相对来说，教育行动研究更加协作化与系统化，过程中充满了群体性的、严谨的反思。教育行动研究的开展过程，可能是某位教师在教学实践中发现了某个值得研究的问题，但在过程中一般会有更多校内或校外的合作者加入其中，研究者通过合作的形式进行探究。

（二）教育行动研究的主要原则

依据教育行动研究的概念，较多学者对教育行动研究的原则进行了阐述。本节主要介绍美国教育学者凯米斯等提出的教育行动研究的主要原则，包括以下九个方面[②]。

（1）教育行动研究是一种通过改变教育和从改变的结果中学习来改进教育的方法。

（2）教育行动研究是参与性的，它是一种研究。通过这种研究，人们努力改进自己的实践。

（3）教育行动研究通过螺旋式的自我反思过程来开展：计划、行动（实施计划）、观察（系统地）、反思、重新计划、进一步行动、观察、反思……因此，一般认为行动研究的过程往往不止一轮。

（4）教育行动研究具有合作性：包括采取行动来改进问题的各方人员。

（5）教育行动研究在研究过程的各个阶段，建立了合作研究的自我批评共同体。

（6）教育行动研究是一个系统的学习过程。在这个过程中，人们会深思熟虑地、有意地采取行动。

（7）教育行动研究要求人们通过收集有说服力的证据来检验他们对制度的实践、想法和假设。这些证据能够说服他们，使他们意识到自己以前的实践、想法和假设是错误的。

（8）教育行动研究对什么是证据（或数据）持开放的态度，它不仅包括记录正在发生的事情，也包括收集和分析对正在发生的事情的判断、反应和印象。

（9）教育行动研究可以从小处入手，从即使一个人也能尝试的小的改变开始，之后再向着更大、更广泛的改变努力。这些改变有可能会使班级、学校或整个教育系统的政策和实践进行更全面、综合的改革。

【微视频】
行动研究
法2

二、教育行动研究的步骤

多位学者提出过自己关于教育行动研究步骤的思考，例如，勒温提出了教育行

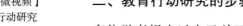

① COHEN L, MANION L, MORRISON K. Research methods in education［M］. 6th ed. London：Routledge，2007：298.

② COHEN L, MANION L, MORRISON K. Research methods in education［M］. 6th ed. London：Routledge，2007：299-300.

动研究的过程，包括四个基本步骤：计划、行动、观察和反思。麦利夫认为教育行动研究的过程包括八个主要步骤：回顾研究者当前的实践，确定研究者希望改进的方面，设想一种方法去推动计划，进行尝试，监控并反思发生了什么，根据已经发现的及已经发生的修改计划并继续行动，评估修改后的行动，继续行动直到对结果满意为止。事实上，不同学者关于教育行动研究步骤的观点大同小异，此处重点阐述科恩等学者介绍的教育行动研究的八个步骤。[①]

第一步，识别、评估并构建问题，这些问题在日常教学中被认为是至关重要的。

第二步，经过相关各方人员（教师、研究人员、顾问、倡导者等）的初步讨论与沟通，形成初步的项目方案。

第三步，查阅相关研究文献，从相关研究中学习，进而重新考虑当前研究的目标、程序等。

第四步，修改或重新定义第一步提出的问题，经过第二步组建团队的初步讨论，以及对第三步相关研究文献的阅读，在这一步，对问题的初始陈述进行修改或重新定义，研究问题可以通过明确的研究假设形式加以呈现。

第五步，关注研究程序的选择：抽样、管理、研究材料的选择、教与学的方法、资源与任务的分配、工作人员的部署等。

第六步，关注评价程序的选择，并考虑这种评价的连续性。

第七步，行动的实施。以特定的条件和方法收集数据、监控任务进展、把反馈传递给研究团队、对数据进行分类和分析。

第八步，解释数据、获得推论/结论、对行动项目进行整体评估。

这仅仅是一个初步的步骤，在具体开展教育行动研究时，有些步骤不是必需的，例如第四步对初始问题的重新定义。此外，只开展一轮教育行动研究不一定能获得研究结论，更多情况下，教育行动研究至少需要开展两轮。

综观上述关于教育行动研究步骤的阐述，教育行动研究的过程可以更简洁地概括成两个阶段或两个步骤：第一阶段为问题诊断阶段，包括提出问题并形成研究假设；第二阶段为行动阶段，包括采用相关方法进行干预、针对问题进行改进、验证研究假设等。

三、教育行动研究的实例

案例：批判性思维融合课程对初中生批判性思维能力提升影响的行动研究

第一步，识别、评估并构建问题。教师在日常教学过程中会逐渐发现初中生批判性思维能力的缺乏；同时，在教学实践中，教师初步发现与直接设置培养批判性思维的独立课程相比，在学科课程中融入批判性思维教学内容对于初中生批判性思维能力的培养可能更有成效。

---

①　COHEN L, MANION L, MORRISON K. Research methods in education［M］. 6th ed. London：Routledge，2007：307–308.

第二步，教师希望这个现象能有所改进，并与相关各方，主要是初中阶段各个学科对学生批判性思维感兴趣的老师进行沟通，同时吸引高校相关研究者加入，进行探讨，沟通如何在学科课程中融入与批判性思维相关的教学内容，并形成初步的行动研究方案。

　　第三步，查阅以初中生批判性思维培养为主题的相关研究文献，分析同类研究的研究问题、研究程序、获得的主要结论及存在的问题，关键是分析同类研究对本研究顺利开展的启示。

　　第四步，分析最初提出的问题是否恰当，如果恰当，就提出更具体的研究假设；如果不恰当，则进行修改。本研究问题的最初陈述基本恰当，可进一步具体化为"批判性思维融合课程对初中生批判性思维能力提升存在正向影响"的研究假设。

　　第五步，明确行动研究的研究程序。包括选择哪些课程作为开展批判性思维融合课程的实践，各部分课程内容的具体融合方案，教师如何开展融合课程的教学，对学生学习方式的新要求，行动研究团队的不同分工等。

　　第六步，明确初中生批判性思维能力提升的评价方法，包括评价手段和评价工具，以及进行评价的时间（前测、过程中测量、后测等）。

　　第七步，开始实施行动研究，即在选定的样本课程中融入批判性思维的课程内容，教师进行授课后，收集学生批判性思维能力的变化数据，融合课程的具体开展情况，并把相关内容反馈给研究团队，对数据进行分析处理。

　　第八步，对所获得的数据进行解释，从而获得相应的结论与推论，评估研究假设是否被接受或被拒绝，对整个行动项目的整体成效进行评估。这一过程也包括行动研究团队自身的反思。

　　之后，依据这一轮行动研究的成效，评估整个行动研究过程中是否存在不足，判断是否需要开展新一轮的行动研究。

　　关于教育行动研究，需要明确的一点是，其核心是进行"事实判断"，而非为了"价值判断"。[①] 因此，典型的教育行动研究的题目可以表达为"……对……影响的行动研究"。在这个表达中，第一个省略号对应词语的关键特征是"可操作性"，如上例中的"批判性思维融合课程"；第二个省略号对应词语的关键特征是"可测量性"，如上例中的"批判性思维能力"。[②] 如果研究题目为"中职课程改革对中职生职业能力提升影响的行动研究"，那么，"中职课程改革"的可操作性相对较差，而对"中职生职业能力"的测量也存在一定困难，这两个概念均存在过大的问题，使得其可操作性及可测量性变低。

　　对于教育行动研究的新手，麦利夫提出了一些忠告与建议，主要包括以下八个方面。[③]

　　① 陈向明.教育研究方法［M］.北京：教育科学出版社，2013：365.
　　② 陈向明.教育研究方法［M］.北京：教育科学出版社，2013：365.
　　③ COHEN L，MANION L，MORRISON K. Research methods in education［M］. 6th ed. London：Routledge，2007：308.

（1）从发现小问题开始，持续专注。

（2）确定一个清晰的研究问题。

（3）行动计划要现实可行。

（4）仔细规划。

（5）设定一个现实可行的时间表。

（6）吸引其他人（作为参与者、观察者、验证者，包括专业的同事、潜在的研究人员）参与。

（7）确保良好的研究伦理。

（8）专注于从行动而不是行动的结果中学习。

案例 4-2

提高学生跨文化意识的大学英语教学行动研究 [①]

在该研究中，作者结合自身大学英语教学的经历，认识到跨文化教学长期滞后的问题，并对此开展调查。作者采用跨文化意识量表，测量了 66 名非英语专业本科生的跨文化意识，结果验证了学生跨文化意识薄弱的问题。通过与学生的交流，发现了问题产生的原因。在明确了问题和原因之后，开展了相关的行动研究。

首先，制订行动计划并开展教学行动，即面向研究对象开展为期一年的跨文化教学行动研究。教学活动选取特定的英语教材，围绕每个单元主题，将课程划分为四个环节（描述文化信息、分析案例、参与交际活动、反思文化差异）。此外，在教学过程中，作者要求学生建立学习历程档案，以便对教学过程进行监控和管理。

其次，在行动过程中及行动结束后开展考察和反思。除了通过学生的学习历程档案监控教学过程外，作者在学期末还开展了学习档案展示和学期评估（包括自评、同学评和师评），进行了跨文化意识测试。结果显示，绝大部分学生具备了较好的跨文化意识。

再次，根据评估结果总结教学思路并进行反思，提出跨文化教学中需注意的四个结论：文化教学应与语言教学相结合，跨文化教学应采取"学生为主，教师引导"的原则，跨文化教学应当"因人制宜"，跨文化教学应采用对比分析法。

最后，提出考虑新的因素，以进一步开展研究。

① 常晓梅，赵玉珊.提高学生跨文化意识的大学英语教学行动研究［J］.外语界，2012（2）：27-34.

思考与练习

1. 比较研究法的基本类型有哪些？
2. 请结合实例，谈谈比较研究法的实施步骤。
3. 生命叙事法与结构式访谈法的异同表现在哪些方面？
4. 如何对生命故事进行解读？
5. 教育行动研究及其主要原则是什么？
6. 请结合实例，谈谈教育行动研究的步骤。

本章关键术语

比较研究（comparative study）　　生命叙事（life narrative）

行动研究（action research）　　主题分析（theme analysis）

基调分析（tone analysis）　　认同分析（identity analysis）

第五章 量化研究方法（一）

学习目标

1. 掌握问卷编制过程，并能够自主编制问卷。
2. 能够对问卷的项目区分度、难度、信度、效度进行评估。
3. 尝试编制一份问卷或量表，并对其进行评估。

知识导图

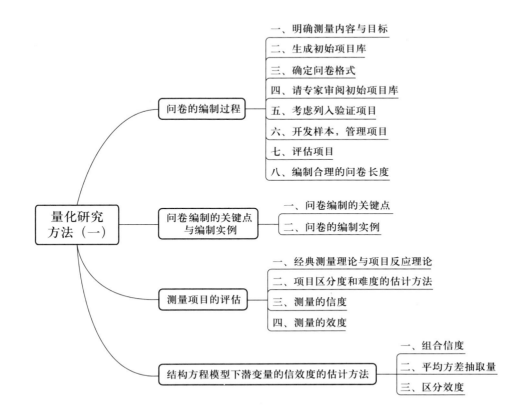

本章将介绍一种量化研究方法——问卷法，其中包括问卷的编制过程与编制实例、测量的信度及效度等内容。问卷和量表从形式上看，似乎都是一样的：有测量的目的、有一定量的测题、有类似的计分方法等。但是问卷和量表的标准化程度不同，问卷的标准化程度相对较低，在信度、效度，特别是常模上，没有量表的标准化程度高。本章并不严格区分问卷和量表，因为二者的编制过程、依据的理论基本相似。

知识快递

测量：动词属性，指按照一定的规则，使用某种工具（量表／问卷），对某一变量进行赋值的过程。[①]

量表：名词属性，是测量的工具，指的是定有参照点和数量单位的连续体。[②]量表具体包括定类量表、定序量表、定距量表和定比量表，不同类型的量表会获得不同类型的数据，并影响后续具体统计方法的采用。

问卷：名词属性，是调查所用的工具之一，指用来了解被调查者在某些调查问题上所持态度的工具。问卷在信度、效度和常模上的要求与量表的要求存在一定的差异。问卷一般包括指导语（介绍调查者身份、说明调查目的、匿名性承诺、请被试认真填写、表示感谢等）、问卷正文和结束语。

测验：作为动词属性时，与测量的概念相接近；作为名词属性时，与量表的概念相接近。

常模：是一种参照标准，指某一具体测验上的分数分布，这一分布是基于较大随机样本而获得的。在测量过程中，研究者获得了一个具体的测量分数，不能确定这一分数到底在群体中处于什么水平或位置时，就需要将其与常模进行比较来确定。

第一节　问卷的编制过程

【微视频】
问卷（量表）
的编制过程

关于问卷的编制过程，本节主要采用德威利斯的阐述，把问卷的编制过程主要分成以下八个步骤。[③]

一、明确测量内容与目标

在问卷编制之初，首先需要明确测量的内容，这是整份问卷有效编制的前提与基础。明确的测量内容包括以下三个不同的层面。

---

①　韦小满，蔡雅娟．特殊儿童心理评估［M］．2 版．北京：华夏出版社，2016：43.

②　韦小满，蔡雅娟．特殊儿童心理评估［M］．2 版．北京：华夏出版社，2016：43.

③　DEVELLIS R F. Scale development：theory and applications［M］．3rd ed. California：SAGE Publications，2011：103–140.

首先，需要明确测量内容的理论基础。任何一次测量的开展都不是完全基于经验的，应该有一个明确的理论支撑，如智力理论、人格理论、自我效能理论等。

其次，要明确测量内容的一般性与具体性。例如对"焦虑"的测量，包括状态焦虑与特质焦虑。

最后，要明确测量内容所针对的测量对象。例如《韦克斯勒智力量表》的三个版本，分别是针对幼儿、儿童和成人三个不同群体的。因此，在问卷测量内容的明确上，操作性定义变得特别重要。只有明确了操作性定义，后续才能编制具有一定信、效度的问卷。

二、生成初始项目库 [①]

在明确了测量的内容与目标后，下一个步骤是初始项目库的生成。在这一步，研究者需要关注以下三个方面的内容。

第一，项目库中的项目主要来自以往的相关文献和研究访谈。

一般情况下，研究者需要调查的内容或目标，相关研究中多数应该对此有过探讨，可能也会存在类似的调查问卷。在编制项目前，研究者应该认真查阅文献，看看有哪些可以参考的研究。项目的另一种来源是研究访谈。例如，关于"中小学教师培训存在的问题"的问卷编制实例中，通过访谈不同样本特征的中小学教师，研究者可以获得一些有效的项目。

在问卷项目的生成上，特别需要关注的是问卷结构的问题。生成问卷项目时，先有测量目标，再有因素，最后为项目。问卷的结构如图 5-1 所示。在测量之后的数据或资料统计过程中，要做的是对测量因素进行统计，而不是逐条对项目进行统计。

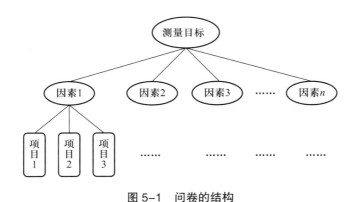

图 5-1 问卷的结构

---

① "项目库"是所有初测项目的总称。

案例 5-1

大学生心理资本问卷的初步编制 ①

编制测量问卷时，研究者应先梳理相关研究文献，了解前人研究成果，再通过一些探索性工作（如开放式问题调查、访谈等）收集相关问题，围绕要调查的问题进行整理与分析，形成初步的问卷内容。形成问卷初稿之后，还要对其进行初测及修改，以形成最终问卷。下面通过一个研究实例加以说明。

1. 文献梳理

作者借鉴了卢桑斯提出的心理资本的四结构、柯江林等人编制的心理资本量表、谢尔顿等人提出的符合积极心理学标准的 24 种积极力量等内容，提出初步的研究维度。

2. 访谈资料的提取：分析编码单元

访谈资料的提取如表 5-1 所示。

表 5-1 访谈资料的提取

方法	提取过程
直接引用能够较好反映维度概念的语句	"我觉得生活是充满阳光的。"
对部分语句进行适当修改，以反映维度概念	"我觉得别人的帮助是很重要的，不管做什么事情吧。"改为"我的成功离不开他人的帮助。"
借鉴已有研究成果	如提到与"感恩"有关的内容："主要是我觉得我们那个导师非常好，以后有机会一定要好好报答他。"可以引用其他研究中的相近问卷表述："他人的帮助会使我感激不尽，总想在日后给予回报。"
对于不易提取项目语句的维度，通过参考相关领域的研究资料，自行编制	

3. 归纳整合

请相关领域的专家或学者从维度、表述等方面对问卷项目进行评估，并对问卷内容进行修改与删减，经过几个阶段的试测后，最终得出大学生心理资本应当包括以下五个维度：自我效能、乐观、韧性、感恩、兴趣。

第二，好的测量项目的主要特点是"简单"。

这里的"简单"有多方面的意思。①项目的表述要简单，尽量避免使用双重否定句等复杂句式，例如"教师不是不赞同学校艺术节的开展方案"。②避免出现阅读难度大的项目，也尽量避免出现专业术语，例如对于"你在闲暇时间一般从事什么活动？"这一问题，接受调查的部分老年人反馈"闲暇时间"的表述过于复杂，

---

① 肖雯，李林英.大学生心理资本问卷的初步编制［J］.中国临床心理学杂志，2010，18（6）：691–694.

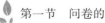

用"空余时间"会更易于理解。③避免出现表述过长的项目。如果细心探究一些使用较广泛、较经典的问卷，会发现这些问卷（量表）的项目表述都是非常简短的，较少看到长的句子，例如气质类型量表中的"我喜欢安静的环境""我善于和人交往"。④避免一题多问，例如"您认为教师和教育行政管理者都认同学校艺术节的开展方案吗？"这个项目同时包括了教师和教育行政管理者，但两者对这个项目的态度可能是不同的，这样的项目在效度上就易存在问题。

我要提问

问：下面哪些问卷项目的表述较为合适？

1. 你并没有不赞成课外辅导机构的设立。
2. 你的老师会在课堂中进行形成性评价。
3. 当你遇到困难的时候，你的老师给予的建议对你来说是有用的。
4. 你喜欢教师这一受人尊重的职业。
5. 你总体上满意任课教师的教学方式和教学效果。

答：在上述表述中，第 3 条更符合问卷项目的表述规范。

解释：

第 1 条使用了双重否定的复杂句式，容易造成理解上的错误。

第 2 条使用的是"形成性评价"这一专业术语，加大了阅读难度，不易于理解。

第 4 条具有明显倾向性，容易产生引导。

第 5 条一题多问，也不符合好的测量项目的表述规范。

第三，初始项目库中的项目要比最终的问卷项目多。

这是研究者普遍认同的观点，因为初始项目形成后，在后续的项目分析、信度分析和效度分析等过程中，一部分项目会因为信、效度低的原因被删除。但是初始项目库到底多大才是合适的呢？有观点认为，初始项目库的项目量应该是最终问卷项目量的 3~4 倍，也就是说，如果研究者拟订的项目量是 30 项的话，那么初始项目库中的项目数可以是 90~120 项。依据以往的研究经验，本书建议初始项目库的项目量是最终问卷的 1.5~3 倍。

在生成初始项目库阶段，研究者还要关注的是正向计分题和反向计分题。例如在对自尊的测量中，前者描述为"我感到自己是有价值的"，后者描述为"我感到自己是没有价值的"。对于同一个因素内的项目，在统计结果时，需要把正向与反向计分的题目转化成相同的计分方法。反向计分题的转换可以通过 SPSS 统计分析软件的"计算"功能实现，如五点计分的量表，进行整列计分时，可通过"6– 该列得分"进行转换。

三、确定问卷格式

问卷格式主要涉及问卷的计分方法。如果采用定类问卷和定序问卷，获得的数据类型主要是定性数据；如果采用定距问卷和定比问卷，获得的数据类型则主要是定量数据。李科特量表也称李科特五点计分量表，是测量中较为常用的问卷格式之一，一般由一组陈述句加"非常同意""同意""不一定""不同意""非常不同意"五种回答组成（具体表述在不同研究情境中存在差异）。李科特量表也有三点计分、七点计分等类型。除了李科特量表外，还有瑟斯顿量表、格特曼量表等问卷格式，但这些问卷格式因为使用不够便利等因素，因此应用不太广泛。

四、请专家审阅初始项目库

初始项目库生成后，需请相关研究领域的专家对初始项目库的项目进行审阅，确定内容效度（专家效度）。审阅包括如下三个方面的内容。
（1）评估每个项目与测量目标之间的相关性。
（2）评估每个项目的清晰性和简洁性。
（3）指出与测量目标有关的哪些内容或项目没有被包括在初始项目库里。

五、考虑列入验证项目

在初始项目库中，可以考虑列入一些"附加项目"。这些附加项目主要是用于帮助研究者确定最终问卷的效度，或者是用于检测问题或缺陷。具体来看，主要有以下两类项目需要考虑列入验证项目中。

第一，发现存在问题或缺陷的问卷项目。例如被试动机，特别是获得社会期许的动机，可能会导致调查对象的答案选择有所歪曲，因此可以考虑列入一些测题，以帮助研究者了解答案在多大程度上受到社会期许的影响。

第二，测量相关结构。如果研究者所要测量的结构与其他结构存在较大的相关，那么可以考虑增加相关结构的测题，以验证研究者所要测量结构的效度。也可在问卷的不同位置设置相同表述的题目。问卷回收后，要看调查对象对相同表述题目的回答是否一致。如果存在较大差异，则表明测量的信度存在问题。

六、开发样本，管理项目

这一步骤主要是采用合理的抽样方法，抽取部分调查对象进行试测。根据收集的数据，对项目的区分度、难度、信度、效度等进行计算。

七、评估项目

评估项目是项目编制过程中较为关键的一个步骤。研究者可以通过初步审查、信度分析和效度分析对问卷的信度和效度进行评估。

初步审查。初步审查主要考查的是一组项目之间的相关性，包括以下四种方法。

第一，负相关。如果一个项目与其他项目之间呈现负相关关系，那么这个项目在初步审查中是不过关的。

第二，项目—量表总分相关。如果某个项目与量表总分（这个项目除外）之间的相关程度高，则说明这条项目在初步审查中是过关的。

第三，项目方差。越小的方差代表被试在这个项目的得分上离散程度越小，也就意味着项目的区分度不高。最极端的情况是方差为 0。

第四，项目平均数。项目平均数越接近中心区域范围，问卷越理想。

信度分析。信度分析主要采用内部一致性系数，但具体方法还是要根据不同的信度类型。

效度分析。采用探索性因素分析和验证性因素分析来评估问卷的结构效度。此外，也可以采用相关分析和回归分析来评估问卷的效标关联效度，或报告内容效度。

八、编制合理的问卷长度

在教育测量中，很难明确问卷多长是合理的。一般来看，问卷短，调查对象的负担轻；而较长的问卷相对而言更"可靠"，但会加重调查对象的负担。

结合潜变量的概念，一个因素一般至少要有 2~3 道项目，否则也就称不上是潜变量了。结合考虑调查对象的负担，一个因素下面设置 5 道左右的项目是较为合适的。如果项目过多，会增加调查对象的负担，影响测量信度；如果项目过少，则来自项目的误差会增加。多数情况下，不鼓励问卷项目过多、长度过长。影响研究结果合理性和科学性的主要因素不在于测量工具的长度，而在于测量工具的效度。只要保留的项目效度足够高，即使问卷长度相对短些，也是可以的。是否需要删除及修改初始项目库中的项目，研究者主要依据的是信度和效度。

第二节 问卷编制的关键点与编制实例

一、问卷编制的关键点

在问卷的编制及使用过程中，有以下两点内容需要进行特别关注。

（一）问卷的结构性

在测量目标之下，先有因素，再有项目。这里的因素就是一般理解中的"潜变量"。

以下是潜变量的一个实例。

下述五个项目测量的是个体的生活满意度。

——项目 1：我的生活在大多数方面接近我的理想。

——项目 2：我的生活条件很好。

——项目 3：我对我的生活感到满意。

——项目 4：到目前为止，我已经获得了生活中我想要的重要的东西。

——项目 5：如果再活一回，我将几乎不会对现有生活做出任何改变。

在这个例子中，潜变量是"生活满意度"，这一潜变量通过上述五个项目进行测量。如果个体能够对上述五个项目给出自己的评分，那么影响评分的因素是他们对生活现状的满意程度。换句话说，任何项目应该都能够揭示潜变量的强度，五个项目得分的获得主要是由潜变量的强度引起。潜变量与测量它的项目之间的路径关系如图 5-2 所示。

数据分析过程是针对"潜变量"进行分析和探讨，而不是针对项目进行逐条的数据分析。

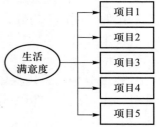

图 5-2　潜变量与测量项目间的路径关系

（二）量表的计分方法影响统计方式

前述研究已经对问卷的计分方法进行了详细的探讨，按照计分方法的不同，量表可分为定类量表、定序量表、定距量表和定比量表四种不同的类型，相应地也就获得了定类数据、定序数据、定距数据和定比数据四种不同类型的数据，这就会影响研究者可能采用的统计方法。例如研究者使用定类量表获得了定类数据，就要对定类数据进行频数分析，之后再结合 χ^2 检验等非参数检验的方法进行统计。对于定类数据来说，因为不能计算它的平均数和标准差等统计量，自然也就无法进行推论统计了。

以下给出定类量表、定序量表和定距量表的具体实例。

案例 5-2

1. 定类量表项目举例

您在中职学校是否接受过创新创业教育？（单选）

A. 上过创新创业相关课程

B. 没上过创新创业相关课程，但是参加过创新创业相关的社团或兴趣小组活动

C. 只听过创新创业相关的讲座

D. 没有接触过

2. 定序量表项目举例

请对中职学校不同类型的创新创业教育对您当前创业意向的影响程度按大小进行排序：_____。

A. 创新创业课程

B. 创新创业相关的社团或兴趣小组活动

C. 创新创业相关的讲座

3. 定距量表项目举例

在中职学校接受过的创新创业教育对您当前的创业意向存在影响。

完全不同意　不同意　没态度　同意　完全同意

二、问卷的编制实例

本部分以"中小学教师培训面临的问题与对策研究"中相关调研工具编制为例，具体阐释问卷的编制过程。

【微视频】
问卷的编制
实例

第一步：明确测量内容与目标

该研究需要测量中小学教师培训中面临的一些具体问题，再依据问卷调查，提出有针对性的对策建议。该研究依据的理论主要为教师成长与发展的相关理论。

第二步：生成初始项目库

研究者通过访谈和相关文献查阅，确定测量的因素和具体的项目来生成初始项目库。

访谈：设计访谈提纲（以开放性问题为主），访谈 30 名左右的中小学教师和学校管理者，请他们谈谈当前中小学教师培训面临的问题，然后对访谈资料进行分析。

文献查阅与梳理：查阅近五年来关于中小学教师培训的相关文献，整理和分析文献的内容。

确定因素：培训观念、培训模式、培训保障、培训目的、培训内容。

形成测题（每个因素列举一题）：教师培训是"徒有摆设"（培训观念）；教师培训忽视活动体验（培训模式）；教师培训没有制度化（培训保障）；教师培训是为了应付检查（培训目的）；教师培训的内容没有与时俱进（培训内容）……

第三步：确定问卷格式

确定问卷的格式为李科特五点计分量表，回答从"非常不同意"到"非常同意"。

第四步：请专家审阅初始项目库

请教师发展领域的相关专家对问卷的初始项目进行评估，确定问卷的内容效度。

第五步：考虑列入验证项目

在问卷合适的地方，加入几道题目作为验证项目，用来测量调查对象的社会期许水平，或增加与教师培训相关的测量结构，例如教师的工作满意度或职业倦怠等。

第六步：开发样本，管理项目

采取随机分层抽样法，抽取不同类型（幼儿园、小学、初中、高中）、不同性别（男、女）、不同教龄（0~5 年、5~10 年、10~15 年、15~20 年、20 年以上）的教师约 300 人，进行初测，并回收初测数据。

第七步：评估项目

依据初测数据，采用相应的统计方法，对问卷的信度、效度等进行检验。

第八步：编制合理的问卷长度

删除或修改信度、效度等不达标的项目，形成最终的测量问卷。

> **我要提问**
>
> 问：所有的自编问卷都需要进行初测吗？
>
> 答：一般情况下，所有自编问卷都要进行初测，这对于问卷的设计及信效度的保证来说十分重要。
>
> 部分研究者认为自己对于问卷的编制过程已足够重视，或者出于其他原因，有时会忽略对于问卷的初测而直接进行正式施测。但是个人或团队编写的问卷，并不一定能够全面代表调查对象的观点[①]。因此，在认真梳理文献、进行开放性探索之后，研究者还要通过初测的方法来发现问卷的缺陷和错误，主要是项目分析、信度和效度检验等方法，并依据检验结果删除或修改信效度不理想的项目。如果不通过收集初测数据来评估项目的信效度等，至少要请专家对项目内容进行评估，以确定问卷的内容效度。

> **我要提问**
>
> 问：研究时所需要的问卷都需要研究者自编吗？
>
> 答：虽然本章内容对问卷的编制过程进行了详细介绍，但是在研究实践中，并不鼓励任何研究主题的问卷都重新进行编制。如果有些研究内容已经有成熟的问卷，那么研究者可以在取得其他学者同意并明确标注引用文献的情况下予以采用。研究者可以采用验证性因素分析的方法，对这些成熟问卷的结构效度进行检验，以确定问卷在本研究中的使用效度。
>
> 不鼓励所有研究工具均由研究者自编的原因主要是自行编制的问卷，其信效度在短期内很难得到普遍认可，成熟问卷的信、效度更有保障。

第三节　测量项目的评估

问卷编制的关键步骤在于测量项目的评估，包括项目区分度、难度、信度和效度。在对项目的具体评估进行介绍前，先来了解经典测量理论与项目反应理论。

一、经典测量理论与项目反应理论[②]

（一）经典测量理论

经典测量理论主要源于斯皮尔曼在智力理论方面的研究，他采用因素分析法提出了智力的二因素理论，认为智力包括一般智力与特殊智力。目前一些比较常用的信度计算的方法，都以经典测量理论为基础。经典测量理论的主要观点是：一

---

① 徐红.教育科学研究方法［M］.武汉：华中科技大学出版社，2013：100.
② DEVELLIS R F. Scale development: theory and applications［M］. 3rd ed.California: SAGE Publications, 2011: 192–217.

个测量包括三个分数，即真分数 T、观测分数 X、误差分数 e，三者之间的关系为 $X=T+e$。真分数的计算有三个前提假设，它们表达了项目与潜变量及误差之间关系的基本假设。

第一，与单个项目相关的误差是随机变化的。

第二，项目间的误差相关为零，即一个项目的误差与另一个项目的误差不存在相关关系。

第三，潜变量的误差分数与真分数相互独立，相关系数为零。

依据经典测量理论，误差分为两种类型：随机误差和系统误差。随机误差主要由抽样误差造成，这类误差没有方向性，可能高于真分数，也可能低于真分数；系统误差则是一种有方向性的误差，观测分数系统性地高于或低于真分数。随机误差在理想的状况下，最后能够互相消除，但系统误差因其方向性，使观测分数系统偏离了真分数。误差主要来自测量工具、被试及测量过程等。

整体来看，经典测量理论倾向于把测量当成一个整体来考虑，包括测量项目的分数（即观测分数）、真分数、误差分数等的关系，但是在对单个项目的评估上，并没有进行深入探讨。

（二）项目反应理论

项目反应理论被认为是一种现代测量理论，甚至会有人认为它是经典测量理论在现代研究中的替代。这两个理论有一些共同的基本特征，例如项目在归属于同一个量表的时候，只能属于一个潜变量，不能属于多个潜变量。但是，这两个理论之间也存在区别。在经典测量理论中，误差没有被区别为子类别，例如基于时间、设置和项目的区分，所有来源的误差均被归在一个单一的误差项中。而项目反应理论对误差的区分更加细致，特别是对于单个项目的特性。

项目反应理论的目标之一是使研究者能够建立关于项目的某种标准。经典测量理论在测量工具和被测人员之间有一种内在的联系，而项目反应理论至少在理论上不存在这种联系。整体来看，项目反应理论关注的是项目，而经典测量理论是把问卷作为一个整体给予关注。

项目反应理论有三个重要的参数：项目区分度、项目难度和项目猜测度。相比较而言，前两者的估计更为常用。

二、项目区分度和难度的估计方法

（一）项目区分度的估计方法

1. 项目区分度指数

项目区分度指数 D 是指在某个题目上，用高分组通过率减去低分组通过率而获得的。D 值越大，项目区分度越高，即这道题目能够较好地区分不同能力的被试。即：

$$D=P_{\mathrm{H}}-P_{\mathrm{L}}$$

其中，P_{H} 为高分组在该题上的通过率，P_{L} 为低分组在该题上的通过率。高分组和低分组的标准一般指参加测量的前 27% 被试和后 27% 被试。

D 值的计算也可以通过以下公式获得 [1]：

$$D=\frac{\overline{X}_{H}-\overline{X}_{L}}{F}$$

其中，$\overline{X}_{H}$ 是高分组在某一题上的平均得分，$\overline{X}_{L}$ 是低分组在某一题上的平均得分，F 为某一题的满分分值。

案例 5-3

假定有 37 名同学参加了测试，其中某题的总分为 20 分，表 5-2 为前、后 27% 参加测试的同学在该题上的得分，计算该题的区分度。

表 5-2   某项测试的高、低分组情况

高分组（10人）	15	17	16	19	20	20	18	18	17	15
低分组（10人）	5	11	6	9	3	7	7	4	2	9

根据公式 $D=\dfrac{\overline{X}_{H}-\overline{X}_{L}}{F}$，可知，

$$\overline{X}_{H}=\frac{15+17+16+19+20+20+18+18+17+15}{10}=17.50$$

$$\overline{X}_{L}=\frac{5+11+6+9+3+7+7+4+2+9}{10}=6.30$$

$$D=\frac{17.50-6.30}{20}=0.56$$

知识快递

项目区分度的一般标准如表 5-3 所示。

表 5-3   项目区分度评价标准 [2]

区分度值	对题目的评价或处理
≥0.40	优良（保留）
0.30~0.39	合格（保留）
0.20~0.29	尚可（保留）
≤0.19	修改或删除

---

① 黄光扬.教育统计与测量评价新编教程［M］.上海：华东师范大学出版社，2013：82.
② 黄光扬.教育统计与测量评价新编教程［M］.上海：华东师范大学出版社，2013：82.

2. 方差

某个项目的方差越大，说明这个项目上所有被试得分的离散程度越大，也就表明这个项目的区分度越好。

3. 项目得分和总分之间的相关

某个项目和总分之间的相关越高，表明这个项目的区分度越高。

除了上述的估计方法外，在具体实践中，结合统计分析软件的使用，可以把某个测量问卷的总分先计算出来，之后按总分顺序区分出高分组（前 27%）和低分组（后 27%），采用独立样本 t 检验的方法，检验测量中所有项目在高、低分组上是否存在显著差异。存在显著差异的项目区分度较好，不存在显著差异的项目区分度较差。因为区分度较好的项目对于总分为高分组的被试来说得分高，对于低分组的被试来说得分低。如果高、低分组的被试在某个项目的得分上不存在显著差异，说明这个项目无法把不同能力水平的被试区分开。

（二）项目难度的估计方法

1. 二分计分项目

对于二分计分项目来说，难度的估计可用通过项目的人数除以总人数，即

$$P=R/N$$

例如，假设共有 100 人参加了某个测验，答对测验中某道选择题的人数为 70 人，则该题的难度为：$P=70/100=0.70$。

2. 非二分计分项目

对于非二分计分项目来说，难度的估计可用所有被试在某项目上的平均得分（X）除以该题的满分（$X_{\max}$），即

$$P=X/X_{\max}$$

例如，假设共有 100 人参加了某个测验，在某道满分为 20 分的论述题上，100 名被试的平均得分为 12 分，则该题的难度为：$P=12/20=0.60$。

三、测量的信度

依据经典测量理论，测量的信度是真分数除以观测分数，也就是在观测分数中真分数所占的比例，即

$$信度 = 真分数 / 观测分数$$

在研究中，主要采用以下三种方法估计信度：

（一）方差分析

方差分析是信度估计的一种方法。依据方差的可分解性原理，可以将总方差分解成不同来源的方差，根据对这些不同来源的方差进行分析，判断测量的信度。例如在单因素方差分析中，将总方差分解为组间方差（效应方差）和组内方差（误差方差），通过分析组间方差在总方差中所占的比重来判断测量的信度等。

（二）内部一致性系数

内部一致性系数关注的是同一份问卷中项目的同质性问题。在研究中，有时候会提到在同一个测量内，特别是同一个潜变量内的项目得分应该呈现出"同高同

低"的特点。这个说法事实上与内部一致性系数的性质有关，分半信度也与此有关。同一个测量工具（特别是同一个潜变量）的测量目标是一样的，因此，同一个测量工具内的项目与其潜变量之间应该相关，这些项目之间也应该相关。

内部一致性系数主要是基于所有项目间的一致性程度而计算得到的信度系数，一般为克伦巴赫 α 系数，计算公式为[①]：

$$r_\alpha = \frac{k}{k-1}\left(1 - \frac{\sum S_i^2}{S^2}\right)$$

在上述计算公式中，k 为问卷中包含的所有项目数（如果是计算某一潜变量的内部一致性系数，则是这一潜变量所包含的所有项目数），S_i^2 为第 i 个项目得分的方差，S 是整个问卷总得分的标准差。

在 SPSS 统计分析软件中，可以通过点击"分析→度量→可靠性分析"，并把同一问卷中需要估计内部一致性系数的所有项目拖入项目框中，点击"确定"按钮，从而获得内部一致性系数。

（三）基于量表得分相关性的信度估计

1. 复本信度

测量存在一个同质的、平行的复本，即同一名被试完成两个同质的问卷后，两者间的相关系数可以视为复本信度的指标，如 A 卷、B 卷。

2. 分半信度

与问卷得分"同高同低"的原理相一致，将一个问卷随机地一分为二，那么这两个部分之间的相关系数可以视为分半信度的指标。

3. 评分者信度

这是一种特殊类型的信度指标，指多位评分者对同一批评价对象进行评分的一致性程度。评分者信度一般采用肯德尔和谐系数进行估计，在 SPSS 统计分析软件中可以通过"分析→相关→双变量相关→肯德尔和谐系数"的操作步骤获得。

4. 重测信度

一个测验进行第一次施测后，间隔一定的时间后可以再施测一次，两次测量分数间的稳定及相关程度即重测信度。

在研究实践中，复本信度因为同质性及平行性的要求很难实现，重测信度因其较花费人力、物力，分半信度因其"随机分半"较为困难，评分者信度适应情境有特定性，因此主要通过内部一致性系数来说明测量的信度。

四、测量的效度

（一）内容效度

内容效度是指测验目的代表所想要测量的内容和引起预期反应所达到的程度，即测量内容的代表性程度。[②] 也就是说，测验项目对有关内容或行为范围取样的适

---

①　王重鸣. 心理学研究方法 [M]. 北京：人民教育出版社，2000：135.

②　胡中锋，李方. 教育测量与评价 [M]. 广州：广东高等教育出版社，1999：44.

当性[①]。这就需要测量内容有明确的界定和较为清楚的组织结构。内容效度主要是基于专家的经验进行判断，包括是否需要删除或增加部分项目，因此有时候又称专家效度。

（二）效标关联效度

效标关联效度是指测量分数对被试某一行为表现的预测能力的高低，或者说是指测量分数与效度标准（效标）的一致性程度。[②] 常用的效标主要是各种绩效的产出（学习成绩、工作业绩）。依据测量分数与效标之间的时间差，效标关联效度又可分为预测效度与同时效度。预测效度指当前的测量分数能够预测未来的行为表现，例如大学里的学业成就表现对未来工作成就表现的预测。同时效度指当前的测量分数对被试当前行为表现的预测，例如大学生的心理健康水平对大学生适应性行为的预测。但效标关联效度的一个难点在于如何寻找有效的效标。效标关联效度主要通过相关分析和回归分析的方法计算获得。

（三）结构效度

结构效度又称构想效度，是指测量工具能够测量到理论上的构念或属性的程度。[③] 结构效度的估计是依据初测样本获取的初测数据，采用探索性因素分析的方法，估算第三层项目层中的所有项目能够抽取几个理论上的构念或结构。

第四节　结构方程模型下潜变量的信效度的估计方法

结构方程模型下潜变量的信效度的估计方法主要有以下三种：组合信度、平均方差抽取量和区分效度。

一、组合信度

在进行验证性因素分析时，可以检验潜变量的结构信度，或称组合信度。组合信度指的是测量潜变量的各个具体项目之间的一致性或相关性程度。组合信度越高，测量项目间的内在相关程度越高；反之，组合信度越低，测量项目间的内在相关程度越低。[④]

组合信度的计算主要依据结构方程输出结果"标准化估计值"里的"因素载荷量"，组合信度的计算公式具体如下[⑤]：

$$CR = \frac{(\sum \lambda)^2}{(\sum \lambda)^2 + \sum (1 - \lambda^2)}$$

其中，CR 为组合信度，λ 是观测项目在潜变量上的标准化参数估计值（即因素载荷量）。λ 和 λ^2 的值在结构方程模型结果输出中可以获得。图5-3是组合信度计

① 郑全全，赵立，谢天.社会心理学研究方法［M］.北京：北京师范大学出版社，2009：317.
② 郑全全，赵立，谢天.社会心理学研究方法［M］.北京：北京师范大学出版社，2009：315.
③ 郑全全，赵立，谢天.社会心理学研究方法［M］.北京：北京师范大学出版社，2009：315.
④ 吴明隆.结构方程模型：AMOS的操作与应用［M］.重庆：重庆大学出版社，2009：54.
⑤ 田剑.众包竞赛绩效影响因素及其作用机理研究［M］.北京：企业管理出版社，2016：132.

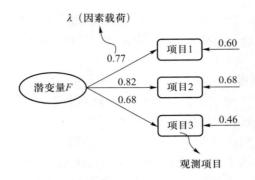

图 5-3   组合信度计算实例

算的实例。

依据图 5-3，先将在计算中会用到的数据进行整理，整理后的数据如表 5-4 所示，然后通过上述公式进行计算，即可得到此潜变量的组合信度。

表 5-4   组合信度的计算过程

潜变量	测量指标	λ	λ^2	$1-\lambda^2$	CR
	1	0.77	0.60	0.40	
F	2	0.82	0.67	0.33	0.80
	3	0.68	0.46	0.54	

$$CR=\frac{(\sum\lambda)^2}{(\sum\lambda)^2+\sum(1-\lambda^2)}=\frac{(0.77+0.82+0.68)^2}{(0.77+0.82+0.68)^2+(0.40+0.33+0.54)}\approx0.80$$

一般认为，潜变量的组合信度值的可接受水平为大于 0.70，或至少要大于 0.60。

二、平均方差抽取量

在验证性因素分析中，要验证每个潜变量的效度时，较为常用的有平均方差抽取量。平均方差抽取量属于收敛效度的一种指标，是潜变量可以解释其项目变异量的比值。[1] 其公式为[2]：

$$AVE=\frac{\sum\lambda^2}{\sum\lambda^2+\sum(1-\lambda^2)}$$

平均方差抽取量能够直接显示出被潜变量解释的变异量有多少来自测量误差。平均方差抽取量越大，项目变量被潜变量解释的变异量百分比越大，测量误差就越小。一般的判别标准是平均方差抽取量要大于 0.5。

同样，以图 5-3 所示的计算组合信度的例子为例。对潜变量 F 的平均方差抽取

---

①   吴明隆 . 结构方程模型：AMOS 的操作与应用［M］. 重庆：重庆大学出版社，2009：55.
②   田剑 . 众包竞赛绩效影响因素及其作用机理研究［M］. 北京：企业管理出版社，2016：132.

量进行计算，计算过程如表 5-5 所示。

表 5-5　平均方差抽取量的计算过程

潜变量	测量题项	λ	λ^2	$1-\lambda^2$	AVE
F	1	0.77	0.60	0.40	0.58
	2	0.82	0.67	0.33	
	3	0.68	0.46	0.54	

$$AVE=\frac{\sum \lambda^2}{\sum \lambda^2+\sum (1-\lambda^2)}=\frac{0.77^2+0.82^2+0.68^2}{(0.77^2+0.82^2+0.68^2)+(0.40+0.33+0.54)}\approx 0.58$$

三、区分效度

区分效度指的是特定构念所代表的潜在特质与其他构念所代表的潜在特质间低度相关或者有显著的差异存在。[①] 简单来讲，在测量模型中，若是任何两个潜变量间的相关不等于 1，则表示两个因素间是有区别的，即模型具有区分效度。

但是还需要进一步计算。对于区分效度的测量，如果每一个因素的平均方差抽取量大于各成对因素间的相关系数（皮尔逊相关）的平方值，才称为具有区分效度。[②] 基于此，通过公式转换，研究者可以比较平均方差抽取量的平方根是否大于该因素与其他因素的相关系数：如果前者大于后者，则表明该模型有较好的区分效度。表 5-6 为区分效度检验的过程，对角线上加粗的值为各个因素的平均方差抽取量的平方根，其均大于该因素与其他因素的相关系数，因此这 4 个因素之间有较好的区分效度。

表 5-6　区分效度检验

	F1	F2	F3	F4
F1	（0.782）			
F2	0.324	（0.709）		
F3	0.241	0.363	（0.736）	
F4	0.414	0.378	0.198	（0.738）

注：加粗数字对应的平均方差抽取量分别是 0.611、0.503、0.542 和 0.545。

思考与练习

1. 在问卷的编制及使用过程中，我们应该特别关注哪些问题？
2. 计算一份问卷的区分度、难度、信度和效度。

---

① 马富萍. 高管社会资本对技术创新绩效的作用机制研究：基于资源型企业的实证 [M].北京：中国经济出版社，2014：157.

② FORNELL C，LARCKER D F. Evaluating structural equation models with unobservable variables and measurement error [J]. Journal of Marketing Research，1981，18（1）：39-50.

3. 请谈谈对自编量表与成熟量表的理解。

本章关键术语

问卷（questionnaire）
经典测量理论（classical test theory，CTT）
项目反应理论（item response theory，IRT）
内部一致性系数（internal consistency coefficient）
效标关联效度（criterion-related validity）　　结构效度（construct validity）
组合信度（composite reliability）　　区分效度（discriminant validity）
平均方差抽取量（average variance extracted，AVE）

第六章　量化研究方法（二）

学习目标

1. 理解教育实验法及相关的基本概念。
2. 掌握教育研究中的几种基本实验设计。
3. 掌握实验设计的基本步骤。
4. 尝试自主开展教育实验研究。

知识导图

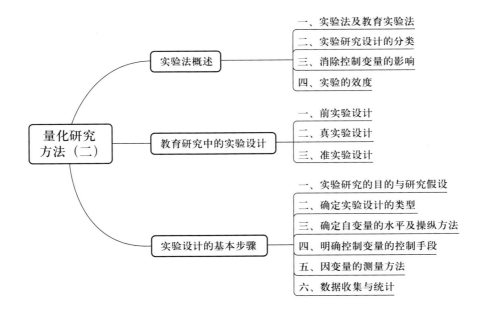

本章介绍的是常用的量化研究方法之一——实验法。1879 年，心理学家冯特在德国莱比锡大学建立了世界上第一个心理学实验室，标志着科学心理学的诞生，也意味着心理学从哲学中分离出来，成为了一门独立的学科。实验法的采用对于心理学科的科学化发展意义重大，同样地，实验法对于促进教育研究的科学化发展具有重要意义。

第一节　实验法概述

【微视频】
实验法概述

实验法是对变量间因果关系进行深入探索与检验的一种研究方法，在教育研究中有较为广泛的应用。依据被试是否随机分配入组、有无控制组等条件，实验研究设计可分为不同的类型。

一、实验法及教育实验法

实验法主要是探索与检验变量间因果关系的方法。实验法可明确区分出事物产生的原因和结果。[1] 实验法能够回答类似"变量 B 的变化是由变量 A 引起的"这样的研究假设，而一般的质性研究方法虽然可以对变量间的关系做一些解释性的阐释，却较难回答此类假设。

教育实验法则是运用科学实验的原理和具体方法，检验教育领域中变量间因果关系的方法。实验中一般包括三类变量：自变量、因变量和控制变量。

二、实验研究设计的分类

（一）前实验、真实验和准实验设计

有研究者区分了三种不同类型的研究设计：前实验设计、真实验设计和准实验设计。前实验设计是三种研究设计中控制性最低的，它几乎没有控制组，对控制变量也几乎不加控制。依据是否随机安排被试接受实验处理，实验被分成真实验设计和准实验设计。前者是指随机安排被试进行实验处理，后者是指一个实验运用原始群体，而不是随机地安排被试接受实验处理。[2] 在很多情境下，教育实验是准实验设计，因为教育研究中被试的选择往往很难做到完全随机，更多的是已经形成的群组。表 6-1 所示是三种实验设计的区别。

表 6-1　前实验设计、真实验设计和准实验设计的差别[3]

条件	前实验设计	真实验设计	准实验设计
是否有控制组？	偶尔会有，但一般没有	一定会有	一般会有
是否从总体中随机选择被试？	否	是	否

---

① 萨尔金德.心理学研究方法［M］.9 版.童定，译.北京：中国人民大学出版社，2019：209.
② 袁振国.教育研究方法［M］.北京：高等教育出版社，2000：84.
③ 萨尔金德.心理学研究方法［M］.9 版.童定，译.北京：中国人民大学出版社，2019：210.

续表

条件	前实验设计	真实验设计	准实验设计
是否将被试随机分配入组？	否	是	否
是否随机对各组实施实验处理？	否	是	否
对控制变量的控制是否很高？	否	是	中等水平

知识快递

实验组：此组被试接受了实验处理。

控制组：此组被试没有接受实验处理。

在一个较为简单且理想化的实验设计中，例如探索某种新的教学方法是否能够引起学生科学兴趣的变化，一个班的学生接受了新的教学方法（此为实验组），另一个班的学生未接受新的教学方法（此为控制组）。如果实验开始时，两组被试在科学态度前测的得分上不存在显著差异，而在实验结束的时候，两组被试的科学态度在后测得分上存在显著差异，在无关变量的影响已经被消除的情况下，则可以认为实验处理是有效的，即新的教学方法提升了学生的科学兴趣。

（二）被试间设计、被试内设计和混合设计

当一个自变量不止包含一个水平时，需要考虑采用被试间设计、被试内设计或混合设计。被试间设计指不同的被试接受了不同的实验处理。被试内设计指同一名被试接受了两种或两种以上的实验处理。混合设计指在一个研究中，部分被试采用被试间设计，部分被试采用被试内设计。被试内设计在处理实验数据时，要从总变异中减去因被试相同所带来的变异。前、后测及重复测量都属于被试内设计。

（三）单因素设计和多因素设计

单因素设计指在一个实验中只有一个自变量，这个自变量可能有不同的水平。多因素设计同时考虑了多个自变量，这些自变量又有各自不同的处理水平。在多因素设计中，研究者要考虑几个自变量及其处理水平间的交互作用。

我要提问

问：被试内设计是否优于被试间设计？

答：被试内设计与被试间设计不存在孰优孰劣的问题，它们有各自的优缺点。被试内设计是同一位被试接受了所有的实验处理，这种设计在一定程度上可以避免来自被试的误差，所需的被试样本量也较小。其缺点主要表现为练习效应（前一个实验处理对后一个实验处理的影响）和疲劳效应（接受多个实验处理水平后可能产生的疲劳）。被试间设计可以有效避免练习效应或疲劳效应，但其所需要的样本量较大，且不能完全排除被试个体间差异对实验结果的影响。

三、消除控制变量的影响

控制变量是指除了自变量外，其他可能影响因变量变化的变量。这些变量在实验中需要进行控制，否则可能会降低实验研究的内部效度。研究者消除、恒定、平衡对消、随机化和统计控制等是控制额外变量的常用方法。[①]一般情况下，消除主要用于感知觉实验中，用以消除视觉、听觉等刺激；恒定是指实验的时间、空间及环境等保持不变；平衡对消法包括单组轮流（如 ABBABAAB）、等组（一组采用 A、一组采用 B）、双组轮流（一组 AB 顺序、一组 BA 顺序，类似拉丁方设计）；[②]随机化主要为随机分配被试进入不同的实验组别；统计控制是当上述方法都不能有效排除控制变量的影响时，采取统计手段对控制变量所产生的影响进行控制。[③]

随机化在很大程度上确保了实验组与控制组被试在很多不同特征上的对等，是确保各组被试同质的好方法。[④]但是，当需要两组被试在某一特征上实现对等时，可以运用匹配的方法。而同质群体的运用及协方差分析方法也是无关变量控制的重要方法。[⑤]

（一）匹配

一些控制变量可能与因变量存在较高程度的相关关系，那么在对实验组和控制组分配被试的过程中，就需按这个控制变量的得分进行匹配。例如在"不同节奏餐厅的背景音乐（快节奏/慢节奏）对顾客用餐时间的影响"这一研究中，自变量是"不同节奏的音乐"，因变量是"顾客用餐时间"，控制变量可能是"顾客本来的用餐速度"，为了消除这一控制变量的影响，可以先对顾客本来的用餐速度进行测量，之后，使用餐速度相近的两位顾客分别进入不同的实验组别。匹配在实践操作上难度较大，也较耗费时间。

（二）恒定

实验中运用同质群体可以使一些与被试有关的控制变量保持恒定不变，从而在一定程度上消除控制变量的影响。同质群体一般指总体中的被试在某些特征上相同或相似，在这些特征可能会对因变量产生影响的情况下，运用同质群体较为合适。

（三）统计控制

例如在"比较三种不同的语文阅读教学方法对初中学生语文阅读成绩的影响"的研究中，在某校初中二年级内随机选择三个班接受三种不同的阅读教学方法，并测量三个班在实验前和实验后的语文阅读成绩。在这里，三个不同的班的选择偏差可能会影响实验的内部效度，实验组后测的得分差异有一部分可能是受前测得分差异的影响，即前测时得分高，后测得分也高，反之亦然。因此，需要用统计方法控

①　俞文钊．实验心理学［M］．杭州：浙江教育出版社，1989：15.
②　这里的 A 和 B 指自变量的两种不同水平，就如同两种不同的学习方法。
③　俞文钊．实验心理学［M］．杭州：浙江教育出版社，1989：16.
④　萨尔金德．心理学研究方法［M］.9 版．童定，译．北京：中国人民大学出版社，2019：218.
⑤　萨尔金德．心理学研究方法［M］.9 版．童定，译．北京：中国人民大学出版社，2019：218–219.

制或消除控制变量的影响。在本例中，可采用协方差分析控制语文阅读前测得分对语文阅读后测得分的影响。在协方差分析中，"语文阅读成绩前测得分"是协变量、"语文阅读成绩后测得分"是因变量，"不同的阅读方法"是固定因子。运用 SPSS 统计分析软件的操作步骤为：分析——> 一般线性模型——>单变量——>固定因子 / 因变量 / 协变量。

协变量指与因变量有线性相关并在探讨自变量与因变量关系时通过统计技术加以控制的变量。[①] 协变量一般包括因变量的前测分数、人口统计学指标以及与因变量明显不同的个人特征等。[②]

四、实验的效度

实验的效度分为内部效度和外部效度两种。

（一）内部效度

实验的内部效度是指自变量对因变量的解释程度，[③] 或者说是一个实验对控制变量的控制程度，只有对控制变量进行有效的控制，才能确定因变量的变化是否由自变量引起。

（二）外部效度

实验的外部效度是指某一实验研究中所获得的研究结论推广到其他被试或样本上的程度。

以"批判性思维教学方式对初中生批判性思维能力提升的影响研究"为例，实验的内部效度是批判性思维教学方式对初中生批判性思维能力提升的解释程度，外部效度是研究结论"与批判性思维的直接教学方式相比，批判性思维的间接教学方式对初中生批判性思维能力提升的预测作用更强"是否能够推广到其他初中生群体中。

影响实验内部效度的主要因素包括以下四个方面。[④⑤]

（1）成熟因素。成熟因素是指在实验进行过程中，被试的身心发育或发展对实验内部效度会造成影响。在一些持续时间较长的实验研究中，成熟因素更难避免。

（2）被试选取偏差。主要指被试未能被随机分配入组。

（3）测量过程与测量工具的影响。很多研究者会选择前、后测实验设计，此时来自前测的影响会对实验内部效度产生影响。因变量测量工具的选择、研究者评估标准的前后变化、不同评估者对评估标准把握的差异等也会影响实验的

---

① 卢谢峰，韩立敏 . 中介变量、调节变量与协变量：概念、统计检验及其比较［J］. 心理科学，2007（4）：934-936.

② 卢谢峰，韩立敏 . 中介变量、调节变量与协变量：概念、统计检验及其比较［J］. 心理科学，2007（4）：934-936.

③ 萨尔金德 . 心理学研究方法［M］. 9 版 . 童定，译 . 北京：中国人民大学出版社，2019：214.

④ 萨尔金德 . 心理学研究方法［M］. 9 版 . 童定，译 . 北京：中国人民大学出版社，2019：214-216.

⑤ 袁振国 . 教育研究方法［M］. 北京：高等教育出版社，2000：64-65.

内部效度。

（4）被试的流失。实验进行过程中因为各种原因导致的被试流失会影响实验的内部效度。

影响外部效度的主要因素包括以下四个方面。[1][2]

（1）前测效应。前测效应对实验结果的推广存在影响。

（2）实验者效应。在实验开展过程中，实验者效应几乎可以说是无处不在。实验者的表情、语气等均会影响被试。

（3）反作用效应。较为典型的如"霍桑效应"，即实验对象意识到自己受到了研究者的特殊关注，这种意识及随之的行为变化是因变量发生变化的主要原因。

（4）多重处理干扰。一位被试接受了两种或以上的实验处理，使得实验结果很难推广到单独的实验处理中。

第二节 教育研究中的实验设计

以单因素实验设计为例，本节对教育研究中常用的三种实验设计类型进行介绍。[3]

一、前实验设计

常用的单因素前实验设计包括单次个案研究设计和单组前后测设计。

（一）单次个案研究设计

单次个案研究设计指被试被分配进入实验组，接受实验处理，进行后测，对数据的分析主要考虑后测的得分，这一设计也被称为单组后测设计。例如以"批判性思维间接教学方式对初中生批判性思维能力提升的影响研究"为例进行单组后测设计，自变量只有批判性思维的间接教学方式，选择一个初中班级参加实验，实验后进行批判性思维能力测量（后测）。这一设计无实验前测，不对性别等控制变量进行统计控制。

（二）单组前后测设计

单组前后测设计在单次个案研究设计的基础上，增加了前测。其步骤变为：被试被分配进入实验组——实验前测——实验处理——实验后测。如以批判性思维研究为例进行单组前后测设计，自变量只有间接教学方式，选择一个初中班级参加实验，实验前后均进行了学生批判性思维能力测量（即实验有前后测），但同样不对性别、前测分数等控制变量进行控制。

单次个案研究设计和单组前后测设计的步骤和特点如表 6-2 所示。

---

① 萨尔金德.心理学研究方法［M］.9 版.童定，译.北京：中国人民大学出版社，2019：214–216.

② 袁振国.教育研究方法［M］.北京：高等教育出版社，2000：64–65.

③ 萨尔金德.心理学研究方法［M］.9 版.童定，译.北京：中国人民大学出版社，2019：209–233.

表 6-2　两种前实验设计的步骤与特点

实验设计		步骤	特点
前实验设计	单次个案研究设计	被试被分配进实验组—接受实验处理—实验后测	单组、仅有后测、被试不随机
	单组前后测设计	被试被分配进实验组—实验前测—实验处理—实验后测	单组、有前后测、被试不随机

二、真实验设计

真实验设计主要包括单后测控制组设计、前后测控制组设计、所罗门设计。

（一）单后测控制组设计

单后测控制组设计有控制组与实验组，但是无实验前测，仅有实验后测；被试被随机分配到实验组和控制组中。表 6-3 为单后测控制组设计的步骤与特点。

【微视频】
实验设计

表 6-3　单后测控制组设计的步骤与特点

实验设计		步骤	特点
单后测控制组	控制组	被试随机分配入组—无实验前测—无实验处理—实验后测	被试随机分配、实验组和控制组均无前测
	实验组	被试随机分配入组—无实验前测—实验处理—实验后测	

（二）前后测控制组设计

前后测控制组设计有控制组与实验组（实验组可能不止一组），控制组和实验组均有前后测；被试被随机分配到控制组和实验组中。表 6-4 为前后测控制组设计的步骤与特点。

表 6-4　前后测控制组设计的步骤与特点

实验设计		步骤	特点
前后测控制组	控制组	被试随机分配入组—实验前测—无实验处理—实验后测	被试随机分配、实验组和控制组均有前测
	实验组	被试随机分配入组—实验前测—实验处理—实验后测	

单后测控制组设计与前后测控制组设计的主要区别在于是否实施了前测。不实施前测的主要考虑可能是在真实验中，样本是随机抽取且被随机分配到实验组和控制组中的，因此，样本是同质的，不需要进行前测；也可能是现实条件限制了前测的开展；还可能是考虑到前测的实施反而有可能造成实验误差，例如在前述批判性思维研究中，在采取批判性思维教学方式前测试的学生的批判性思维能力与实验处

理产生了交互影响作用，可能会引起学生对实验目的的猜测，从而影响实验效度。因为最后一种可能的实验处理与前测交互作用的存在，在一定程度上，研究者会使用所罗门设计。

（三）所罗门设计

所罗门设计的基本步骤是在原来的一组实验组和一组控制组之外，再增加一组控制组或两组控制组。它包括所罗门三组设计和所罗门四组设计等不同的设计类型，如图6-1所示。

```
实验组：（前测）Y1 ——————————— 实验处理（X）——————————— Y2（后测）
控制组1：（前测）Y1 ———————————————————————————————————— Y2（后测）
控制组2：———————————————————— 实验处理（X）——————————— Y3（后测）
```

```
实验组：（前测）Y1 ——————————— 实验处理（X）——————————— Y2（后测）
控制组1：（前测）Y1 ———————————————————————————————————— Y2（后测）
控制组2：———————————————————— 实验处理（X）——————————— Y3（后测）
控制组3：———————————————————————————————————————————— Y4（后测）
```

图6-1　所罗门三组设计和所罗门四组设计 [1]

从图6-1可知，所罗门三组设计增加了控制组2，没有前测，仅有实验处理，因此可以排除前测影响和前测与实验处理可能的交互作用的影响。

在所罗门四组设计中，控制组1仅有前测，控制组2仅有实验处理，控制组3仅有后测。与所罗门三组设计相比，所罗门四组设计中增加了控制组3，主要目的是排除来自实验处理的影响，即控制组3后测的分数可以归为外部因素影响（非前测、实验处理等因素）。

所罗门设计通过控制组的组间比较达到排除前测、实验处理、前测与实验处理的交互作用等各个方面的影响。但是因为所罗门实验设计的实施较花费时间，所以在教育研究实践中，应用不太广泛。

此外，为了排除顺序效应，有研究者采用了"拉丁方设计"，这一设计的主要特点是使每一种实验处理出现的位置、顺序都不相同，或者说每一种实验处理在每一行每一列里只出现一次，以排除实验顺序的影响。图6-2为拉丁方设计的示例。

拉丁方设计的主要目的是研究单因子的不同水平对实验结果所可能产生的影响，主要用于不存在交互作用的因子的实验设计。在拉丁方设计中，行数等于列数，且两者都要等于处理水平数。

---

① 荆玲玲.社会研究方法［M］.哈尔滨：哈尔滨工程大学出版社，2016：182-183.

3×3 拉丁方

A	B	C
B	C	A
C	A	B

4×4 拉丁方

A	B	C	D
B	A	D	C
C	D	A	B
D	C	B	A

图 6-2　拉丁方设计

三、准实验设计

萨尔金德介绍了两种较为常用的准实验设计：静态组比较设计和不相等控制组设计。这两种设计方法与真实验设计中的单后测控制组设计和前后测控制组设计相对应，主要的区别在于它们的被试是非随机选取并被非随机分配入组的。两种准实验设计的步骤与特点如表 6-5 所示。

表 6-5　静态组比较与不相等控制组设计的步骤与特点

实验设计		步骤	特点
静态组比较	控制组	被试分配入组—无实验前测—无实验处理—实验后测	被试非随机分配、实验组和控制组均无前测
	实验组	被试分配入组—无实验前测—实验处理—实验后测	
不相等控制组	控制组	被试分配入组—实验前测—无实验处理—实验后测	被试非随机分配、实验组和控制组均有前测
	实验组	被试分配入组—实验前测—实验处理—实验后测	

案例 6-1

数学文化教学对小学生数学观影响的实验研究[①]

以小学四年级学生为被试，该研究探索了数学文化教学对小学生数学观的影响。在这一研究中，数学文化教学是自变量，指对广泛意义上的数学观念的教学；数学观是因变量，指小学生对数学的看法与认知，具体包括数学价值观、对象观和学习观。

---

① 张辉蓉，张桢，裴昌根.数学文化教学对小学生数学观影响的实验研究［J］.教育研究与实验，2020（2）：70-75.

实验采用实验组和控制组进行前后测设计。依托学校开设的数学文化校本课程，以 42 名自主报名参加课程的学生为实验组，再从同年级抽取其他 42 位学生为控制组。实验前先对实验组和控制组被试的数学观进行前测，两组前测得分的差异不显著。实验时长为 3 个月，实验组接受数学文化教学，控制组接受常规教学，前后测均采用《小学生数学观调查问卷》。

　　实验结果表明，数学文化教学对小学生数学对象观、价值观、学习观有积极影响。

第三节　实验设计的基本步骤

　　在实验研究中，根据研究的目的与内容，先形成一个研究假设，之后确定实验设计的类型，明确自变量的水平及操纵方法，确定控制变量的控制手段及因变量的测量，形成收集数据的方案，实施实验计划，收集研究数据，对数据进行统计分析。

一、实验研究的目的与研究假设

　　以"批判性思维的教学方式对初中生批判性思维能力提升的影响研究"为例，这一实验研究的目的是检验批判性思维的教学方式对初中生批判性思维能力的预测及影响。研究假设为"批判性思维的直接教学方式与间接教学方式对初中生批判性思维能力提升的预测作用存在差异"。

二、确定实验设计的类型

　　从前实验设计、真实验设计和准实验设计中，确定一种实验设计的类型。按照该研究的情况，不太可能把被试随机分入实验组和控制组，于是选择将现有的教学单位整体作为样本，采用准实验设计方法，具体可采取"不相等控制组设计"。表6-6 所示为该研究案例中不相等控制组设计示例。

表 6-6　不相等控制组设计示例

实验组别	第一步	第二步	第三步	第四步
控制组	分配被试进组	实施前测	不接受批判性思维教学	实施后测
实验组 1	分配被试进组	实施前测	采用直接教学方式开展批判性思维教学	实施后测
实验组 2	分配被试进组	实施前测	采用间接教学方式开展批判性思维教学	实施后测

三、确定自变量的水平及操纵方法

　　自变量包括"直接教学方式"和"间接教学方式"两个水平，分别采用两种不同的教学方式在两个实验组中开展批判性思维教学。

四、明确控制变量的控制手段

控制变量可能是学生先前的批判性思维能力水平、学生的性别等，拟采用协方差分析的方法，消除学生批判性思维的前测分数及人口学变量因素对因变量存在的影响。

五、因变量的测量方法

在这一研究中，批判性思维能力是因变量，应该根据研究的具体目标，选择具有较好信度、效度的批判性思维能力测量工具。

六、数据收集与统计

收集实验数据后，要采用恰当的统计方法对实验数据进行统计分析。例如在这个案例中，实验组 1、实验组 2 和控制组在批判性思维后测得分上的差异可以采用单因素方差分析，实验组 1 前测和后测的差异可以采用相关样本 t 检验进行分析等。该研究可采用的统计方法如表 6-7 所示。

表 6-7　不相等控制组设计的数据统计检验

实验组别	实验前测	实验后测	统计检验
控制组	得分 1	得分 2	（1）采用 F 检验，比较得分 1、3、5 之间是否存在差异。若有差异，表明被试在前测分数上存在差异，需要采用协方差分析。
实验组 1	得分 3	得分 4	（2）如果得分 1、3、5 之间不存在差异，则可直接采用 F 检验比较得分 2、4、6 之间的差异，以确定无批判性思维教学、采用批判性思维的直接教学方式及间接教学方式对学生批判性思维能力提升的影响。
实验组 2	得分 5	得分 6	（3）也可以直接比较三组前后测之差的差异（三个差数之间的差异，得分 2-得分 1、得分 4-得分 3、得分 6-得分 5）

注：F 检验显著，说明其中至少有两组之间的差异是显著的，但具体哪些组之间的差异显著，要再进一步看最小显著差异（LSD）结果。具体的统计分析方法要视研究情况而定。

🌿 思考与练习

1. 教育实验法的分类有哪些？
2. 如何消除教育实验中的控制变量的影响？
3. 实验的内部效度和外部效度指什么？
4. 教育研究中常用的实验设计有哪些？
5. 请举例说明如何在教育研究中运用所罗门设计。

本章关键术语

教育实验法（educational experimental method）
前实验设计（pre-experimental design）　　真实验设计（true-experimental design）
准实验设计（quasi-experimental design）　协方差分析（analysis of covariance）
内部效度（internal validity）　　　　　　外部效度（external validity）

第七章　混合方法研究

学习目标

1. 掌握混合方法研究的设计类型。
2. 掌握混合方法研究的阶段。
3. 能够在研究实践中运用混合方法研究设计。

知识导图

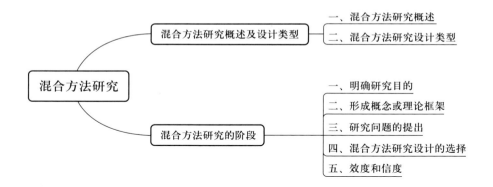

混合方法研究主要是把质性研究方法与量化研究方法依据不同的情况结合使用，来收集和分析质性和量化两种不同类型的数据。在研究实践中，研究者经常会运用混合方法开展研究。按照质性和量化的方法在使用时间上是否存在先后性、方法的重要性等，混合方法研究又区分了几种不同的方法设计。

第一节 混合方法研究概述及设计类型

一、混合方法研究概述

【微视频】
混合方法研究概述及设计类型

混合方法研究的基本概念，简单理解，就是在一个研究（或系列研究）中同时使用了质性和量化的研究方法。

在研究方法及研究范式的发展历程中，一度存在"要么……要么……（非此即彼、二者择一）"的观点，即要么采用质性的方法，要么采用量化的方法。之后，研究者逐渐接受了质性研究方法与量化研究方法两者之间并非互相对立或互相排斥的关系，而是一种互补或连续的关系，混合方法研究的设计也开始被接受并广泛使用。整体来看，在教育或社会科学研究方法的发展过程中，整体上经历了三个阶段：第一阶段量化研究方法占据优势，第二阶段质性研究方法占据优势，第三阶段是混合方法研究的发展。[1]

混合方法研究也有其优势和不足，质性研究和量化研究本身存在的方法优缺点，在混合方法研究中同样存在。如偏向量化研究方法的研究者质疑质性研究方法的科学性，因为质性研究方法缺乏量化研究方法的"刚性"；而偏向质性研究方法的研究者质疑量化研究方法不能捕捉被试的"经验和声音"，即缺乏对被试更深入的信息。[2] 此外，混合方法研究还有其独特的一些优缺点，其优势包括产生和检验理论的能力、解答复杂研究问题的能力及证实/确认结果的可能性；其不足包括需要熟练掌握多种研究方法知识，在研究设计及数据收集和分析上更耗费时间等。[3] 采用混合方法研究的主要原因之一是质性研究方法和量化研究方法之间能够互补。

二、混合方法研究设计类型

混合方法研究设计按照质性研究方法和量化研究方法的使用是否存在时间先后、重要程度、方法内或方法间混合等，分为三种不同的方法设计。[4][5]

① PUNCH K F, OANCEA A. Introduction to research methods in education ［M］.California：SAGE Publications，2014：265.

② OSBORNE，J.W.. Best practices in quantitative methods ［M］.Thousand Oaks：SAGE Publications，2008：126.

③ OSBORNE，J.W.. Best practices in quantitative methods ［M］.Thousand Oaks：SAGE Publications，2008：126.

④ OSBORNE，J.W.. Best practices in quantitative methods ［M］.Thousand Oaks：SAGE Publications，2008：129.

⑤ PUNCH K F， OANCEA A. Introduction to research methods in education ［M］.Thousand Oaks，California：SAGE Publications，2014：269-271.

（一）方法内混合和方法间混合

按照所使用方法的数量，混合方法研究设计可分为方法内混合和方法间混合。

方法内混合指使用单一的方法，但这个单一方法同时包含了质性和量化的成分。例如采用问卷调查法，但问卷调查的内容既包括了李科特式的定距量表题（量化成分），也包括了开放式的问答题（质性成分）。方法间混合指的是两种或两种以上方法的混合，这些方法中同时包含了质性和量化的方法，例如同时采用真实验法和观察法。在教育研究实践中，相比较而言，方法间混合的方法设计使用更广泛。

（二）同时设计和顺序设计

按照质性研究方法和量化研究方法在使用时间上是否存在先后，混合方法设计可分为同时设计和顺序设计两类。依据两种设计方法侧重点的差异，又包括不同的具体类型。

同时设计指质性研究方法和量化研究方法是同时进行的，具体包括以下三种设计类型：量化＋质性（强调量化）；质性＋量化（强调质性）；量化＋质性（两种方法同等重要）。

顺序设计指质性研究方法和量化研究方法是按顺序进行的，具体包括以下四种设计类型：量化至质性（强调量化方面，从量化到质性）；质性至量化（强调质性方面，从质性到量化）；量化至质性（两种方法同等重要，从量化到质性）；质性至量化（两种方法同等重要，从质性到量化）。

在教育研究实践中，相比较而言，"质性至量化（强调质性方面，从质性到量化）"设计较为常用，但混合方法研究设计的具体选择，关键还是要看研究目的与研究问题。

（三）三角、嵌入式、解释性和探索性设计

同时考虑研究方法使用的时序性和重要程度，混合方法研究设计可分为三角设计、嵌入式设计、解释性设计和探索性设计。

三角设计指在同一时间框架内收集两种类型的数据，并给予质性和量化数据同等的权重。例如采用小组访谈收集某个研究主题的质性数据，采用问卷收集相关主题的量化数据，并将两组数据合并成一个整体进行解释。

嵌入式设计指一种数据类型在主要基于另一种数据类型的研究中起辅助作用。两种类型的数据主要在同一时间阶段内收集。

解释性设计是一个两阶段的混合方法设计，研究人员使用质性数据来帮助解释或构建最初形成的量化结果。因此，第一阶段是量化的，第二阶段是质性的。这种设计可能用于需要质性数据来解释量化数据中显著（或非显著）结果、异常值结果或惊人结果的情况。例如，先采用问卷法收集数据并产生初步的结论，之后采用访谈法、观察法等对研究问题形成深度探索。

探索性设计与解释性设计相对应，第一阶段先采用质性研究方法，第二阶段再采用量化研究方法。例如研究人员要开发一份量表，在设计条目前需要对测量内容有一个全面深入的了解；此外，在测量某些变量的分布之前，可以对现象进行深入

的质性调查。

第二种分类和第三种分类中的一些具体类型存在一定的重合性，只是在表述方式上略有不同。

第二节 混合方法研究的阶段

【微视频】
混合方法研究的阶段

不同的研究者在开展混合方法研究时，其具体的实施阶段会存在一些差异，但一般包括以下五个相互联系的阶段。[①]

一、明确研究目的

研究目的指研究者为什么要开展这项研究，研究者开展一项研究的原因有很多，例如为了探索一种现象、改变测量方式、预测因果关系、完善和补充现有的理论或知识等。对于混合方法研究来说，除了研究本身的研究目的外，还有一些基于方法的特殊研究目的，包括：三角测量、互补研究、发展、启动和拓展。

三角测量指同时使用质性研究方法和量化研究方法来对同一个问题进行探索，最后证明不同研究方法下所获得的研究结果的收敛性或一致性程度。例如同时用访谈法和问卷调查法来了解大学生网络社会认知的特点。

互补研究指使用质性研究方法和量化研究方法来研究一个问题或现象的相交但有差异的方面。例如用问卷调查法来了解大学生网络社会认知中较明确的网络行为态度认知方面的内容，用访谈法来了解大学生网络行为动机认知方面的内容。

发展指量化研究方法和质性研究方法依次使用，用一种方法促进另一种方法的发展。例如先通过访谈法获得大学生网络社会认知的相关因素，再通过问卷法进行大样本调查。

启动通常是一种"事后目的"，是用来发现和探索当使用量化研究方法和质性研究方法探索同一现象时发现的矛盾。例如通过问卷调查法获得大学生网络行为动机以外部动机为主，通过访谈法获得大学生网络社会行为动机以内部动机为主，则需要进行重新设计，对这个矛盾点进行探索。

拓展指用多种方法来拓展研究的广度和范围。

二、形成概念或理论框架

一项研究一般总是基于某个或某些理论框架和模型而展开，依据这一理论框架，研究中的关键概念、变量得以解释，变量之间的关系也能够得以明晰。理论框架和模型可以用可视化的方式进行描述，也可以用文本的方式加以描述。不管是可视化的方式或者是文本的方式，理论框架和模型对于一个研究来说都是不可少的，理论框架和模型为研究问题的提出及后续研究程序的明确提供了基础。在研究实践

① OSBORNE, J.W.. Best practices in quantitative methods [M]. Thousand Oaks：SAGE Publications，2008：126–132.

中，理论框架与模型的形成基于相关领域大量文献资料的阅读与分析，一般在文献综述之后加以呈现。

例如，依据人力资本理论，创业教育因素应该能够部分预测人的创业知识和能力，而知识和能力的提升能够改变人们的创业动机、态度或意向。研究者从而形成了一项研究的理论框架，如图 7-1 所示。

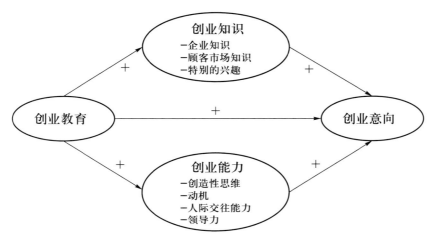

图 7-1　研究理论框架举例

框架中的关键变量为创业教育、创业知识、创业能力和创业意向。结合相关文献，理论框架中对变量之间的可能关系也进行了明确，创业教育为研究的自变量，创业知识和创业能力为研究的中介变量，创业意向为研究的因变量。

三、研究问题的提出

研究问题是恰当研究方法选择的前提和基础。在混合方法研究中，同时存在质性或量化的问题。质性问题相较于量化问题，在提问方式上会更加"宽泛"，包括总问题和子问题，通过"是什么""如何"等的方式进行表述；量化问题通常是一些更加"具体"的问题，如比较、关系、描述等，目的是为了检验变异。虽然有例外情况存在，但一般情况下混合方法研究不会同时包括研究问题和研究假设，两者取其一即可，否则会显得有些多余。质性的研究问题一般不会通过研究假设的方式提出来，因此在混合方法研究中，以研究问题的形式呈现更加常用。

我要提问

问：研究问题与研究假设的异同点是什么？

答：在研究实践中，有些研究通过"问题"的方式呈现研究问题，有些则通过"假设"的方式呈现研究问题。事实上，两者都是研究问题的呈现方式，各自也具有不同的特点，只是在具体适用性上存在差异。

研究问题更适用于质性研究，研究假设则更适用于量化研究。质性研究对问题的描述更为宽泛，不太会给出研究变量之间的具体关系，也不太会清晰明确地界定几类变量，更多地是一种综合性探究；量化研究则通过抽样收集数据、对数据进行统计处理和对研究假设进行检验，来形成研究结论，给出变量间具体关系的预测。

质性的问题举例如下：

创业教育是如何影响创业意向的？

创业教育、创业知识及创业能力之间是一种什么样的关系？

量化的问题举例如下：

创业能力和创业知识是否为创业教育影响创业意向过程中的中介变量？

四、混合方法研究设计的选择

在明确了研究的理论框架及提出研究问题之后，需要依据方法使用的时序性、方法的重要性、方法内或方法间混合等，选择恰当的混合方法研究设计类型。

以创业意向影响因素研究为例，可以选择方法间混合，先采用问卷法获得关于创业教育对创业意向存在影响的一般性结论，再通过访谈法深入探索创业教育如何影响创业意向的形成。这两种方法同样重要，因此，具体采用"顺序设计"中的"量化至质性（两种方法同等重要，从量化到质性）"设计。

五、效度和信度

对信度和效度的考察贯穿一项研究的始终。在混合方法研究中，效度和信度的检验因质性研究方法和量化研究方法而异。

在质性研究方法中，效度和信度通常指从数据资料中得出的推论的有效程度和可信程度。研究的信度及效度检验一直是质性研究的一个难点。在混合方法研究中，主要通过自反性、三角测量和成员检查等方法对质性研究方法部分的效度和信度进行检查。

知识快递

自反性是一种自我检查，包括对自我态度、观点、偏见等各个方面的检查，即检查研究者在研究过程中带入了多大程度的主观偏见。这种自我检查在一定程度上能够减少研究者的主观偏见，特别是在分析数据的过程中。

三角测量是指多方法检验对同一问题看法一致性的程度，如通过个人访谈和小组访谈，对比两种访谈下所收集数据的一致性程度来进行信效度评估。

成员检查指研究人员向研究被试（研究成员）反馈研究所收集到的数据及获得的结论，请研究被试来检查这些数据及研究结论是不是被试想要表达的意思。这一方法有助于澄清研究人员在研究数据收集及解释的过程中可能产生的误解，从而提升研究的信度和效度。

在量化研究方法中，效度一般为构想效度。构想效度涉及以下六个方面的内容：内容（内容关联性）、实质（理论和经验证据）、结构（评价工具的结构和结构域之间的关系）、普遍性及可推广性（从样本推广到总体）、外部性（与多个来源的比较）、结果性（得分所隐含的价值）。这六个方面的内容又可概括为以下三点。

实质阶段。这一阶段主要利用文献法和质性研究方法（如访谈法）所获得的证据，来构建研究的理论框架。

结构阶段。这一阶段主要探索变量与结构之间的关系，主要采用单变量或多变量统计方法，如项目分析、可靠性分析和验证性因素分析等方法。

外部阶段。这一阶段主要探索测量的关系网络，例如测量变量与理论上相似或不同的结构间的相关程度。

这里的构想效度与前面第五章阐述的"结构效度"还存在一定差别。仔细剖析，本章内容所关注的实质阶段、结构阶段和外部阶段与第五章提到的问卷法中的内容效度、结构效度及效标关联效度有一定的相对应性。

同样以创业意向影响因素研究为例，在质性研究部分中，例如"创业教育是如何影响创业意向的？"可以采用"成员检查"方法评估访谈研究的信效度，把研究的数据及结论反馈给访谈对象，请他们评价数据及结论对他们真实态度表达的程度，或者可称为表达的准确性程度；在量化研究部分中，可以通过文献获得的证据来检查所构建的理论框架的准确性，通过因素分析等统计方法来检查问卷的效度。

研究的信度和效度问题是教育研究方法中较为重要的问题，也是难点问题。不同学者对于不同研究方法的信度和效度有自己的理解，这些理解有其合理性的同时也存在不足。对于研究信度和效度的把握，需要结合具体的研究实践，灵活结合多种方法来加以说明。

案例 7-1

青年教师队伍建设现状及策略研究 [①]

阶段 1：确定研究目的

本研究的研究目的是通过了解青年教师的生存与发展现状，来分析青年教师在职业生涯中面临的阻碍及专业发展上存在的困难，探索这些现状感知对教师工作投入和专业学习意向的影响，以及教师生涯适应力的中介影响作用，最终提供有利于教师专业发展的建议，优化教师培养和职业发展方法，探索青年教师的较佳发展路径。

根据此研究目的，混合方法研究设计基于方法的特殊研究目的是"发展"，即先通过访谈法初步了解青年教师的生存与发展现状，发现青年教师在

[①]　苏州市教育科学研究院委托项目"当代青年教师队伍建设现状及策略研究：以市直学校为例"的混合方法研究设计。

生存和专业发展中亟需解决的问题，再通过问卷调查法在更大样本范围内进一步明确这些问题，以及这些现状对青年教师工作投入和专业学习意向的影响，最后探究青年教师专业发展的路径。

阶段2：形成概念或理论框架

在进行访谈之前，通过对文献的梳理，制订了初步的质性访谈框架。对访谈资料进行编码后发现，青年教师在面对目前的生存和发展现状时如何进行应对是研究者需要关注的问题。而生涯建构理论探讨的是个体如何通过一系列有意义的职业行为和工作经历来构建自身职业生涯发展过程，个体应综合考虑自己的过往经验、当前感受以及未来抱负做出职业发展行为选择。[①] 这一理论包含了一个重要的概念：生涯适应力，即个体在面对职业生涯中的现状及困难时会"怎么做？"，这个概念能为质性分析框架做出合理的补充和解释。基于此，本研究最终形成的研究的理论框架如图7-2所示。

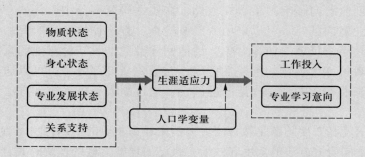

图7-2　"青年教师队伍建设现状研究"的理论框架

在此研究框架中，物质状态、身心状态、专业发展现状、关系支持是在质性框架里所体现的，而根据生涯建构理论并结合相关文献内容后，可以引入生涯适应力概念，把质性框架和量化框架联系起来，即将生涯适应力作为中介因素，将专业发展与工作投入及专业学习意向联系起来。

阶段3：研究问题的提出

在质性研究部分，提出以下一些研究问题：青年教师的生存状态如何？青年教师所得到的支持力量有哪些？青年教师选择教师职业的初衷是什么？青年教师需要从哪些方面获得支持？等等。在量化研究部分，提出以下一些研究问题：生涯适应力是不是教师物质状态、身心状态、专业发展状态、关系支持影响教师工作投入和专业学习意向的中介变量？人口学变量对这一影响关系是否起调节作用？等等。

① SAVICKAS M L. The theory and practice of career construction［M］. In Brown, S. D., & Lent, R. W.（Eds.）, Career development and counseling: Putting theory and research to work.New Jersey: John Wiley & Sons，2005：42–70.

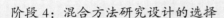

　　阶段4：混合方法研究设计的选择

　　研究者选择的研究方法是"方法间混合"，即结合采用访谈法和问卷调查法。先采用访谈法获得教师专业发展现状中可能与教师工作投入和专业学习意向有关的因素，再通过问卷法找到因素之间的影响路径，通过量化的方法来得到大规模的数据支持。在选择混合方法研究设计时，可根据研究的需要，采用"顺序设计"中的"质性至量化"的研究设计。

　　阶段5：效度和信度

　　此次研究的质性部分，较关键的是对访谈资料进行编码。研究者采用自反性的检查方法，在编码过程中对自我态度、观点、偏见等各个方面进行检查，尽量少地带入自己的主观偏见。在量化研究部分，首先通过文献获得的证据来检查所构建的理论框架的合理性，然后采用其他研究者较为成熟的、信效度经过检验的问卷，在收集完数据后，对其信度和效度进行检验，尽可能保证研究的合理性。

思考与练习

1. 混合方法研究的优势与不足表现在哪些方面？
2. 混合方法研究的具体设计包括哪些类型？
3. 结合实例谈谈混合方法研究开展的阶段有哪些。
4. 请谈谈如何理解混合方法研究中的信度和效度。

本章关键术语

混合方法（mixed methods）　　　　　方法内混合（intra-method mixing）
方法间混合（inter-method mixing）　　同时设计（simultaneous design）
顺序设计（sequential design）　　　　三角设计（triangulation design）
嵌入式设计（embedded design）　　　解释性设计（explanatory design）
探索性设计（exploratory design）　　　自反性（reflexivity）
成员检查（member check）　　　　　构想效度（construct validity）

第八章 教育统计概论

学习目标

1. 掌握教育统计的基本内容与概念。
2. 掌握初步整理数据的方法。
3. 掌握数据分布及自由度的概念。
4. 掌握假设检验的概念与步骤。

知识导图

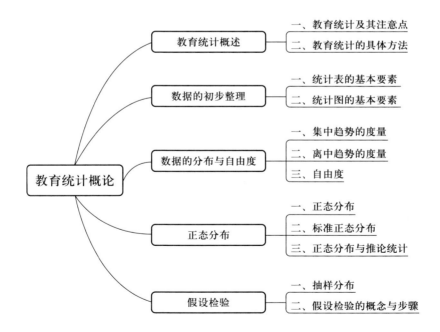

采用质性、量化或混合方法研究完成对研究数据的收集工作后，需要依据统计学的相关原理，采用适当的统计方法对这些数据进行处理，以获得相应的研究结果及结论。本章主要介绍教育统计的基础知识，包括教育统计概述、数据初步整理、数据分布、假设检验等。

第一节 教育统计概述

教育统计属于应用统计的方法之一，主要关注数理统计在教育研究领域中的具体应用。教育统计一般包括描述统计和推论统计，以及实验设计中的统计应用。

一、教育统计及其注意点

（一）教育统计

统计学是研究统计原理与方法的科学，探索如何搜集、整理和分析所收集的数据资料，从而达到推断这一类对象总体特征的目的。[1]

统计学一般分为数理统计学和应用统计学两类，前者关注统计原理和公式的推导与证明（如中心极限定理），后者关注数理统计在实践中的应用。医学统计学、教育统计学等均为应用统计，是统计方法在具体学科领域中的应用。因此，教育统计学指应用统计学的基本原理与方法，对教育领域中所获得的研究数据进行整理、计算、分析、推理，最后获得相应研究结论的方法。

在教育研究中，研究者不太容易获得关于研究对象的总体情况，一般总是采用某种抽样方法，抽取一定量的样本，之后依据统计学的基本原理与方法，对样本数据进行整理、分析，最后达到推断总体属性的目的。教育统计的数据主要来自于教育实验、教育测量或调查、教育统计年鉴、各类教育报表等。

（二）教育统计学习过程的注意点

教育统计学习过程中的注意点包括以下四点。[2]

第一，掌握各种统计方法的具体使用条件，防止误用或乱用统计。在后续统计知识的学习过程中，我们逐渐会发现不同的统计方法有其不同的适用条件。例如，同样是两个平均数的差异检验，两个样本互相独立或存在相关时，所采用的 t 检验方法不同，前者采用独立样本 t 检验，后者采用相关样本 t 检验；在相关分析中，皮尔逊相关、斯皮尔曼相关、二列相关和点二列相关等方法的具体适用条件均存在差异；在总体方差已知或未知的情况下，差异检验的方法也不同，前者采用 Z 检验的方法，后者采用 t 检验的方法。

第二，读懂统计结果，能够对统计结果进行准确解释，并做出恰当的统计推论。要读懂统计结果，需要较好地掌握单侧和双侧检验、自由度的计算、不同统计方法的基本原理等各方面知识。此外，还要能够读懂统计软件生成的结果，例如，

---

① 王孝玲. 教育统计学［M］. 上海：华东师范大学出版社，2007：1.

② 张厚粲，徐建平. 现代心理与教育统计［M］. 4版. 北京：北京师范大学出版社，2015：5—7.

在独立样本 t 检验的 SPSS 输出结果中，出现了三个显著性值，它们分别代表什么，需要准确的理解与解读。

第三，能够把统计方法的使用与实际的教育问题相结合，在理解中增进对统计知识的学习与掌握。在对统计方法和相关知识的学习中，最好能够把所学的统计方法用于实际的教育研究中。如果能够结合一个具体的教育研究实例，并适当运用所学的统计方法，那么学习的效果会更好。

第四，克服"统计无用"和"统计万能"的想法，注意科研道德。教育统计的主要功能是助力教育研究，其中的数据分析和处理离不开统计，因此，统计在教育研究中占有一席之地。但统计仅仅是一种方法，它本身并不能提出某个研究假设，而只是检验研究假设的一种手段；统计本身并不能"产生"或"制造"数据，而只是对收集的数据进行分析和处理，研究者不能随意或无理由地自行删减或选择数据。在教育研究中，应该避免"统计无用"和"统计万能"的想法，注意科研道德。

二、教育统计的具体方法

教育统计一般可分为描述统计、推论统计和实验设计中的统计应用三种具体的方法。[1]

（一）描述统计

描述统计主要描述一组数据的全貌，目的在于将大量零散且杂乱无序的数据进行整理、归纳、简化、概括，使事物的全貌得以清晰地呈现。描述统计包括以下内容：分组、编统计表、绘统计图、计算集中量（如平均数）、计算差异量（如标准差）、描述分布形态、计算相关系数等。

（二）推论统计

推论统计主要通过局部数据（样本）所提供的信息，推论总体的情况。统计的一个主要目的是通过样本统计量对总体参数做出推论，包括总体参数特征值估计、假设检验等内容。例如，由样本平均数推论总体平均数，由样本标准差推论总体标准差，以及非参数检验的一些方法。

（三）实验设计中的统计应用

实验设计主要是为了检验自变量与因变量之间的关系，同时控制无关变量对因变量可能存在的影响。不管是自变量与因变量之间的关系检验，或者是无关变量的排除，都需要依据一定的统计学原理，并采用相应的统计方法。

知识快递

统计量与参数

统计量是相对样本而言的，用来描述样本的各种特征的数量，用罗马字母表示，如 $\overline{X}$（样本平均数）、S（样本标准差）、r（两个样本间的相关系数）。

参数是相对总体而言的，用来描述总体的各种特征的数量，用希腊字母表示，如 μ（总体平均数）、σ（总体标准差）、ρ（两个总体间的相关系数）。

第二节 数据的初步整理

如果有研究者采用问卷调查法，收集了 500 名被试在某个项目上的得分，若是直接呈现这 500 个数据，会让人眼花缭乱，且很难把握数据的特点。因此，需要对数据进行初步整理，统计表和统计图是常用的整理方式。

一、统计表的基本要素

统计表的基本要素包括表号、标题、标目、线条、数字、表注（表注不是必须的）等[1]，具体如图 8-1 所示。其中，"表 2"是表号，"平均数、标准差及变量间的相关系数"是标题，第一行是纵标目，左侧第一列是横标目，表格内的是数字，表格底部是表注。根据不同的研究目标，统计表可以区分为不同的类型，但整体的要素基本一致。

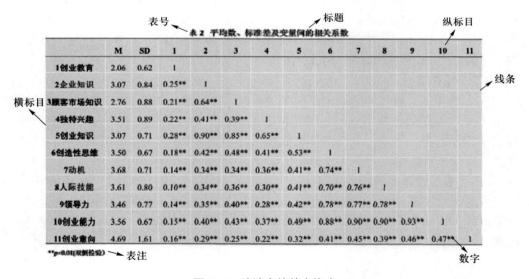

图 8-1 统计表的基本格式

结合 APA 格式的要求，统计表的格式可以采用"三线表"，表的表号和标题要写在表的上面，即"表头图尾"中的"表头"。

---

[1] 王孝玲.教育统计学［M］.上海：华东师范大学出版社，2007：7.

二、统计图的基本要素

统计图的类型非常丰富，包括条形图、直方图、线形图、频数分布图、累计频数分布图、饼图、雷达图、茎叶图等。统计图的基本要素包括图号、标题、标目（针对有横轴和纵轴的图）、图形、图注（图注不是必要的）等[1]，在图表的呈现上，注意图的图号和标题是在图的下面，即"表头图尾"中的"图尾"。具体如图8-2所示。

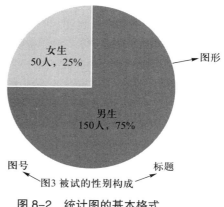

图3 被试的性别构成

图8-2 统计图的基本格式

第三节 数据的分布与自由度

一、集中趋势的度量

集中趋势描述了一批数据的集中程度，用集中量数来表示。常用的集中量数有众数、中位数和平均数等。

（一）众数

众数是一组数据中出现次数最多的数字，一般通过直观观察获得。

（二）中位数

中位数是一组数据中位置居中的数据，可把一组数据一分为二。中位数的计算分为以下两种情况：

当数据是奇数，且数列中间无重复数值时，中位数是 $\frac{N+1}{2}$ 位置上的数值，如在数列（3，5，7，8，15）中，中位数是第 $\frac{5+1}{2}$ =3 位置上的数值"7"；

当数据是偶数，且数列中间无重复数值时，中位数是居于中间位置的两个数，即第 $\frac{N}{2}$ 和第 $\frac{N}{2}$ +1 的平均数，如在数列（3，5，7，11，14，15）中，中位数是中间位置两个数"7"和"11"的平均数"9"；

需要注意的是，当数列中间有重复数值时，上述两种公式并不适合，需要采用另外的计算公式，且数据的个数为奇、偶数情况下的计算方法存在差异，本书在此不做详细介绍。

（三）算术平均数

算术平均数是所有被试在一个测量变量上的得分的平均值。例如，一个班级语文成绩的算术平均数是这个班所有同学语文成绩的平均值（后述内容中，如没有特

① 王孝玲.教育统计学［M］.上海：华东师范大学出版社，2007：16.

别说明，平均数一般指算术平均数），计算公式为：

$$\bar{X}=\frac{\sum X}{N}$$

例如，在观测数据 54，63，72，74，82，88，99 中，其算术平均数为：

$$\bar{X}=\frac{54+63+72+74+82+88+99}{7}=76$$

平均数还有几何平均数、加权平均数、调和平均数等不同类型。在后续课程"独立样本的平均数差异检验"中，需要利用加权平均数的原理计算混合方差（联合方差），因此，这里也对加权平均数的计算进行介绍。加权平均数在观测数据中单位权重不相等的情况下适用，其计算公式为：

$$M_W=\frac{\sum WX}{\sum W}=\frac{W_1X_1+W_2X_2+W_3X_3+\cdots+W_nX_n}{W_1+W_2+W_3+\cdots+W_n}$$

在上述计算公式中，W 是每一个数据的权重。

在数据较为同质且确定的情况下，与众数和中位数相比，算术平均数在度量一组数据集中趋势上的优势较为明显，主要体现在代数运算性质上。算术平均数也有一些缺点，如易受极端值的影响，在有模糊数据存在的情况下无法计算平均数（若只有个别数据缺失，可以用该组其他数据的平均数或中位数替代）。

二、离中趋势的度量

以下面两组数据为例，其平均数均为 76，但很明显，两组数据的离散程度完全不同，第一组数据最大值和最小值间的距离要大于第二组数据。因此，除了考虑数据分布的集中趋势外，还要考虑其离中趋势。

第一组：54　63　72　74　82　88　99

第二组：67　71　73　76　79　82　84

离中趋势是单个数据在平均数附近分布的程度，是一组数据的变异性。全距、四分位差、平均差、方差和标准差等均是代表一组数据离中趋势的差异量数。

（一）全距

全距是代表数据离散程度的最简单的统计量，用一组数据中的最大值减去最小值获得。计算公式为：

$$R=X_{\max}-X_{\min}$$

（二）四分位差

如果把一组数据按次数四等分的话，第 25% 的次数可以用 Q_1 来表示，第 50% 的次数可以用 Q_2 来表示，第 75% 的次数可以用 Q_3 来表示，第 100% 的次数则用 Q_4 来表示。四分位差是一组数据第 75% 的次数到第 25% 次数数据的一半，计算公式为：

$$Q=\frac{Q_3-Q_1}{2}$$

（三）平均差

平均差是一组数据中，所有原始数据与平均数离差绝对值的平均值，计算公式为：

$$M_d = \frac{\sum |X - \overline{X}|}{N}$$

全距较易受极端值影响，且代数运算优势不明显。四分位差只考虑中间 50% 的数据，没有把全部数据计算在内，在准确性上会有些问题，同样地，其代数运算优势也不明显。当然，与全距相比，四分位差受极端值的影响会小些。平均差虽然考虑了一组数据中所有数据与平均数的距离，但其代数运算优势也不算明显。

（四）方差和标准差

1. 总体方差和总体标准差

总体方差是每一个原始数据与平均数间距离的平方之和的均值，或者也称为每一个原始数据与平均数之差的平方之和的均值。

根据总体方差的定义，其理论上的计算公式为：

$$\sigma^2 = \frac{\text{离均差的平方和}}{\text{数据的个数}} = \frac{SS}{N} = \frac{\sum (X - \mu)^2}{N}$$

总体标准差是总体方差的平方根：

$$\sigma = \sqrt{\frac{\sum (X - \mu)^2}{N}}$$

因此，总体方差和标准差的计算可以分成以下三步：第一步，计算离均差的平方和 SS；第二步，计算方差；第三步，将方差开方，得到标准差。[1]

在教育研究实践中，研究者不可能知道总体中每个个体的得分，因此，总体方差和总体标准差一般是未知的，可由样本方差和样本标准差估计而获得。

2. 样本方差和样本标准差

样本方差及样本标准差的计算步骤与总体方差及标准差的计算步骤相一致。在具体的计算公式上，除了一些符号的细微变化外（如用样本平均数 $\overline{X}$ 代替总体平均数 μ 的表达，用 n 代替 N，用 S 代替 σ 等），计算思路也是一致的。

样本方差的计算公式为：

$$S^2 = \frac{\sum (X - \overline{X})^2}{n}$$

样本标准差的计算公式为：

$$S = \sqrt{\frac{\sum (X - \overline{X})^2}{n}}$$

但数理统计学家在推导时发现，当分母为 n 时，用样本方差估计总体方差是"有偏的"估计，且偏小。当分母为（$n-1$）时，用样本方差估计总体方差才是"无偏的"。为了校正样本变异性的偏差，有必要在样本方差和样本标准差的计算中做适当的调整，据此，样本方差可以通过以下公式计算获得，由此公式获得的样本方差也是总体方差的无偏估计值，在数值上与总体方差是相同的，在后续的推论统计中不用再进行矫正。

① 张厚粲，徐建平 . 现代心理与教育统计［M］. 4 版 . 北京：北京师范大学出版社，2015：87-88.

（作为总体方差无偏估计值的）样本方差的计算公式为：

$$S^2 = \frac{\sum(X - \overline{X})^2}{n-1}$$

（作为总体标准差无偏估计值的）样本标准差的计算公式为：

$$S = \sqrt{\frac{\sum(X - \overline{X})^2}{n-1}}$$

三、自由度

上述（作为总体方差或总体标准差无偏估计值的）样本方差和样本标准差计算公式中的（$n-1$）也引出了统计学中"自由度"的定义，即"总体参数估计量中变量值独立自由变化的个数"[1]。"自由度"是统计学中非常重要的概念，当使用样本统计量来估计总体参数时，需要考虑自由度的大小。

> **知识快递**
>
> $df = n - k$（df 为自由度，n 为样本个数，k 为样本数据中受约束的个数）
>
> 通常情况下，约束条件个数 k 为 1，即自由度为（$n-1$），指的是样本方差或样本标准差对总体方差或总体标准差的无偏估计。
>
> 例如，某个班级中有 100 位同学，该班某次数学考试的平均分为 86 分，其中有 99 位同学的成绩是可以任意报的，但最后一位同学的成绩是固定的，因为平均分已经固定。在这个例子中，样本容量为 100，可以自由变化的数据个数为 99 个，受约束的数据个数为 1 个，自由度为 100-1=99。

> **我要提问**
>
> 问：自由度在任何情况下都为（$n-1$）吗？
>
> 答：通常情况下，自由度为（$n-1$），但是在不同的情况下其计算会发生变化，特别是对 n 的理解会有所不同。例如，在单因素方差分析中，组间自由度计算中的 n 为组数 k，组间自由度为（$k-1$）；组内自由度计算中的 n 为每个小组的人数，组内自由度为 $k*(n-1)$。

第四节　正态分布

变量概率分布的介绍为后续的推论统计学习提供了基础。在教育基础统计部分，主要涉及四类概率分布：正态分布（Z 分布）、t 分布、F 分布和 χ^2 分布。本节主要介绍正态分布及标准正态分布，并以 Z 分布为例，说明统计显著性 P 值的意义。

【微视频】
正态分布

---

① 王孝玲. 教育统计学［M］. 上海：华东师范大学出版社，2007：86.

一、正态分布

正态分布是连续随机变量概率分布的一种，它的分布形状与"钟摆"相类似。正态分布是非常普遍的一种分布形态，自然界及人类社会中的很多变量从总体上均呈正态分布，如人的身高、体重、成就表现、能力高低。在统计学中，正态分布也是非常重要的概念，很多统计方法的使用，在其推导过程中，都要求假定变量从总体上呈正态分布。变量 X 呈正态分布时，可标记为：$X \sim N (\mu, \sigma^2)$。正态分布的特点包括以下六点。[①]

第一，正态分布的形态是左右对称的，平均数、中位数、众数相等。

第二，正态分布的中央点最高，然后逐渐向两侧下降，曲线的形式是先向内弯，然后向外弯，拐点位于正负 1 个标准差处。

第三，正态分布曲线无限接近 X 轴，但又不与 X 轴相交，是一条渐近线。

第四，正态分布曲线下面积为 1，左右两部分各为 0.5。

第五，正态分布曲线的"陡峭"程度与标准差有关，标准差越小，曲线越陡峭。

第六，正态分布曲线下，标准差与概率有一定的关系：

平均数 ±1 个标准差内，概率约为 0.6826；

平均数 ±2 个标准差内，概率约为 0.9545；

平均数 ±3 个标准差内，概率约为 0.9973。

由于不同的变量分布有不同的平均数和标准差，因此正态分布有很多不同的形状，也较难直接确定横轴上原始数据范围内所对应的概率（面积）的大小。图 8-3 呈现了不同平均数和标准差下的正态分布形式。相比较于正态分布，标准正态分布能够为横轴上 Z 值与概率（P 值）的对应计算提供可能。

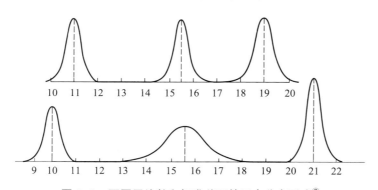

图 8-3　不同平均数和标准差下的正态分布形式[②]

二、标准正态分布

标准正态分布是一种特殊的正态分布，在标准正态分布中，平均数为 0，标准

[①]　张厚粲，徐建平.现代心理与教育统计［M］.4 版.北京：北京师范大学出版社，2015：162–163.

[②]　本书中所有正态分布图中的曲线均为"渐近线"。

差为 1。任意一个普通正态分布均可以通过线性转换变为标准正态分布，相对应地，原有分布中的原始数值 x 也能够转换成标准分数 Z 值。线性转换的步骤及公式为：

$$X \sim N(\mu, \sigma^2)$$
$$\Downarrow$$
$$Z = \frac{X-\mu}{\sigma} \sim N(0, 1)$$

当原始数据转换成 Z 值后，可查询附录中的正态分布表，获得某个具体的 Z 分数所对应的概率 P 值。正态分布表一般会以附录形式呈现在统计书后面。在查正态分布表时，需要注意的是，Z 所对应的 P 值指的是 "$0-Z$" 之间的面积（"$Z=0$ 至 $Z=$ 某个具体数值"之间的面积或概率），大于 Z 的面积可以通过用 0.5 减去 "$0-Z$" 部分的面积获得。左右两侧相同的 Z 值所对应的面积是一样的，只是方向上的差异。在正态分布表中，Y 代表的是纵轴的高度。表 8-1 所示为部分正态分布表。

表 8-1   正态分布表（部分）[1]

Z	Y	P	Z	Y	P	Z	Y	P
0.00	0.39894	0.00000	0.19	0.39181	0.07535	0.38	0.37115	0.14803
0.01	0.39892	0.00399	0.20	0.39104	0.07926	0.39	0.36973	0.15173
0.02	0.39886	0.00798	0.21	0.39024	0.08317	0.40	0.36827	0.15542
0.03	0.39876	0.01197	0.22	0.38940	0.08706	0.41	0.36678	0.15910
0.04	0.39862	0.01595	0.23	0.38853	0.09095	0.42	0.36526	0.16276
0.05	0.39844	0.01994	0.24	0.38762	0.09483	0.43	0.36371	0.16640
0.06	0.39822	0.02392	0.25	0.38667	0.09871	0.44	0.36213	0.17003
0.07	0.39797	0.02790	0.26	0.38568	0.10257	0.45	0.36053	0.17364
0.08	0.39767	0.03188	0.27	0.38466	0.10642	0.46	0.35889	0.17724
0.09	0.39733	0.03586	0.28	0.38361	0.11026	0.47	0.35723	0.18082
0.10	0.39695	0.03983	0.29	0.38251	0.11409	0.48	0.35553	0.18439
0.11	0.39654	0.04380	0.30	0.38139	0.11791	0.49	0.35381	0.18793
0.12	0.39608	0.04776	0.31	0.38023	0.12172	0.50	0.35207	0.19146
0.13	0.39559	0.05172	0.32	0.37903	0.12552	0.51	0.35029	0.19497
0.14	0.39505	0.05567	0.33	0.37780	0.12930	0.52	0.34849	0.19847
0.15	0.39448	0.05962	0.34	0.37654	0.13307	0.53	0.34667	0.20194
0.16	0.39387	0.06356	0.35	0.37524	0.13683	0.54	0.34482	0.20540
0.17	0.39322	0.06749	0.36	0.37391	0.14058	0.55	0.34294	0.20884
0.18	0.39253	0.07142	0.37	0.37255	0.14431	0.56	0.34105	0.21226

① 张厚粲，徐建平. 现代心理与教育统计［M］. 4 版. 北京：北京师范大学出版社，2015：449-452.

Z	Y	P	Z	Y	P	Z	Y	P
0.57	0.33912	0.21566	0.68	0.31659	0.25175	0.79	0.29200	0.28524
0.58	0.33718	0.21904	0.69	0.31443	0.25490	0.80	0.28969	0.28814
0.59	0.33521	0.22240	0.70	0.31225	0.25804	0.81	0.28737	0.29103
0.60	0.33322	0.22575	0.71	0.31006	0.26115	0.82	0.28504	0.29389
0.61	0.33121	0.22907	0.72	0.30785	0.26424	0.83	0.28269	0.29673
0.62	0.32918	0.23237	0.73	0.30563	0.26730	0.84	0.28034	0.29955
0.63	0.32713	0.23565	0.74	0.30339	0.27035	0.85	0.27798	0.30234
0.64	0.32506	0.23891	0.75	0.30114	0.27337	0.86	0.27562	0.30511
0.65	0.32297	0.24215	0.76	0.29887	0.27637	0.87	0.27324	0.30785
0.66	0.32086	0.24537	0.77	0.29659	0.27935	0.88	0.27086	0.31057
0.67	0.31874	0.24857	0.78	0.29431	0.28230	0.89	0.28848	0.31327

案例 8-1

正态分布的线性转换

1. $X \sim N(5, 10^2)$（X 变量呈平均数为 5、标准差为 10 的正态分布）

求以下情况中的概率：（1）$P(5 < X < 6.2)$；（2）$P(2.9 < X < 7.1)$。

解：

（1）$Z = \dfrac{X - \mu}{\sigma} = \dfrac{6.2 - 5}{10} = 0.12$

当 $Z = 0.12$ 时，查正态分布表可知，相对应的 P 值为 0.0478，因此，$P(5 < X < 6.2) = 0.0478$（如图 8-4 所示）。

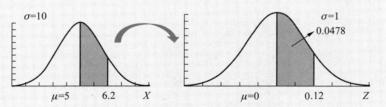

图 8-4　正态分布线性转换示例 1

（2）$Z = \dfrac{X - \mu}{\sigma} = \dfrac{2.9 - 5}{10} = -0.21$

$Z = \dfrac{X - \mu}{\sigma} = \dfrac{7.1 - 5}{10} = 0.21$

当 $Z = 0.21$ 时，查正态分布表可知，相对应的 P 值为 0.0832，因此，

$P（2.9<X<7.1）=0.0832+0.0832=0.1664（如图 8-5 所示）。$

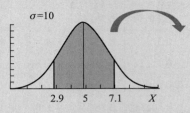
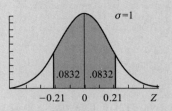

图 8-5　正态分布线性转换示例 2

2. 在下述例子中，哪些属于正态分布？

    A. 手掌的宽度

    B. 一家大海运公司的员工年薪

    C. 50 个大公司 CEO 的年薪，男女各 25 位

    D. 收银台中 100 枚硬币的发行日期

知识快递

    左偏态分布指众数出现在分布的右侧，且众数 > 中位数 > 平均数的分布，也称负偏态分布。

    右偏态分布指众数出现在分布的左侧，且平均数 > 中位数 > 众数的分布，也称正偏态分布。

    如图 8-6 所示，分别是左右对称、右偏态、左偏态分布。

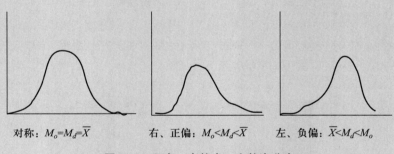

对称：$M_o=M_d=\overline{X}$　　　　右、正偏：$M_o<M_d<\overline{X}$　　　　左、负偏：$\overline{X}<M_d<M_o$

图 8-6　正态、右偏态、左偏态分布

三、正态分布与推论统计

    在假设检验中，大家一般都理解，当 P 值小于显著性水平（一般为 0.05）时，表明有统计学意义，但有时候并不清楚其中的具体原因。显著性水平是指当原假设正确时人们拒绝它的概率或风险。一般把显著性水平的临界值定为 $\alpha=0.05$ 或

---

①　A、B、C、D 分别为正态、右偏态、双峰和左偏态分布。

α=0.01 或 α=0.001，那么，接受原假设时正确的可能性（概率）分别为：95%，99%，99.9%。在标准正态分布中，当 Z=±1.96 时，单侧 O–Z 的面积为 0.475，双侧面积之和为 0.95（双侧检验）；当 Z=±1.64 时，单侧 O–Z 的面积为 0.45，加上另一侧的面积 0.5，双侧面积之和为 0.95（单侧检验）。因此，Z 值 1.96 和 1.64 分别是标准正态分布下双侧检验和单侧检验时，P 小于 0.05 的临界值。在双侧检验下，当 Z 大于 1.96 或小于 –1.96 时，表明 P 值小于 0.05；在单侧检验下，当 Z 大于 1.64 或小于 –1.64 时，表明 P 值小于 0.05。

正态分布为推论统计提供了推论依据，假设检验过程中所计算出来的统计检验量值究竟落入了正态分布的哪个区域：接受域或拒绝域？这里的接受和拒绝指的都是接受或拒绝零假设。如果计算出来的统计检验量值落入了如图 8-7 所示的拒绝（否定）区域，则说明该统计拒绝零假设，接受研究假设。这个时候所做的统计决策虽然不是百分之百准确，但犯错误的概率是确定的，即为 α 值。

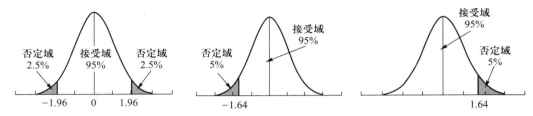

图 8-7　双侧检验和单侧检验下的拒绝域和接受域（显著性为 0.05 水平，标准正态分布）

知识快递

假设检验中的双侧检验和单侧检验

双侧检验：在假设检验过程中，只关注是否存在差异，而不关注方向性的检验叫双侧检验。如某班参加某项测试的平均分为 77 分，这项测试的常模为 80 分，问：该班这项测试的得分与常模水平是否有差异？这里只关注差异，而不关注到底谁大谁小，属于双侧检验。

单侧检验：指有方向的假设检验，统计假设定义了总体均值的增加或减少。[1] 简单的理解就是，它不仅检验是否存在差异，还检验差异的方向，即比较谁大谁小，如果将上面的例子改为"该班这项测试得分是否低于常模水平"，则为单侧检验。

如图 8-7 所示，双侧检验和单侧检验的区别主要在于拒绝零假设或虚无假设的标准不同，以标准正态分布为例，单侧检验下 0.05 显著性水平的临界值约为 Z=±1.64，而双侧检验下的临界值约为 Z=±1.96。

---

[1]　格雷维特，瓦尔诺.行为科学统计精要［M］. 8 版.刘红云，骆方，译.北京：中国人民大学出版社，2016：140.

案例 8-2

如何理解统计显著性水平及 P 值的意义

研究者试图探索一种药物对反应时间的影响。研究者给 100 只小白鼠注射了此药物，注射药物的 100 只小白鼠的平均反应时间为 1.05 秒，标准差为 0.5 秒；未注射药物的小白鼠的平均反应时间为 1.2 秒。问：药物对反应时间存在影响吗？

解：

H_0：药物对反应时间不存在影响

H_1：药物对反应时间存在影响

$$Z=\frac{1.2-1.05}{0.5/\sqrt{100}}=\frac{0.15}{0.05}=3$$

当 $Z=3$ 时，P 值约为 0.4987，双侧面积之和为 0.997，$\alpha=1-0.997=0.003$。本题只问差异，不问差异方向，因此为双侧检验。

$Z=3>1.96$，拒绝零假设，接受研究假设，认为药物对反应时间存在影响。因为零假设成立的概率太低了，只有 0.3% 左右，所以只能拒绝零假设。

一般把拒绝或接受零假设的概率临界值称为显著性水平，把门槛设定在 0.05。此时，$P<0.05$ 为显著性水平 0.05 时的拒绝域。假设检验需要注意的点是，接受和拒绝都是针对零假设（或原假设）的，而不是针对研究假设的。

t 分布、F 分布和 χ^2 分布的推论原理与正态分布是一样的，只是正态分布不受自由度的影响，是固定的分布形态，而其他三种分布形态在不同的自由度下，通过计算所获得的 t 值、F 值和 χ^2 值所对应的 P 的范围是不确定的，需要根据自由度查相应的分布表以获得 P 的范围。

第五节　假 设 检 验

【微视频】
假设检验

本节主要介绍假设检验的内容。先来看一个例子："有研究者开展了一项关于教师职业倦怠的调查，抽取了 300 名教师为样本，其中男教师 170 名，女教师 130 名，采用的是五点计分量表，结果表明男教师职业倦怠的平均分为 3.9，女教师职业倦怠的平均分为 3.7。能否推论出男教师与女教师在职业倦怠上存在差异？"

在这个例子中，有两点需要明确：首先男教师和女教师在职业倦怠上的总分存在 0.2 分的差异到底是不是真实差异？这个差异可能表明教师的职业倦怠确实存在性别上的差异，还有一个可能的解释是抽样误差造成的（因为抽样的非随机性，恰好抽中了男教师中职业倦怠较高的群体和女教师中职业倦怠较低的群体为样本），因此需要通过假设检验来验证。其次，研究者是用两个样本之差推断两个总体之差，在此例中，用抽样的 300 名男女教师在职业倦怠上的差异去推论总体男女教师

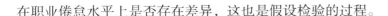

在职业倦怠水平上是否存在差异，这也是假设检验的过程。

一、抽样分布

（一）抽样误差

一般情况下，研究是基于某个样本开展的，在抽样过程中，研究者会尽可能遵循随机抽样的原则，使样本具有代表性。但在实践中，单个样本是否足够代表总体，往往存在一些疑问。例如，在上述案例中，虽然研究者采取了随机抽样法抽取了样本容量 $n=300$ 的教师样本，认为这 300 名教师应当能够代表总体教师，但事实上绝大部分总体没有被包含于样本中。另外，基于样本计算所获得的样本统计量的值与总体参数的值不完全等同，例如，300 名样本教师的职业倦怠平均分与标准差不完全等于教师总体的平均数与标准差。因此，抽样误差在研究实践中总是存在。

抽样误差是指样本统计量与总体参数之间的差异，或者误差总和。[1]

此外，针对同样的研究问题，不同的研究者所抽取的样本之间也存在差异。那么，怎样才能确定哪个样本对于总体来说是最好的代表或描述？数理统计学家依据"抽样分布"的原理，搭建了样本与总体之间的一座桥梁，即抽样分布，使得样本与总体之间的关系规则能够较好地被解释。

（二）抽样分布与中心极限定理

1. 抽样分布

关于抽样分布，在原总体中抽取一个样本容量为 n 的随机样本，会形成一个"样本分布"，通过计算可获得一个平均数。重复上述过程 m 次，可以获得 m 个随机样本，这些随机样本通过计算可以得到 m 个平均数，而这些平均数又可以组成一个新的分布，称作"平均数抽样分布"。如图 8-8 所示。

抽样分布是通过从总体中选择一定数量的随机样本得到的统计量的分布，包括平均数抽样分布和标准差抽样分布等，在实践中一般指平均数抽样分布。[2]

当每次从总体中随机抽取的单个样本的容量 $n \geqslant 30$ 时，由这些样本的平均数所构成的新总体"平均数抽样分布"的平均数与原总体的平均数相同，其标准差为原总体标准差除以 $\sqrt{n}$。

$$\mu_{\bar{x}} = \mu$$

$$\sigma_{\bar{x}}^2 = \frac{\sigma^2}{n} \quad （表示平均数抽样分布的方差）$$

$$\sigma_{\bar{x}} = \frac{\sigma}{\sqrt{n}} \quad （表示平均数抽样分布的标准差，又称平均数标准误）$$

如果满足以下任意一个条件，那么样本平均数的分布将会是标准正态分布：

第一，样本来自的总体是正态分布；

①　格雷维特，瓦尔诺.行为科学统计精要［M］.8版.刘红云，骆方，译.北京：中国人民大学出版社，2016：112.

②　格雷维特，瓦尔诺.行为科学统计精要［M］.8版.刘红云，骆方，译.北京：中国人民大学出版社，2016：112.

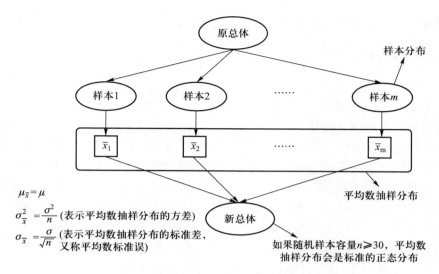

图 8-8　抽样分布的原理（重置抽样）

注：图中 m 为随机样本的数量，即共进行了多少次重置抽样；n 是样本容量，即单个样本中包含的被试的数量。

第二，样本容量 n 相对较大，不少于 30。[1]

这也引出了统计学中的一个重要定理"中心极限定理"。

2. 中心极限定理

中心极限定理是统计学中非常重要而实用的理论之一，也是许多推论统计的基础。"从均值为 μ，方差为 σ^2 的任意一个总体中抽取大小为 n 的样本，当 n 充分大时（$n \geqslant 30$），样本均值 $\overline{X}$ 的抽样分布近似服从均值为 μ，方差为 $\dfrac{\sigma^2}{n}$ 的正态分布。"[2]

中心极限定理的价值与意义包括以下三个方面。

第一，它描述了任何总体的样本均值的分布，而不管原总体的形状、均值、标准差。[3]

第二，样本均值分布非常接近正态分布。当 $n \geqslant 30$，或样本来自的总体为正态分布时，样本均值分布几乎是标准正态分布。[4]

第三，为实际分布（单个样本分布）与理论分布之间的换算提供了依据。实践中研究者不可能每次都按照抽样分布的步骤来计算平均数抽样分布的平均数及标准差，而中心极限定理则给出了原总体和新总体之间平均数和标准差的换算关系，而

---

①　格雷维特，瓦尔诺．行为科学统计精要［M］．8 版．刘红云，骆方，译．北京：中国人民大学出版社，2016：114.

②　格雷维特，瓦尔诺．行为科学统计精要［M］．8 版．刘红云，骆方，译．北京：中国人民大学出版社，2016：114.

③　格雷维特，瓦尔诺．行为科学统计精要［M］．8 版．刘红云，骆方，译．北京：中国人民大学出版社，2016：114.

④　格雷维特，瓦尔诺．行为科学统计精要［M］．8 版．刘红云，骆方，译．北京：中国人民大学出版社，2016：114.

原总体和单个样本之间的平均数和标准差之间也存在一定的换算依据，这样最终使得通过抽样分布，实现理论与实践之间的换算。后续的推论统计主要也是基于抽样分布进行的。

我要提问

问：统计部分介绍了较多的分布，如原始分布、样本分布和抽样分布，这几种分布之间的区别和联系分别是什么呢？

答：原始分布、样本分布和抽样分布为三种不同但是相互关联的分布。

（1）原始分布，又称总体。总体的平均数 μ 与标准差 σ 之间的关系为

$$\sigma = \sqrt{\frac{\sum(X-\mu)^2}{N}} 。$$

（2）样本分布，从总体中按一定的抽样方法获得。样本的平均数 $\overline{X} = \mu$，样本标准差为 S，当把计算总体标准差公式中的分母 N 用 $(n-1)$ 来替代时，所求得的样本标准差就是总体标准差的无偏估计量，$S = \sqrt{\frac{\sum(X-\overline{X})^2}{n-1}}$。

（3）抽样分布，一般指平均数抽样分布。每一个样本分布都能通过计算获得一个样本均值，这些均值的分布形成了新的平均数抽样分布。这一分布的平均数等于总体平均数，标准差为总体标准差除以 $\sqrt{n}$。

在研究实践中，研究者能够获得的是第二种分布，即从总体中抽取的样本分布，但是推论统计是基于抽样分布的，那么如何依据样本分布获得平均数抽样分布的平均数与标准差呢？这就涉及三种分布之间的换算问题。依据前述的知识，可知：

$$\mu_{\overline{X}} = \mu = \overline{X}$$

$$\sigma_{\overline{X}} = \frac{\sigma}{\sqrt{n}} = \frac{\sqrt{\dfrac{\sum(X-\overline{X})^2}{n-1}}}{\sqrt{n}}$$

二、假设检验的概念与步骤

（一）假设检验的概念

假设检验是最常用的推论统计之一，是研究者用样本数据来推论总体的统计过程。例如，在前述例子中，可用样本教师在职业倦怠得分上的性别差异来推论总体教师在职业倦怠得分上的性别差异。

假设检验是一种统计方法，指使用样本数据来评估一个关于总体参数的假设。[①]

---

① 格雷维特，瓦尔诺. 行为科学统计精要［M］. 8 版. 刘红云，骆方，译. 北京：中国人民大学出版社，2016：129.

（二）假设检验的步骤

下面结合案例8-3，对假设检验的步骤进行阐述。

案例8-3

全市数学统一测试的平均分为80分，标准差为20分。某校某班有25名学生，该班学生此次数学测试的平均分为89分。该班数学成绩与全市数学平均成绩之间是否存在显著差异？

第一步，提出假设

$$H_0: \mu_{某班} = 80（或 H_0: \mu_{某班} = \mu_{全市}）$$

$$H_1: \mu_{某班} \neq 80（或 H_1: \mu_{某班} \neq \mu_{全市}）$$

在统计学中，不能对 H_1 的真实性直接进行检验，而是要建立与之对立的假设 H_0。若证明 H_0 为真，则 H_1 为假；反之，若 H_0 为假，则 H_1 为真。这也是第一章中所提到的研究假设不能是"零假设"的原因。之后通过检验统计量的计算，查相应的分布表，获得 P 值的范围，这个范围指的是 H_0 的范围，所进行的推论也是对 H_0 为真或为假的推论。

第二步，确定适当的统计检验量

用于假设检验的统计量称为统计检验量。与参数估计相同，需要考虑的值有以下四个：Z、t、F 和 χ^2。Z 和 t 是适用于两个平均数之间的差异检验的统计量；F 检验适用于三个及三个以上平均数之间的差异检验；χ^2 是非参数检验，主要适用于无数学意义的频数之间的差异检验。因此主要需要区分 Z 和 t 检验的使用差异。

首先，需要考虑总体是否呈正态分布，总体正态是前提假设。

其次，需要考虑总体方差是已知还是未知。如果总体方差已知，就用 Z 检验，如果总体方差未知，则用 t 检验。

最后，区分是大样本还是小样本。当样本容量 $n \geq 30$ 时，t 分布的形状与 Z 分布几乎重合（当 $df=30$ 时，在双侧检验条件下，t 值0.05水平上的临界值为2.02；当 $df=60$ 时，在双侧检验条件下，t 值0.05水平上的临界值为2.00；当 df 趋向无穷大时，t 值0.05水平上的临界值为1.96。与 Z 值0.05水平上的临界值1.96几乎一致）。因此，当样本量 ≥ 30 时，即使总体方差未知，也可以因为近似性用 Z 检验代替。

在本例中，由于总体正态分布，总体方差已知，因此用 Z 检验。

第三步，建立拒绝原假设的规则

首先，考虑显著性水平的选择：取 $\alpha=0.05$ 或 $\alpha=0.01$ 或 $\alpha=0.001$。显著性水平就是指当原假设正确时人们却把它拒绝了的概率或风险。一般情况下，可以选择临界值 $\alpha=0.05$ 作为接受或拒绝零假设的标准。

其次，考虑是单侧还是双侧检验。本例中的问题为"该班数学成绩与全市数学平均成绩是否存在显著差异"，它只关注差异，而不关注差异的方向，为双侧检验；但若问题改为"按照往年情况，该校数学成绩高于全市平均成绩。问此次该班数学成绩是否显著高于全市数学平均成绩？"，这时检验关注的是差异的方向，为单侧检验，其假设的提法也要改变为：

$$H_0: \mu_{某班} \leqslant 80 \text{（或 } H_0: \mu_{某班} \leqslant \mu_{全市}\text{）}$$

$$H_1: \mu_{某班} > 80 \text{（或 } H_1: \mu_{某班} > \mu_{全市}\text{）}$$

最后，按照选定的显著性水平，结合单/双侧检验，确定拒绝原假设的规则。

第四步，收集数据，计算样本统计量的值

$$Z = \frac{\overline{X} - \mu}{\sigma_{\overline{X}}} = \frac{\overline{X} - \mu}{\dfrac{\sigma}{\sqrt{n}}} = \frac{89 - 80}{\dfrac{20}{5}} = \frac{9}{4} = 2.25$$

第五步，做出统计推断

$$Z = 2.25 > 1.96$$

在双侧检验下，正态分布中的 Z 值在 0.05 水平的临界值为 ± 1.96，2.25>1.96，落在如图 8-7 所示的否定域/拒绝域，因此拒绝 H_0，接受 H_1，认为"该班数学成绩与全市数学平均成绩存在显著差异"。

知识快递

假设检验中的误差或两类错误

假设检验是一个统计推论的过程，主要是根据样本信息推断总体。在推论过程中，因为信息有限性等原因，不可避免地存在出错的可能性。在假设检验中，有可能会犯以下两类错误：

Ⅰ类错误，又称弃真错误，指虚无假设 H_0 本来是正确的，但拒绝了 H_0 时所犯的错误，这类错误的概率用 α 表示；

Ⅱ类错误，又称取伪错误，指虚无假设 H_0 为假时却被接受了，这类错误的概率用 β 表示。

表 8-2 所示为假设检验过程中可能会出现的两类错误。

表 8-2 假设检验中的两类错误

H_0	决策结果	决策误差
H_0 为真	接受 H_0	正确决策
	拒绝 H_0	Ⅰ类错误（α 错误）
H_0 为假	接受 H_0	Ⅱ类错误（β 错误）
	拒绝 H_0	正确决策

以上述"某班数学成绩与全市数学平均成绩是否存在显著差异"的检验结果为例，决策结果如下：拒绝 H_0，接受 H_1，是以犯 I 类错误为前提的。因为这个决策结果，有两种可能性，一是该班数学成绩与全市数学平均成绩间确实存在差异，即 H_0 为假，也拒绝了 H_0，做了正确决策；二是两者之间事实上无差异，即 H_0 为真，但被拒绝了，这种情况下会犯 I 类错误。

但假如通过研究获得了与例子中相反的结果，即通过计算所获得的 Z 值在 -1.96 到 1.96 的区间范围内，则接受 H_0，拒绝 H_1。这一决策结果，也存在两种可能性，要么两者间事实上是无差异的，即 H_0 为真，也接受了 H_0，做了正确决策；要么两者之间确实存在差异，即 H_0 为假却被接受了，此时，犯了 II 类错误。

在统计检验中，犯 I 类错误的概率 α 是确定的，因为一旦选择了检验显著性水平的临界值后（0.05/0.01/0.001）后，出现第一类错误的概率在双侧检验时是两个尾部的拒绝域面积之和，在单侧检验时是单侧拒绝域的面积。犯 I 类错误的最大概率 α 为 5%，即与显著性水平是相等的，而 II 类错误的概率 β 无法估计。

本章对统计学的基础知识、数据分布、自由度、正态分布及假设检验等进行了简单的介绍。

🍃 思考与练习

1. 统计量与参数有何区别？

2. 在正、负偏态情况下，众数、中位数和平均数的关系分别如何？

3. 正态分布与推论统计的关系是什么？

4. 如果要研究某种新的教学方法是否能够提升学生的学业成绩，H_0 应如何表述？

5. t 检验与 Z 检验的适用条件有何区别？

6. 某市数学统一考试平均分为 60 分，标准差为 8 分。某校某班 36 位同学这次考试的平均成绩为 65 分。问该班此次数学成绩是否显著高于全市平均分？

🍃 本章关键术语

教育统计学（educational statistics）　　描述统计（descriptive statistics）

推论统计（inferential statistics）　　实验设计（experimental design）

统计量（statistic）　　参数（parameter）

集中趋势（central tendency）　　离中趋势（dispersion）

方差（variance）　　标准差（standard deviation）

自由度（degrees of freedom）　　　正态分布（normal distribution）

标准正态分布（standard normal distribution）

显著性水平（significance level）　　抽样误差（sampling error）

抽样分布（sampling distribution）　　中心极限定理（central limit theorem）

假设检验（hypothesis testing）　　　因素分析（factor analysis）

第九章 教育基础统计

学习目标

1. 掌握平均数假设检验的使用条件与步骤。
2. 掌握方差分析的原理与方法。
3. 掌握相关分析及线性回归分析的基本原理与方法。
4. 掌握 χ^2 检验的方法。
5. 运用这些方法对教育数据进行统计分析。

知识导图

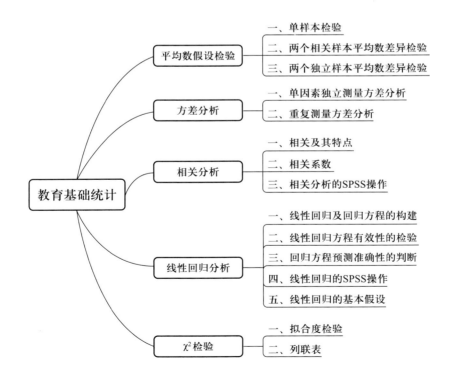

本章将介绍教育基础统计的内容，包括平均数假设检验、方差分析、相关分析、线性回归分析和 χ^2 检验等内容。本章主要关注几种教育研究领域常用的、基本的数据统计方法，聚焦这些方法的使用条件、计算原理，以及在 SPSS 软件中实现的操作步骤。

第一节　平均数假设检验

【微视频】
平均数假设
检验 1

平均数假设检验指用于平均数的假设检验，主要包括单样本、两个相关样本和两个独立样本的平均数假设检验。[1]

一、单样本检验

（一）单样本检验的原理与方法

单样本检验，简单理解就是样本平均数与总体平均数之间差异的检验。单样本检验的情境在研究实践中基本不存在，因为研究者很难知道总体平均数的准确数值，或者说总体平均数一般是通过对样本平均数的估计而得出。前面提到的常模可以近似看作总体平均数的一种表现形式。在一些计算实例中，会给出总体平均数，要求学习者检验样本平均数与总体平均数之间是否存在差异。单样本检验可以分为 Z 检验和 t 检验两种情况。

1. 总体呈正态分布，总体方差已知：Z 检验

总体方差已知，研究变量从总体上呈正态分布，用 Z 检验。

图 9-1 对 Z 公式的变化进行了回顾，其中第一个公式是正态分布向标准正态分布线性转化的公式，也是 Z 公式最初的表达；推论统计以抽样分布为基础，在抽样分布的情况下，Z 公式的表达变为图中第二个公式的形式，分母由总体标准差变为平均数抽样分布的标准差。

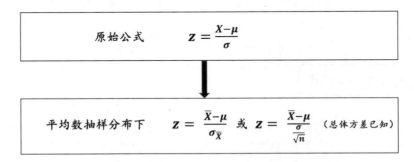

原始公式　　　$z = \dfrac{X - \mu}{\sigma}$

平均数抽样分布下　　$z = \dfrac{\overline{X} - \mu}{\sigma_{\overline{X}}}$　或　$z = \dfrac{\overline{X} - \mu}{\frac{\sigma}{\sqrt{n}}}$　（总体方差已知）

图 9-1　Z 检验公式的变化

2. 总体呈正态分布，总体方差未知：t 检验

同样地，在研究实践中，研究者既不可能知道总体方差或标准差，也不可能采

---

① HOWELL D C. Fundamental statistics for the behavioral sciences. ［M］. 7th ed. Belmont，CA：Wadsworth，2011：301-381.

取抽样分布的步骤去计算平均数抽样分布的标准差，一般使用总体标准差的无偏估计量样本标准差，因此，也就有了图 9-2 中的 t 检验公式，其中对 Z 检验公式与 t 检验公式的差异进行了梳理。

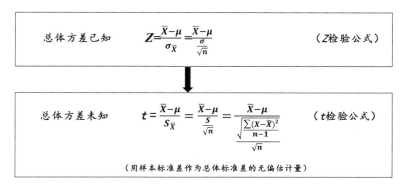

图 9-2　Z 检验公式与 t 检验公式的差异

　　总体方差未知情况下的单样本检验，例如：假设初中生"强迫因子"的常模平均分为 3.2 分（5 点计分量表）。有研究者随机抽取了 25 名初中生完成了强迫量表，获得的结果是，这批样本学生"强迫因子"的平均得分为 3.0 分，标准差为 0.66 分。问这 25 名学生在"强迫因子"得分上是否和常模存在显著差异。事实上，总体方差未知情况下的样本平均数与总体平均数差异检验，其基本原理与总体呈正态分布、总体方差已知条件下相同，只是总体方差由其无偏估计量计算获得。

　　在真实研究情境中，总体方差一般是未知的，所以 t 分布具有广泛的适用性。t 分布依赖自由度的大小，随着自由度的增大，分布也逐渐趋于正态分布。依据中心极限定理，当 $n \geqslant 30$，特别是 $n>50$ 时，t 分布与正态分布基本一致。所以 t 分布适用的情况有两种：小样本分布（指 $n<30$）、总体方差未知。图 9-3 给出了自由度分别为 1、30、∞时的分布形状。

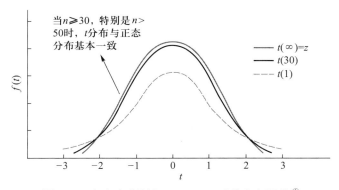

图 9-3　自由度分别为 1、30、∞时的分布形状 [1]

　　① HOWELL D C. Fundamental statistics for the behavioral sciences. ［M］. 7th ed. Belmont，CA：Wadsworth，2011：313.

（二）单样本检验的 SPSS 操作

单样本 t 检验 SPSS 软件中的操作步骤为：SPSS →分析→比较均值→单样本 t 检验。

如图 9-4 所示，把需要检验的变量拖入"检验变量"框（这里的变量为"定距变量"或"定比变量"，"定类变量"或"定序变量"不适合），把这一变量的总体平均数 / 常模平均数拖入"检验值"框中（因为总体平均数一般未知，这里假定其为"3"），点击"确定"后生成结果。由结果可知，这批样本（$n=35$）所获得的样本平均数 3.53 与总体平均数 3 之间的差异具有统计学意义。因为 t 值为 4.775，df 为 34，相对应的 P 值 <0.001，所以可以拒绝零假设，接受研究假设，由此认为两者之间的差异具有统计学意义。

平均数、标准差等描述性统计的数据，可以通过以下操作获得：SPSS →分析→描述统计→描述，或 SPSS →分析→描述统计→频率→统计量。

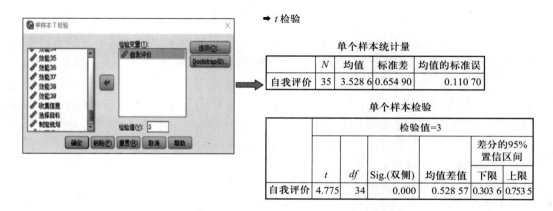

➡ t 检验

单个样本统计量

	N	均值	标准差	均值的标准误
自我评价	35	3.528 6	0.654 90	0.110 70

单个样本检验

	检验值=3					
					差分的95%置信区间	
	t	df	Sig.(双侧)	均值差值	下限	上限
自我评价	4.775	34	0.000	0.528 57	0.303 6	0.753 5

图 9-4　单样本 t 检验 SPSS 操作图示

二、两个相关样本平均数差异检验

（一）原理及计算

两个相关样本平均数差异检验，简单理解就是用两个相关样本的平均数差异去推论两个相关总体之间的平均数差异。

相关样本是指两个样本的数据之间存在一一对应的关系。[1] 在教育研究的被试内实验设计中，前测和后测得分属于相关样本，此时，前后测分数因为是同一批被试完成的，互相之间存在影响。

同样地，在两个相关总体均呈正态分布、两个相关总体方差已知的情况下，用 Z 检验；在两个相关总体方差未知的情况下，用 t 检验。在实践中使用 Z 检验的情况基本不存在，因此，这里主要针对 t 检验进行讲解。两个相关样本 t 检验的公式为：

【微视频】
平均数假设
检验 2

---

① 张厚粲，徐建平 . 现代心理与教育统计学［M］. 4 版 . 北京：北京师范大学出版社，2015：236.

$$t=\frac{(\overline{X}_1-\overline{X}_2)-(\mu_1-\mu_2)}{S_{\overline{D}}}=\frac{(\overline{X}_1-\overline{X}_2)-(\mu_1-\mu_2)}{\dfrac{S_D}{\sqrt{n}}}$$

在这一公式中，$\overline{X}_1$、$\overline{X}_2$ 分别是两个相关样本的平均数，μ_1、μ_2 分别是两个相关总体的平均数，$S_{\overline{D}}$ 为两个相关样本平均数之差的标准误。

知识快递

平均数之差的标准误 $S_{\overline{D}}$ 的推导过程

两个正态总体均值分别为 μ_1 和 μ_2，样本均值分别为 $\overline{X}_1$ 和 $\overline{X}_2$，由 $\overline{X}_1-\overline{X}_2$ 的差异验证 $\mu_1-\mu_2$ 的差异。

（1）$\overline{D}$ 表示平均数之差或差的平均数：$\overline{D}=\overline{X}_1-\overline{X}_2$；

（2）差的离差：$D-\overline{D}=(X_1-X_2)-(\overline{X}_1-\overline{X}_2)=(X_1-\overline{X}_1)-(X_2-\overline{X}_2)$；

（3）差的离差平方和：$\sum(D-\overline{D})^2=\sum[(X_1-\overline{X}_1)-(X_2-\overline{X}_2)]^2$；

（4）差的方差：$S_D^2=\dfrac{\sum(D-\overline{D})^2}{n-1}=S_1^2+S_2^2-2rS_1S_2$；

（5）$S_{\overline{D}}=\dfrac{S_D}{\sqrt{n}}=\sqrt{\dfrac{S_1^2+S_2^2-2rS_1S_2}{n}}$。

（如果两个样本相互独立，则 $r=0$，$S_{\overline{D}}=\dfrac{S_D}{\sqrt{n}}=\sqrt{\dfrac{S_1^2+S_2^2}{n}}$）

案例 9-1

研究者为了检验家庭系统疗法对厌食症的影响，以 17 名有厌食症的女孩为研究被试，实施了三个月的家庭系统疗法。在实验前和实验后分别测量了她们的体重，体重前后测得分如表 9-1 所示。问：家庭系统疗法对厌食症的干预是否有效？[1]

表 9-1　样本被试体重前后测得分[2]

编号	1	2	3	4	5	6	7	8	9	10
前测	83.8	83.3	86.0	82.5	86.7	79.6	76.9	94.2	73.4	80.5
后测	95.2	94.3	91.5	91.9	100.3	76.7	76.8	101.6	94.9	75.2
差数	11.4	11.0	5.5	9.4	13.6	-2.9	-0.1	7.4	21.5	-5.3

---

①　HOWELL D C. Fundamental statistics for the behavioral sciences.［M］. 7th ed. Belmont, CA: Wadsworth, 2011: 337.

②　HOWELL D C. Fundamental statistics for the behavioral sciences.［M］. 7th ed. Belmont, CA: Wadsworth, 2011: 338.

续表

编号	11	12	13	14	15	16	17	平均数	标准差
前测	81.6	82.1	77.6	83.5	89.9	86.0	87.3	83.23	5.02
后测	77.8	95.5	90.7	92.5	93.8	91.7	98.0	90.49	8.48
差数	−3.8	13.4	13.1	9.0	3.9	5.7	10.7	7.26	7.16

H_0：家庭系统疗法对厌食症的干预无效（$\mu_1 = \mu_2$）

H_1：家庭系统疗法对厌食症的干预有效（$\mu_1 \neq \mu_2$）

每一位被试前后测之间均能计算出一个差数，例如，第一位被试前后测得分的差数为11.4，所有被试三个月体重变化的17个差数可组成一个新的分布，从而计算出这个由差数组成的新分布的标准差 S_D，并经过进一步计算后获得 $S_{\bar{D}}$；之后，因为原假设假定 μ_1 和 μ_2 相等，即 $\mu_1 - \mu_2 = 0$；$\bar{X}_1$ 和 $\bar{X}_2$ 可采用平均数计算方法获得；把上述数据代入 t 检验公式，通过计算获得 t 值。此例中 $S_{\bar{D}}$ 的计算方法比计算相关系数更为简洁明了。

在两个相关样本的平均数差异检验中，自由度为 $n-1$，这里的 n 指差异值的个数此例中就为 $17-1=16$。

$$t = \frac{(\bar{X}_1 - \bar{X}_2) - (\mu_1 - \mu_2)}{S_{\bar{D}}} = \frac{(90.49 - 83.23)}{\frac{7.16}{\sqrt{17}}} = \frac{7.26}{1.74} = 4.17$$

当自由度为16时，t 在0.05水平的临界值为2.12（双侧），本例中通过计算获得的4.17落在 t 分布的拒绝区域，因此，拒绝零假设，接受研究假设，即家庭系统疗法对厌食症的干预是有效的。

（二）两个相关样本平均数差异检验的 SPSS 操作

两个相关样本 t 检验在 SPSS 软件中的操作步骤为：SPSS →分析→比较均值→配对样本 t 检验。

如图9–5所示，把需要检验的一组变量依次拖入"成对变量"框（图中以前后测得分为例），点击"确定"后生成结果。依据结果，差异检验 t 值为 –0.217，P 值为0.828，大于0.05，接受零假设，拒绝研究假设，则认为前后测之间的差异未达到显著水平，没有统计学意义。

（三）两个相关样本平均数差异检验的效果量计算

效果量是反映自变量与因变量关系强度的指标，它与 P 值的区别之一在于其不受样本量大小的影响。

效果量体现了自变量对因变量的效果，其计算过程一般表达为：两个总体之间平均数的差值除以任何一个总体的标准差，具体视不同的检验情境而定。

两个相关样本平均数差异检验的效果量计算公式如下所示。[1]

---

① HOWELL D C. Fundamental statistics for the behavioral sciences. ［M］.7th ed. Belmont，CA: Wadsworth，2011：344.

t 检验

成对样本统计量

		均值	N	标准差	均值的标准误
对1	前测	3.790 9	110	1.05878	0.10095
	后测	3.809 1	110	0.99074	0.09446

成对样本相关系数

		N	相关系数	Sig.
对1	前测&后测	110	.635	.000

成对样本检验

	成对差分					t	df	Sig.(双侧)
	均值	标准差	均值的标准误	差分的95%置信区间				
				下限	上限			
对1 前测－后测	−0.018 18	0.877 67	0.083 68	−0.184 04	0.147 67	−0.217	109	0.828

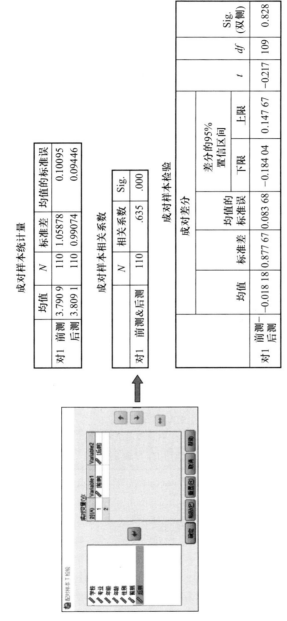

图9-5 配对样本 t 检验 SPSS 操作图示

$\hat{d} = \dfrac{\overline{X_1} - \overline{X_2}}{S}$（$S$ 可以是两个相关样本中任何一个样本的标准差，有些情况下也会用差数的标准差）

以案例 9–1 的数据结果为例，$\hat{d} = \dfrac{\overline{X_1} - \overline{X_2}}{S} = \dfrac{7.26}{8.48} = 0.86$ 表明效果量较大。

知识快递

效 果 量 d [①]

多年以来，在使用统计方法对数据进行统计分析后，研究者一般会报告显著或不显著差异的结果，研究工作到此也就基本结束了。但事实上，如果有足够大的样本量，即使是非常小且无意义的差异，也能表现为显著，即 P 小于 0.05。P 值很容易受到样本量的影响，随着样本量的增加，在差数不变的情况下，P 值会从"不显著"逐渐向"显著"转变。因此，很多研究除了报告显著性 P 值外，也会同时报告效果量。

本书在相应章节提供了效果量的不同计算公式，主要包括两个相关样本平均数差异检验、两个独立样本平均数差异检验、单因素方差分析等的效果量计算。

针对两个独立组平均数之差进行显著性检验时，Cohen 曾提出可以用 d 值和点二列相关系数的平方（r^2）作为效果量；当进行方差分析时，可以采用 η^2、ω^2 作为效果量。Cohen 提出的效果量大小评价标准如表 9–2 所示。

表 9–2　效果量大小的评价标准

d：　$d=0.2$（效果小）；	$d=0.5$（效果中）；	$d=0.8$（效果大）
r^2：　$r^2=0.010$（效果小）；	$r^2=0.059$（效果中）；	$r^2=0.138$（效果大）
ω^2：　解释变异量在 6% 以下，表明变量间存在较微弱的关系；		
解释变异量在 6%~16% 之间，表明变量间存在中等强度关系；		
解释变异量在 16% 以上，表明变量间存在较强关系。		

三、两个独立样本平均数差异检验

（一）原理及计算

两个独立样本平均数差异检验，简单理解就是用两个独立样本的平均数差异去推论两个独立总体之间的平均数差异。

独立样本：指两个样本之间的数据不存在一一对应关系，互相独立。例如男生和女生、独生子女和非独生子女、实验组和控制组等在学习倦怠因子上的差异。

---

① 权朝鲁. 效果量的意义及测定方法［J］. 心理学探新，2003（2）：39–44.

如前所述，当两个独立样本总体方差已知时，用 Z 检验；当两个独立样本总体方差未知时，用 t 检验。本书主要针对 t 检验进行讲解，两个独立样本 t 检验的计算较之相关样本要相对复杂些。

第一，两个相关或独立样本平均数之间的差异比较，比较的是两个平均数之差的差异，其标准差也不再是其中某个单独样本的标准差，而是"差数"的标准差。对于相关样本，可以通过每一个成对样本差数所组成的新的分布直接计算，而对于独立样本，不存在一一对应的成对样本，而是根据方差与标准差的最基本的概念"每一个原始数据与平均数之差的平方之和的均值"进行推导，只是在差异检验中，每一个原始数据变成了差数 D、每一个平均数变成了差数的平均数 $\overline{D}$。整个公式的推导过程如前述"$S_{\overline{D}}$ 的推导过程"所示。

第二，方差的一个重要性质是当两个变量相互独立时，其和的方差等于各自方差的和[①]：

$$\sigma^2_{(X+Y)}=\sigma^2_X+\sigma^2_Y$$

因此，$S_{\overline{D}}=\sqrt{\dfrac{S_1^2}{n_1}+\dfrac{S_2^2}{n_2}}$

第三，两个独立样本 t 检验的公式为：

$$t=\frac{(\overline{X}_1-\overline{X}_2)-(\mu_1-\mu_2)}{S_{\overline{X}_1-\overline{X}_2}}=\frac{(\overline{X}_1-\overline{X}_2)-(\mu_1-\mu_2)}{\sqrt{\dfrac{S_1^2}{n_1}+\dfrac{S_2^2}{n_2}}}（基本公式）$$

知识快递

方 差 齐 性

对于两个相关样本，因为样本间存在一一对应关系，所以一般假定两者为齐性。

对于两个独立样本，需要先对两个样本的方差是否齐性进行检验，可以按照统计方法进行计算，即采用 F 检验，用大的方差除以小的方差，再查 F 分布表以确定两者是否齐性；也可以采用经验法则，如果两个独立样本的样本容量相等或差异不大，或者两个独立样本之间的方差差异未超过四倍，都可以近似认为方差齐性。两个独立样本 t 检验的公式，也会随着总体方差齐性或不齐性的情况而发生变化。

（情况 1）当两个总体方差齐性时，t 公式中的 S_1^2 和 S_2^2 采用的是两个方差的混合方差 S_P^2，自由度为 (n_1+n_2-2)：

$$S_P^2=\frac{(n_1-1)S_1^2+(n_2-1)S_2^2}{n_1+n_2-2}$$

① 张厚粲，徐建平．现代心理与教育统计学［M］．4 版．北京：北京师范大学出版社，2015：235.

$$t = \frac{(\overline{X}_1 - \overline{X}_2) - (\mu_1 - \mu_2)}{S_{\overline{X}_1 - \overline{X}_2}} = \frac{(\overline{X}_1 - \overline{X}_2) - (\mu_1 - \mu_2)}{\sqrt{\dfrac{S_P^2}{n_1} + \dfrac{S_P^2}{n_2}}} \quad (方差齐性)$$

（情况2）当两个总体方差不齐性时，t 公式不发生变化，与基本公式一致，但其自由度取调整后的自由度：

$$t = \frac{(\overline{X}_1 - \overline{X}_2) - (\mu_1 - \mu_2)}{S_{\overline{X}_1 - \overline{X}_2}} = \frac{(\overline{X}_1 - \overline{X}_2) - (\mu_1 - \mu_2)}{\sqrt{\dfrac{S_1^2}{n_1} + \dfrac{S_2^2}{n_2}}} \quad (方差不齐性时，同"基本公式")$$

在研究实践中，两个独立样本方差齐性的情况更加多见。在进行两个独立样本 t 检验时，SPSS 软件会先自动计算方差是否齐性。

（二）两个独立样本平均数差异检验的实例

在案例 9-1 中，研究者证明了 17 位厌食症患者在接受家庭系统疗法前后体重发生的变化具有统计学意义。但前后测体重的增加也可能不是由家庭系统疗法造成的，而是因为被试自身成熟等因素。为了排除成熟等因素对体重变化所产生的影响，研究者又开展了一项研究。

案例 9-2

为了排除成熟等因素对体重变化所产生的影响，研究者以另外 26 位厌食症患者为控制组，在不接受家庭系统疗法干预的情况下，测量其前后三个月体重变化的数据，实验组仍为案例 9-1 中 17 位接受家庭系统疗法干预的被试。两组被试体重变化的结果如表 9-3 所示。[1]

表 9-3　实验组与控制组实验前后体重变化的数量[2]

控制组		实验组（家庭系统疗法）	
-0.5	3.3	11.4	9.0
-9.3	11.3	11.0	3.9
-5.4	0.0	5.5	5.7
12.3	-1.0	9.4	10.7
-2.0	-10.6	13.6	
-10.2	-4.6	-2.9	
-12.2	-6.7	-0.1	
11.6	2.8	7.4	
-7.1	0.3	21.5	
6.2	1.8	-5.3	

---

① HOWELL D C. Fundamental statistics for the behavioral sciences.［M］. 7th ed. Belmont, CA: Wadsworth, 2011: 360.

② HOWELL D C. Fundamental statistics for the behavioral sciences.［M］. 7th ed. Belmont, CA: Wadsworth, 2011: 361.

续表

控制组		实验组（家庭系统疗法）
−0.2	3.7	−3.8
−9.2	15.9	13.4
8.3	−10.2	13.1
平均数	−0.45	7.26
标准差	7.99	7.16
方差	63.82	51.23
样本数	26	17

因为两组数据互相独立，且方差的差距未达到四倍，可以按照经验法则判定方差齐性，采用混合方差计算 t 值的公式。具体计算步骤如下所示。

$H_0: \mu_{实验} = \mu_{控制}$

$H_1: \mu_{实验} \neq \mu_{控制}$

$$t = \frac{(\bar{X}_1 - \bar{X}_2)}{S_{\bar{X}_1 - \bar{X}_2}} = \frac{(\bar{X}_1 - \bar{X}_2)}{\sqrt{\dfrac{S_1^2}{n_1} + \dfrac{S_2^2}{n_2}}}$$

$$S_P^2 = \frac{(n_1-1)S_1^2 + (n_2-1)S_2^2}{n_1+n_2-2} = \frac{25 \times 63.82 + 16 \times 51.23}{26+17-2} = \frac{1\,595.50 + 819.68}{41} = \frac{2\,415.18}{41} = 58.91$$

$$t = \frac{(\bar{X}_1 - \bar{X}_2)}{\sqrt{\dfrac{S_p^2}{n_1} + \dfrac{S_p^2}{n_2}}} = \frac{(\bar{X}_1 - \bar{X}_2)}{\sqrt{S_P^2\left(\dfrac{1}{n_1} + \dfrac{1}{n_2}\right)}} = \frac{-0.45 - 7.26}{\sqrt{58.907\left(\dfrac{1}{26} + \dfrac{1}{17}\right)}} = \frac{-7.71}{\sqrt{5.731}} = \frac{-7.71}{2.394} = -3.22$$

因为自由度 $df = (26-1) + (17-1) = 41$，查 t 分布表可知，P 值在 0.05 水平上的临界值为 2.021，−3.22 < −2.021，因此，拒绝零假设，接受研究假设，实验组和对照组之间的差异有统计学意义。

（三）两个独立样本平均数差异检验的 SPSS 操作

两个独立样本平均数差异检验 SPSS 软件中的操作步骤为：SPSS → 分析 → 比较均值 → 独立样本 t 检验。

如图 9-6 所示，把检验变量拖入对应的框中（检验变量为定距或定比数据），把分组变量拖入对应的框中（定类或定序，两组），点击"定义组"，把分组变量的代码输入（如在把数据输入 SPSS 的过程中，男性样本标注为"1"，女性样本标注为"2"），点击"确定"生成结果。两个独立样本 t 检验结果中包含三个显著性值，第一个 0.037 是方差齐性检验结果 F 值所对应的 P 值，小于 0.05，表明方差不齐性；在方差不齐性的情况下，看第二行方差不齐性所对应的 t 值，$t=1.67$，P 值 =0.101，因此接受零假设，认为不同性别的学生在检验变量"自我评价"上的差异不存在统计学意义。如果此例中方差检验结果表明方差相等（齐性），则要取第一行的 t 值（$t=1.78$，P 值 =0.079）。

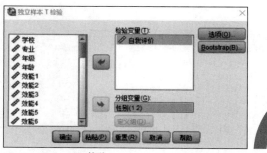

➡ t 检验

组统计量

	性别	N	均值	标准差	均值的标准误
自我评价	男	38	3.7851	0.85854	0.13927
	女	67	3.5149	0.68025	0.08311

独立样本检验

		方差方程的Levene检验		均值方程的t检验					差分的95%置信区间	
		F	Sig.	t	df	Sig.(双侧)	均值差值	标准误差值	下限	上限
自我评价	假设方差相等	4.489	0.037	1.776	103	0.079	0.27016	0.15215	−0.03158	0.57191
	假设方差不相等			1.666	63.524	0.101	0.27016	0.16218	−0.05389	0.59421

图 9-6　独立样本 t 检验 SPSS 操作图示

（四）两个独立样本平均数差异检验的效果量计算

两个独立样本平均数差异检验的效果量计算公式为：[1]

$$d = \frac{\overline{X}_1 - \overline{X}_2}{S_p}$$

在实验研究中，经常使用 d 作为效果量。在对两个独立组平均数之差的显著性 t 检验中，d 是实验组的平均数和对照组的平均数的差与对照组标准差的比率，计算公式为：[2]

$$d = \frac{\overline{X}_{实验组} - \overline{X}_{对照组}}{S_{对照组}}$$

以案例 9-2 的数据结果为例，$d = \dfrac{\overline{X}_{实验组} - \overline{X}_{对照组}}{S_{对照组}} = \dfrac{7.26 - (-0.45)}{7.99} = \dfrac{7.71}{7.99} = 0.965$，表明效果量较大。

[1]　HOWELL D C. Fundamental statistics for the behavioral sciences.［M］. 7th ed. Belmont，CA: Wadsworth，2011: 398.

[2]　权朝鲁. 效果量的意义及测定方法［J］. 心理学探新，2003（2）: 39–44.

第二节 方差分析

前述"平均数假设检验"主要关注的是两个平均数之间的差异，检验两个平均数的"差数"落在拒绝区域还是接受区域。方差分析关注的是两个或多个处理条件之间平均数差异的一种假设检验方法，本部分关注三个及三个以上平均数之间的差异。方差分析又称变异分析，主要分析实验数据中不同来源的变异对总变异的贡献大小，从而确定自变量对因变量是否有影响，而两个方差之间的差异检验采用 F 检验。[①] 有时，t 检验被称为是基于"减法原理"，F 检验则是基于"除法原理"。本节主要介绍方差分析的两种基本情况：单因素独立测量方差分析和重复测量方差分析。

【微视频】
方差分析

一、单因素独立测量方差分析

单因素独立测量方差分析是指一个因素的方差分析，且为独立测量设计。

进行单因素独立测量方差分析有三个前提假设：总体呈正态分布，方差齐性，观测的相互独立性。

（一）单因素独立测量方差分析的逻辑与步骤

下面结合案例 9-3，介绍单因素独立测量方差分析的逻辑及步骤。

> **案例 9-3**
>
> 为了探索不同词语回忆方法对词语回忆量的影响，研究者把 50 名被试随机分成了五组，每组有 10 位被试，接受五种不同的词语回忆方法。在五种不同的词语回忆方法下，五组被试的词语回忆量如表 9-4 所示。问：不同的词语回忆方法对词语回忆是否有影响？[②]

表 9-4 单因素独立测量方差分析实例

	方法 1	方法 2	方法 3	方法 4	方法 5	总分
组内	9	7	11	12	10	
	8	9	13	11	19	
	6	6	8	16	14	
	8	6	6	11	5	
	10	6	14	9	10	
	4	11	11	23	11	
	6	6	13	12	14	
	5	3	13	10	15	
	7	8	10	19	11	
	7	7	11	11	11	组间
平均数	7.00	6.90	11.00	13.40	12.00	10.06
标准差	1.83	2.13	2.49	4.50	3.74	4.01
方差	3.33	4.54	6.22	20.27	14.00	16.06

[①] 张厚粲，徐建平. 现代心理与教育统计学 [M]. 4 版. 北京：北京师范大学出版社，2015：263.

[②] HOWELL D C. Fundamental statistics for the behavioral sciences. [M]. 7th ed. Belmont, CA: Wadsworth, 2011：408.

此例中，同一个变量有五种不同的实验处理水平，且为独立测量设计，因此采用单因素独立测量方差分析。

　　1. 单因素独立测量方差分析的逻辑

　　方差的一个重要特点是可分解，在单因素独立测量方差分析中，方差被分解成了两个可能的来源：组间变异（处理效应）和组内变异（误差效应）。组间变异指五种不同的实验处理造成的变异；组内变异是指一个小组内部被试的变异。单因素独立测量方差分析的逻辑就是比较组间和组内变异的大小（有统计学意义），如果组间大于组内，则拒绝零假设，接受研究假设，即变异主要是由实验处理造成的；如果组内大于组间，则接受零假设，拒绝研究假设，即变异主要是由误差造成的。

　　2. 方差分析的具体步骤

　　第一步，提出零假设与研究假设

　　$H_0: \mu_1 = \mu_2 = \mu_3 = \mu_4 = \mu_5$

　　H_1：五个平均数之间至少有两个不相等

　　第二步，计算平方和（sum of squares，缩写为 SS）

　　$SS_{总} = \sum (X_{ij} - \overline{X}_{gm})^2 = (9-10.06)^2 + (8-10.06)^2 + \cdots + (11-10.06)^2 = 786.82$

　　$SS_{组间} = \sum n(\overline{X}_j - \overline{X}_{gm})^2 = 10[(7-10.06)^2 + (6.90-10.06)^2 + \cdots + (12-10.06)^2] = 351.52$

　　$SS_{组内/误差} = SS_{总} - SS_{组间} = 786.82 - 351.52 = 435.30$

　　第三步，计算均方（mean squares，缩写为 MS）

　　均方是用各自的平方和除以各自的自由度计算获得。单因素方差分析中，总自由度为总样本量减1，此例中为50-1=49；组间自由度为组数减1，此例中为5-1=4；组内自由度为每组的样本量减1，再把各组相加，此例中因为每组人数相等，因此为 $(10-1) \times 5 = 45$。

　　$MS_{组间} = \dfrac{SS_{组间}}{df_{组间}} = 351.52 \div 4 = 87.88$　　　$MS_{组内} = \dfrac{SS_{组内}}{df_{组内}} = 435.30 \div 45 = 9.67$

　　第四步，F 检验

$$F = \frac{MS_{组间}}{MS_{组内}} = \frac{87.88}{9.67} = 9.08$$

　　第五步，做出决断

表9-5　方差分析表

来源	df	SS	MS	F
组间	4	351.52	87.88	9.08
组内（误差）	45	435.30	9.67	
总	49	786.82		

　　计算结果如表9-5所示，依据分子和分母自由度查F值表，确定F值是在拒绝区域还是接受区域。此例中的分子自由度为4，分母自由度为45，F分布0.05水平的临界值约为2.57。因此，拒绝零假设，接受研究假设，认为这五个平均数之间至少有两个之间的差异具有统计学意义。

　　第六步，多重比较程序（非必须，只有F检验显著时才需要进行）

　　如果F检验不显著，表明五个平均数之间没有一组存在显著差异，则不需要进行多重比较；如果F检验显著，则表明五个平均数间至少有一组差异显著，此时需要通过多重比较程序确定究竟哪两个平均数之间差异显著。可以采用最小显著差异法（LSD），其计算的原理依据t检验的方法，SPSS软件中有给定的选项，这里不再对其计算公式进行阐述。

知识快递

平方和的计算公式及各自的自由度

$$SS_{总} = \sum (X_{ij} - \overline{X}_{gm})^2 \qquad df = N-1$$

$$SS_{组间} = \sum n(\overline{X}_j - \overline{X}_{gm})^2 \qquad df = k-1$$

$$SS_{组内} = SS_{总} - SS_{组间} \qquad df = N-k$$

（注：$\overline{X}_{gm}$ 为总平均数，$\overline{X}_j$ 为组间平均数，X_{ij} 为第 i 行第 j 列的数据）

（二）单因素独立测量方差分析的 SPSS 操作

　　如图9-7所示，此例为检验不同年级学生在"创业意向"因子上的平均分差异。因为年级有三个水平，因此采用单因素独立测量方差分析法。把"创业意向"因子拖入"因变量列表"，把"年级"拖入"因子"框；点击"两两比较"，勾选"LSD"；点击"选项"，勾选"描述性统计"。根据生成的结果，F值为5.837，所对应的P值为0.003，F检验显著，则接受研究假设而拒绝零假设。因为F检验显著，表明三个年级间至少有两个年级在"创业意向"因子上存在显著差异，因此，需要再进一步关注LSD检验结果。LSD检验结果表明高一、高二和高三年级在该因子上差异显著，再结合描述性统计结果，得出高三学生（$M=5.41$）在"创业意向"因子上的平均得分上显著高于高一（$M=4.83$）和高二（$M=4.83$）的学生。

（三）单因素独立测量方差分析的效果量计算

　　单因素独立测量方差分析的效果量一般采用 η^2 或 ω^2，计算公式分别为：

$$\eta^2 = \frac{SS_{组间}}{SS_{总}}$$

$$\omega^2 = \frac{SS_{组间} - (k-1) MS_{组内}}{SS_{总} + MS_{组内}}$$

以案例9-3所获得的数据结果为例，η^2 和 ω^2 的计算结果表明，变量间具有较

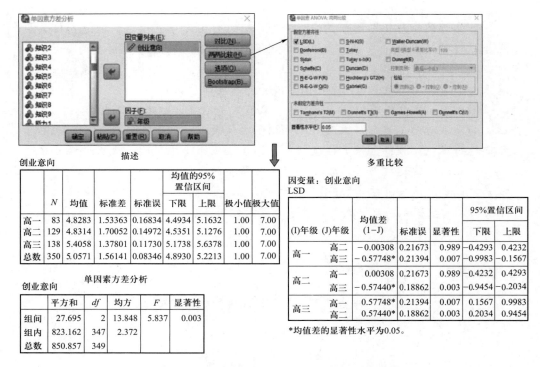

图 9-7　单因素独立测量方差分析 SPSS 操作图示

强的关系。

$$\eta^2 = \frac{SS_{\text{组间}}}{SS_{\text{总}}} = \frac{351.52}{786.82} = 0.447$$

$$\omega^2 = \frac{SS_{\text{组间}} - (k-1) MS_{\text{组内}}}{SS_{\text{总}} + MS_{\text{组内}}} = \frac{351.52 - 4 \times 9.67}{786.82 + 9.67} = 0.393$$

> **我要提问**
>
> 问：教育统计中有很多内容都与 F 检验有关，那么 F 检验有无单侧和双侧之分？如果有，什么情况下是单侧检验，什么情况下是双侧检验？
>
> 答：F 检验同样遵循单侧和双侧检验的区分方法，只关注差异，不考虑差异的方向时为双侧检验；关注差异并考虑差异的方向时，则为单侧检验。
>
> 单因素独立测量方差分析中的 F 检验为单侧检验，F 检验的目的是确定组间均方是否显著大于组内均方，需要考虑差异的方向。
>
> 两个独立样本的方差齐性检验为双侧检验，F 检验的目的是确定两个方差是否相等／齐性，不考虑哪个方差更大，即不需要考虑方向。

二、重复测量方差分析

重复测量方差分析是基于被试内设计，在同一组被试接受了三次及三次以上实验处理的情况下，计算各处理平均数之间的差异的方法。如一批 $n=50$ 的被试接受了一种新的英语教学方法，为期 2 个月，研究者要检验这种新的教学方法对学生英语成绩的影响。研究者在实验开始前、实验刚结束时及实验结束 6 周后，分三次对学生的英语成绩进行测量。此时，需要采用重复测量方差分析来检验三次英语成绩平均分之间的差异。重复测量方差分析可以视为配对样本 t 检验的拓展。

重复测量方差分析的计算步骤与单因素独立测量方差分析的步骤一致。两者间最主要的区别是在单因素独立测量方差分析中，$SS_{总}$ 包括 $SS_{组内}$ 和 $SS_{组间}$，而在重复测量方差分析中，$SS_{总}$ 除了包括 $SS_{组内}$ 和 $SS_{组间}$ 外，还包括 $SS_{被试}$。具体公式如下：

在单因素独立测量方差分析中，总变异分为两部分，即，

$$SS_{总}=\sum (X_{ij}-\overline{X})^2$$
$$=\sum n (\overline{X}_j-\overline{X})^2+\sum\sum (X_{ij}-\overline{X}_j)^2$$
$$=SS_{处理/组间} (df=k-1)+SS_{误差/组内} (df=N-k)$$

在重复测量方差分析中，总变异分为三部分，即，

$$SS_{总}=\sum (X_{ij}-\overline{X})^2$$
$$=\sum_j n (\overline{X}_j-\overline{X})^2+\sum_s m (\overline{X}_s-\overline{X})^2+\sum_i\sum_s [(X_{ij}-\overline{X}_j)-(\overline{X}_s-\overline{X})]^2$$
$$=SS_{处理}+SS_{被试/区组}+SS_{误差}$$

$(df_t=N-1 \quad df_k=k-1 \quad df_s=s-1 \quad df_e=(N-1)-(k-1)-(s-1))$

（注：$\overline{X}$ 为总平均数，$\overline{X}_j$ 为组内平均数，$\overline{X}_s$ 为被试平均数，n 为每一处理组的人数，m 为重复测量的次数）

重复测量方差分析的 SPSS 操作步骤为：SPSS →分析→一般线性模型→重复测量→"被试内因子"框上将默认的因子名进行修改（改为本研究重复测量的因子）→在"级别数"中输入相应的级别数→依次点击"添加"按钮和最下方的"定义"按钮，打开重复测量对话框→将本研究重复测量因子的不同水平拖入"主体内变量框"→点击"确定"按钮，读取结果。

这是重复测量方差分析最基本的分析步骤，有些研究有主体间因子，则把相应的因子拖入主体间因子框内，在结果中增加了交互结果。重复测量方差分析结果中会输出球形检验结果，如果 P 值 <0.05，表明不服从球形假设，各次重复测量结果间可能存在相关，结果要读取多元方差分析结果；如果 P 值 >0.05，则服从球形假设，各次重复测量结果间无太大关联，可直接读取一元方差分析的结果，即主体内效应检验结果。[1]

第三节 相 关 分 析

前述集中量数或差异量数主要用于描述单个变量数据资料的分布特征，而相关系数或回归系数则用来描述双变量数据之间的关系。[2] 独立或相关样本 t 检验、单

---

[1] 张文彤，董伟．SPSS 统计分析高级教程［M］．北京：高等教育出版社，2018：57.
[2] 张厚粲，徐建平．现代心理与教育统计学［M］．4 版．北京：北京师范大学出版社，2015：107.

因素独立或重复测量方差分析等，检验的是某个单独变量是否存在前后测差异或性别等人口学差异，并不关注两个变量间的关系。相关和回归则关注两个变量间的关系，如学生的坚毅与其学业表现间的关系。

一、相关及其特点

（一）变量间的相关

在教育研究实践中，除了关注测量变量平均数间是否存在差异外，很多研究还关注变量间的关系。变量间的关系具体可以区分为以下三类：[①]

第一，因果关系，即一个变量的变化是另一个变量变化的原因，另一个变量的变化是结果。例如，学生所接受的创业教育是学生创业意向变化的原因，创业意向的变化是结果。

第二，共变关系，即两个变量的变化共同受到第三个变量变化的影响。例如，两种不同的植物都在成长，这两种植物本身之间不存在关系，但它们的成长都与第三个变量（天气、时间等）的变化有关。

第三，相关关系，即两个变量的变化方向或大小存在一定的关系，但与因果关系相比，较难确定哪个是原因变量，哪个是结果变量。例如，"学生的学习动机（Y）是否会随着学习时间投入的变化（X）而变化？"学生的学习动机和学习时间投入之间可能存在关系，但不确定是动机的变化引起了学习时间投入的变化，还是时间投入的变化改变了动机水平，此时，关注的是两个变量间的相关关系。

（二）相关的特点

两个变量之间的相关关系具有以下三个特征。

第一，相关关系的方向，即正相关或负相关。正相关是指 Y 变量与 X 变量的变化方向相一致，Y 变量的值随着 X 变量的值增大（减小）而增大（减小）；负相关是指 Y 变量与 X 变量的变化方向相反，Y 变量的值随着 X 变量的值增大（减小）而减小（增大）。例如幸福感与疾病的关系，可能是呈负相关关系；又如幸福感与人际关系融洽度，可能是呈正相关关系。

第二，相关关系的形式。在上述幸福感与人际关系融洽度的例子中，两个变量间的关系一般呈线性关系，即在代表两者关系的散点图中能形成一条直线代表两者之间的关系。但还有些变量之间的关系不是线性的，即 Y 变量与 X 变量之间的变化方向不会一直呈现线性关系，例如幸福感与金钱之间的关系，相关研究表明，两者呈倒 U 形曲线关系，而非线性关系。相关关系的形式一般包括：完全正相关、完全负相关、无相关关系、非线性关系、正相关、负相关。

第三，相关关系的程度。两个变量之间关系的强度可以用相关系数来表示，对相关系数的一些具体理解如下。

——相关系数的取值在 –1 到 1 之间，相关系数为 –1，表示完全负相关；相关系数为 1，表示完全正相关；相关系数为 0，表示两个变量之间无线性相关关系。

① 张厚粲，徐建平.现代心理与教育统计学［M］.4版.北京：北京师范大学出版社，2015：108.

两个变量之间呈现完全正相关或完全负相关的情况较少见。

——相关系数 –0.8 和 0.8 表示的相关程度是一样的，只是方向不一样。

——相关系数为 0.8 时，不能称 Y 变量的变化有 80% 与 X 变量的变化相关，0.8 只说明两个变量的相关程度；

——相关系数的形成不涉及对两个相关变量进行实验操作或处理，是基于自然的存在而获得的。

二、相关系数

依据不同的适用条件，相关系数又可具体区分为皮尔逊相关、斯皮尔曼等级相关、点二列相关、二列相关、偏相关等类型。

（一）皮尔逊相关

皮尔逊相关又称积差相关，是使用较为广泛的一种相关系数，用来测量两个连续变量之间线性关系的方向与强度。[①] 皮尔逊相关的使用有几个重要的前提假设：两列数据是连续测量的数据（数值数据）；样本容量 ≥30；两个总体呈正态分布，且两列变量之间的关系呈线性。

皮尔逊相关的计算公式为两个变量的协方差除以 X 变量标准差与 Y 变量标准差的乘积，即：

$$r = \frac{cov\,(X,\,Y)}{S_X S_Y}$$

其中协方差是两个变量离均差乘积之和的平均数，计算公式为：

$$cov_{XY} = \frac{\sum (X - \overline{X})(Y - \overline{Y})}{n}$$

（二）斯皮尔曼等级相关

斯皮尔曼等级相关使用的一个前提条件是：两列数据是等级数据。如果两列数据本来是连续测量的数据，转化成等级数据处理也可以采用斯皮尔曼等级相关。例如，10 位学生的数学成绩与物理成绩之间求相关，原来两科成绩均是以百分制形式呈现，可以把成绩转换成按分数进行的排名，然后用斯皮尔曼等级相关求解。

斯皮尔曼等级相关的计算公式为（无相同等级时）：

$$r_R = 1 - \frac{6 \sum D^2}{N\,(N^2 - 1)}$$

在这个计算公式中，D 为二列成对变量的等级差数，N 为等级数。

（三）点二列相关和二列相关

点二列相关是指在两列相关数据中，一列数据为自然形成的二分类别变量（如男或女、成功或失败、健康或不健康），另一列数据为等距或等比的连续测量数据，那么两列数据之间的相关就为点二列相关。点二列相关系数的计算公式为：

---

① 格雷维特，瓦尔诺. 行为科学统计精要［M］.8 版. 刘红云，骆方，译. 北京：中国人民大学出版社，2016：278.

$$r_{pb} = \frac{\overline{X_p} - \overline{X_q}}{S_t} \cdot \sqrt{pq}$$

其中，$\overline{X_p}$ 是与二分类别变量的一个值相对应的连续变量的平均数；

$\overline{X_q}$ 是与二分类别变量的另一个值相对应的连续变量的平均数；

p 与 q 是二分类别变量的两个值各自所占的比率；

S_t 是连续测量数据的标准差。

在两列相关数据中，一列数据为人为形成的二分类别变量（如原来百分制计分的成绩，以 60 分为界，分成及格和不及格两组），另一列数据为等距或等比的连续测量数据，那么两列数据之间的相关为二列相关。二列相关的计算公式为：

$$r_b = \frac{\overline{X_p} - \overline{X_q}}{S_t} \cdot \frac{pq}{y}$$

其中，除了 y 外，其他统计量所代表的意思与点二列相关相一致，y 为标准正态曲线中 p 值对应的高度，可通过查正态分布表获得。

（四）偏相关

在实践中，有时候两个变量之间的关系可能会受到第三个变量的影响。例如，有研究表明一个城市医院的数量与犯罪数量呈正相关，然而，一个城市医院的数量似乎不太可能和城市的犯罪率有直接关系。因此，有可能两个变量都会受到第三个变量——城市人口数量的影响，如果一个城市的人口数量多，那么城市中的医院数量和犯罪率就都会增多。如果对人口数量这一变量进行控制，那么城市中的医院数量和犯罪率之间可能就没有关系了。

偏相关是通过保持第三个变量 z 恒定来控制第三个变量的影响，从而测量两个变量之间的关系。[①] 其计算公式为：

$$r_{xy-z} = \frac{r_{xy} - (r_{xz}r_{yz})}{\sqrt{(1 - r_{xz}^2)(1 - r_{yz}^2)}}$$

三、相关分析的 SPSS 操作

双变量相关分析在 SPSS 软件中的操作步骤为：SPSS →分析→相关→双变量相关→根据情况选择皮尔逊 / 斯皮尔曼 / 肯德尔。

偏相关分析在 SPSS 软件中的操作步骤为：SPSS →分析→相关→偏相关。

图 9-8 为双变量相关与偏相关 SPSS 操作的界面。

---

① 　格雷维特，瓦尔诺 . 行为科学统计精要［M］.8 版 . 刘红云，骆方，译 . 北京：中国人民大学出版社，2016：287.

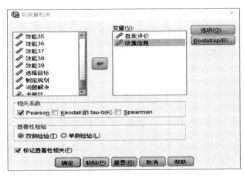

图 9-8　双变量相关与偏相关的 SPSS 操作

第四节　线性回归分析

相关分析关注的是变量之间的相互关系，但较少考虑变量间的因果关系。回归分析探讨的是因变量在多大程度上是由自变量所预测的，是探讨变量间数量关系的一种常用统计方法。

一、线性回归及回归方程的构建

（一）线性回归

通过大量的观测数据，可以发现变量之间存在一定的规律，并能用一定的数学模型表示出来，这种用一定模型来表述相关关系的方法称为回归分析。[①] 由于变量之间的关系有线性和非线性之分，相对应地，回归也包括线性回归和曲线回归。本节主要探讨线性回归，依据自变量的个数，线性回归包括一元线性回归（一个自变量）和多元线性回归（多个自变量）。

在线性回归分析中，主要关注以下两个问题：一是线性回归方程是如何构建的，二是所构建的线性回归方程的有效性如何。

（二）线性回归方程的构建

一次函数是变量之间的关系模型中较简单的形式，可用公式表达为：

$$Y=a+bX$$

即一个 X 值有一个相对应的 Y 值，但在实践中 X 和 Y 之间的关系并非完全是直线关系，更多地是呈现如图 9-9 所示的有着直线趋势但非完全直线关系的散点关系。

在此情况下，可以通过构建直线关系，来代表 X 与 Y 的关系，用数学形式表示为：

$$\hat{Y}=a+bX$$

$\hat{Y}$ 所在直线为图 9-9 中的直线，代表了 X 和 Y 之间可能的线性关系，也就是一般所称的回归方程。$\hat{Y}$ 公式一般按照"最小二乘法"构建，即每一个散点沿 y 轴方

---

① 张厚粲，徐建平．现代心理与教育统计学［M］．4 版．北京：北京师范大学出版社，2015：361．

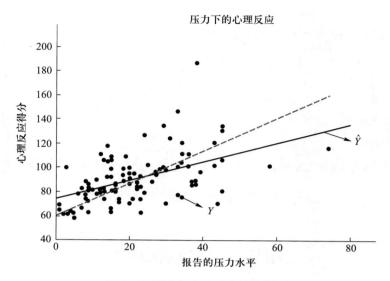

图9-9　压力与心理反应间的关系

向到直线的距离（即 $Y-\hat{Y}$）的平方和最小，则这条直线在所有的直线中代表性是最好的，它的表达式是所要求的回归方程。作为对比，图9-9中也给出了一条虚线，但与直线相比，它不是代表散点关系的最佳表达。

当 X 与 Y 的原始数值给定后，可以依据以下公式计算出 a 和 b 的值，之后回归方程也就建立。

$$b=\frac{cov_{XY}}{S_X^2}$$

$$a=\overline{Y}-b\overline{X}=\frac{\sum Y-b\sum X}{N}$$

知识快递

线性回归中的几个基本概念 [1]

$\hat{Y}$：通过回归方程估计的值。

斜率：当 X 变化一个单位时，Y 的变化数量。通常用常数 b 表示斜率，也称回归系数。

截距：当 X 为0时，Y 值的大小。通常用常数 a 表示截距。

残差：观测值 Y 与估计值 $\hat{Y}$ 之间的差异。

最小二乘回归：构建回归模型的一种方法，是基于 Y 与 $\hat{Y}$ 差数平方和最小的方法。

---

① HOWELL D C. Fundamental statistics for the behavioral sciences.［M］. 7th ed. Belmont，CA：Wadsworth，2011：237.

二、线性回归方程有效性的检验

（一）线性回归方程有效性检验的逻辑

线性回归方程有效性检验也是基于方差的可分解性原理。在线性回归分析中，总变异 $(Y-\bar{Y})^2$ 被分解成两个可能的来源：回归效应 $(\hat{Y}-\bar{Y})^2$ 和误差 $(Y-\hat{Y})^2$。回归效应指 Y 被回归方程所解释的部分，误差指 Y 残留的、未被回归方程解释的部分。线性回归方程有效性检验的逻辑就是比较回归效应与误差效应的大小，如果回归效应大于误差效应，则拒绝零假设，接受研究假设；反之，则接受零假设，拒绝研究假设。

（二）一元线性回归分析的具体步骤

第一步　提出零假设与研究假设

H_0：X 对 Y 不存在预测作用。

H_1：X 对 Y 存在预测作用。

第二步　计算平方和 SS

$SS_T = \sum (Y-\bar{Y})^2$ （$df_{总} = n-1$）

$SS_R = \sum (\hat{Y}-\bar{Y})^2$ （$df_{回归} = $ 自变量的数量）

$SS_E = \sum (Y-\hat{Y})^2$ （$df_{误差} = n-1-$ 自变量的数量）

$SS_T = SS_E + SS_R$

第三步　计算均方 MS

用各自的 SS 除以各自的自由度。

第四步　F 检验 （可呈现"方差分析表"）

$$F = \frac{MS_R}{MS_E}$$

第五步　做出决断

依据分子和分母自由度查 F 值表，确定 F 值是在拒绝区域还是接受区域，并做出决断。线性回归分析与单因素方差分析一样，是单侧检验。

三、回归方程预测准确性的判断

有多种方法可以判断回归方程预测的准确性，包括 Y 的标准差、估计的标准误和决定系数。

第一，标准差。一般情况下，Y 的标准差越小，数据的离散程度也越小，预测的准确性也更高。

$$S_Y = \sqrt{\frac{\sum (Y-\bar{Y})^2}{n-1}}$$

第二，估计的标准误，即误差的标准差。同样地，误差的标准差越小，则预测的准确性更高。公式中的"$n-2$"为误差自由度，因为在一元线性回归中，自变量为 1 个，因此，$df_{误差}=n-1-$ 自变量的数量 $=n-2$。

$$S_{Y-\hat{Y}}=\sqrt{\frac{\sum(Y-\hat{Y})^2}{n-2}}$$

第三，决定系数。即线性回归的效果量，在 $SS_{总}$ 中，$SS_{回归}$ 所占的比重 R^2 值。它可以直接报告为：在 Y 的变化中，有百分之多少是由 X 的变化所预测的。

$$R^2=\frac{SS_R}{SS_T}=\frac{\sum(\hat{Y}-\overline{Y})^2}{\sum(Y-\overline{Y})^2}$$

四、线性回归的 SPSS 操作

（一）一元线性回归的 SPSS 操作

在一元线性回归分析中，把因变量和自变量分别选入相对应的变量框中，因为只有一个自变量，因此，"方法"选择默认的"进入"方法。在生成的结果中，主要包括决定系数 R^2，回归方程的有效性检验值 F 值及对应的显著性值、常数 a 和回归系数 b 值、回归系数 b 的显著性值等，具体如图 9-10 所示。方差分析表中完整地呈现了平方和、自由度、均方等。在一元线性回归中，回归自由度为 1。

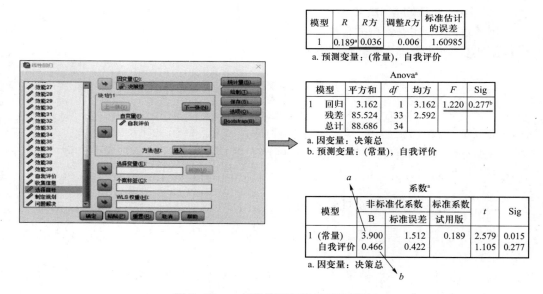

模型	R	R方	调整R方	标准估计的误差
1	0.189[a]	0.036	0.006	1.60985

a. 预测变量：（常量），自我评价

Anova[a]

模型		平方和	df	均方	F	Sig
1	回归	3.162	1	3.162	1.220	0.277[b]
	残差	85.524	33	2.592		
	总计	88.686	34			

a. 因变量：决策总
b. 预测变量：（常量），自我评价

系数[a]

模型	非标准化系数		标准系数	t	Sig
	B	标准误差	试用版		
1 （常量）	3.900	1.512	0.189	2.579	0.015
自我评价	0.466	0.422		1.105	0.277

a. 因变量：决策总

图 9-10　一元线性回归的 SPSS 操作

（二）多元线性回归的 SPSS 操作

在多元线性回归分析中，自变量的个数不再是单个，而是两个及以上。此时，需要选择回归分析的方法，默认的是（变量）"全部/强迫进入法"，如图 9-11 所示，不管自变量对因变量是否显著，均会进入回归方程。

输入/移去的变量[a]

模型	输入的变量	移去的变量	方法
1	问题解决，收集信息，选择目标，制定规划，自我评价[b]		输入

a. 因变量：决策总
b. 已输入所有请求的变量。

模型汇总

模型	R	R方	调整R方	标准估计的误差
1	0.509[a]	0.259	0.132	1.50511

a. 预测变量：(常量)，问题解决，收集信息，选择目标，制定规划，自我评价。

Anova[a]

模型		平方和	df	均方	F	Sig
1	回归	22.991	5	4.598	2.030	0.104[b]
	残差	65.695	29	2.265		
	总计	88.686	34			

a. 因变量：决策总
b. 预测变量：(常量)，问题解决，收集信息，选择目标，制定规划，自我评价。

系数[a]

模型		非标准化系数 B	非标准化系数 标准误差	标准系数 试用版	t	Sig
1	(常量)	4.376	1.839		2.379	0.024
	自我评价	0.864	0.820	0.350	1.053	0.301
	选择目标	−1.324	0.792	−0.477	−1.671	0.105
	收集信息	−1.632	0.848	−0.587	−1.923	0.064
	制定规划	1.886	0.777	0.701	2.427	0.022
	问题解决	0.575	0.815	0.205	0.705	0.486

a. 因变量：决策总

图 9-11　多元线性回归的 SPSS 操作（全部/强迫进入法）

(变量)全部进入法

另外可选的方法还包括"逐步进入法"，对因变量显著的自变量会保留，不显著的自变量会被剔除，如图 9-12 所示。此处建议用"逐步进入法"，以减少不显著自变量所可能带来的干扰作用。

五、线性回归的基本假设

线性回归的基本假设包括以下四点：[①]

第一，X 与 Y 在总体上具有线性关系；

第二，Y 在总体上服从正态分布；

第三，独立性假设，即与某一个 X 值对应的一组 Y 值与另一个 X 值所对应的一组 Y 值之间没有关系；

第四，误差等分散性假设，X 对应的误差，除了应呈随机化的常态分配外，其变异量也应相等，称为误差等分散性。

---

① 张厚粲，徐建平. 现代心理与教育统计学［M］. 4 版. 北京：北京师范大学出版社，2015：366.

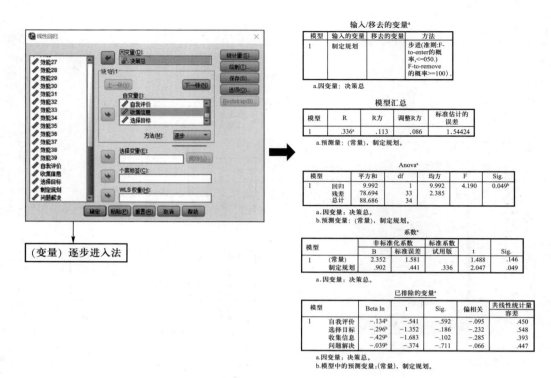

图 9-12　多元线性回归的 SPSS 操作（逐步进入法）

　　此外，采用 SPSS 软件中的"下一张（next）"按键，可以把自变量分层放入回归模型，最后生成的结果就是分层回归的结果。同时通过勾选"R^2 变化"选项，可以观测所构建的多个回归方程（模型）间的 R^2 变化情况。在研究实践中，第一层一般放入人口学变量，一定程度上也是为了控制或排除这些人口学变量对因变量所可能产生的影响，第二层加入研究的第一个（组）自变量，直到所有的自变量均放入模型中。R^2 变化能够清晰地描述每一层新增加的自变量所增加的 R^2 的大小及显著性。

　　我要提问

　　问：什么是共线性或多重共线性，应该如何进行检验？什么是共同方法偏差，应该如何检验？

　　答：共线性或多重共线性指线性（回归）模型中两个或多个自变量之间存在较高的相关关系而使模型估计失真或难以估计准确。[1] 目前较为常用的共线性诊断方法有：条件数、容忍度、方差膨胀因子（VIF）等。具体的诊断方法为：SPSS →分析→回归→线性回归，把因变量和自变量拖入相应的框中，在"统计量"中勾选"共线性诊断"，并根据生成的结果进行共线性判断。条

① 杨梅，肖静，蔡辉 . 多元分析中的多重共线性及其处理方法［J］. 中国卫生统计 ,2012,29（4）:620—624.

件数是指模型各维度中最大的特征值与最小的特征值之比，如果这一比数超过了 1 000，就可以认为共线性非常严重、比数在 100 至 1 000 之间可认为共线性为中等程度、比数小于 100 则认为共线性很小。容忍度是以每个自变量作为因变量对其他自变量进行回归分析时得到的残差比例，用 1 减去决定系数来表示，即（$1-R^2$），这一数值越小（小于 0.1），说明共线性越严重；方差膨胀因子越小（小于 5 或 10），说明共线性越不严重。[①] 此外，较多维度的特征值为 0 或者条件指数大于 10 或 30 等情况，系统也会提示可能的共线性风险。但是共线性的诊断并不仅仅依据上述某个方法或指标，更多运用几种方法进行综合判断的结果。增加新变量、剔除不重要变量、偏最小二乘法及逐步回归等方法均是处理多重共线性的方法。[②]

共同方法偏差指受相同测量环境、数据来源、评分者、项目语境及项目本身特征等影响所造成的预测变量（自变量）与结果变量（因变量）之间人为的共变。这种人为的共变对研究结果会产生严重的混淆，导致系统误差的产生。[③] 程序控制和统计控制均是共同方法偏差的控制方法，前者指在进行研究设计时，关注被调查者匿名性保护、项目顺序平衡及量表项目改进等方面的内容；后者多采用一种较为简单和常用的 Harman 单因子法。[④]

Harman 单因子法的基本假设是，如果存在严重的共同方法偏差，那么进行因素分析时，要么析出单独一个因子，要么用一个公因子解释大部分的变量变异。其传统做法是采用探索性因子法，把一次调查研究中的所有条目放入，在未经旋转的情况下，如果只析出一个因子或第一个因子所解释的变量变异量特别大，可以判定为存在严重共同方法偏差。[⑤] 一般情况下，只析出一个因子的情况较为少见，因此，依据第一个公因子所解释的变异量进行判断是研究实践中较为常见的情况，相关研究普遍认为第一个公因子解释 40% 或 50% 的变异量是临界值，低于这个数值，则表明共同方法偏差在可接受范围内。[⑥⑦] 现在很多研究也会采用验证性因素分析方法进行单因素检验。

共线性、多重共线性和共同方法偏差一般存在于关注自变量对因变量预测关系的统计中，因此，在构建回归方程（模型）时，要特别关注共线性和共同方法偏差的检验。

①　郭呈全，陈希镇．主成分回归的 SPSS 实现［J］．统计与决策，2011（5）：157–159.
②　杨梅，肖静，蔡辉．多元分析中的多重共线性及其处理方法［J］．中国卫生统计，2012，29（4）：620–624.
③　周浩，龙立荣．共同方法偏差的统计检验与控制方法［J］．心理科学进展，2004，（6）：942–950.
④　周浩，龙立荣．共同方法偏差的统计检验与控制方法［J］．心理科学进展，2004，（6）：942–950.
⑤　周浩，龙立荣．共同方法偏差的统计检验与控制方法［J］．心理科学进展，2004，（6）：942–950.
⑥　周浩，龙立荣．共同方法偏差的统计检验与控制方法［J］．心理科学进展，2004，（6）：942–950.
⑦　汤丹丹，温忠麟．共同方法偏差检验：问题与建议［J］．心理科学，2020，43（1）：215–223.

第五节　χ^2 检验

前述统计部分内容，我们主要关注的是参数检验。参数检验的一个主要特点是数据要有数学意义，这类数据一般通过定距量表和定比量表获得。但研究者有时候总会遇到没有数学意义的定类或定序数据的差异检验，这时就需要用非参数检验的方法。在适用情境上，参数检验和非参数检验主要的区别在于检验数据类型的不同。

在非参数检验中，教育研究中的常用方法是卡方检验，即 χ^2 检验，主要包括拟合度检验（一个类别变量）和列联表（两个类别变量）两种。

一、拟合度检验

（一）什么是拟合度检验

拟合度检验是指使用样本数据检验有关总体分布形态或比例的假说。检验决定所获得样本比例与虚无假设中的总体比例的拟合程度。[1]

拟合度检验的公式为：

$$\chi^2 = \sum \frac{(O-E)^2}{E}$$

其中，O 为实际观测频数，E 为期望频数或理论频数。

案例 9-4

100 名被试同时做一道类别选择题，这道类别选择题有 A、B、C、D 四个类别选项。结果表明，选 A 选项的有 40 人，选 B 选项的有 30 人，选 C 选项和 D 选项的各 15 人，选择四个选项的人数在比例上是否存在显著差异？”

与前面假设检验中所举的例子一样，这里选择 A、B、C、D 人数的差异，可能是真实差异，也可能是抽样误差，需要通过假设检验进行判断。但与前面的例子不同的是，这里选择 A、B、C、D 的人数 40、30、15、15，属于定类数据，只能计算频数和百分数，之后对频数之间的差异进行 χ^2 检验。由于只有一个类别变量，因此采用拟合度检验。

---

① 格雷维特，瓦尔诺 . 行为科学统计精要［M］. 8 版 . 刘红云，骆方，译 . 北京：中国人民大学出版社，2016：313.

知识快递

实际频数与期望频数

实际频数：观测到的每个类别的频数，如上述例子中的 40、30、15、15。

期望频数：一种理想的、假设性的样本分布。在上述例子中，如果虚无假设为真，即无差异假设成立，则每一类的期望频数应该为 25、25、25、25。

（二）拟合度检验的步骤

第一步　提出零假设与研究假设

H_0：选择四个选项的人数比例不存在显著差异；

H_1：选择四个选项的人数比例存在显著差异。

第二步　计算 χ^2 值

$$\chi^2 = \sum \frac{(O-E)^2}{E} = \frac{(40-25)^2}{25} + \frac{(30-25)^2}{25} + \frac{(15-25)^2}{25} + \frac{(15-25)^2}{25}$$

$$= 9+1+4+4 = 18$$

第三步　做出决断

拟合度检验中的自由度为：$df = k-1$（k 为类别数）。

在上述例子中，自由度为 4-1=3，当自由度为 3 时，查卡方表可知，χ^2 在 0.05 水平上的临界值为 7.81。因为 18>7.81，因此，拒绝零假设，接受研究假设，即选择四个选项的人数比例之间存在显著差异。

（三）拟合度检验的 SPSS 操作

拟合度检验的 SPSS 操作步骤：SPSS →分析→非参数检验→卡方检验→把拟检验的变量拖入检验变量列表。

二、列联表

（一）什么是列联表

χ^2 检验可以用来检验两个变量之间是否存在关系。在上述例子中，不仅需要知道不同选项之间选择的人数比例是否有差异，同时也需要知道不同性别的学生在四个不同选项上的选择人数比例是否有差异。此时，χ^2 检验可用于检验两个变量之间是否有关系，这两个变量均为类别变量，这种检验方法也称列联表。列联表 χ^2 的计算公式与拟合度检验一样，只是在具体计算过程中，对期望频数的计算要考虑到权重因素。

$$\chi^2 = \sum \frac{(O-E)^2}{E}\quad（列联表 \chi^2 的计算公式）$$

$$E_{ij} = \frac{R_i C_j}{N}\quad（期望频数的计算公式，R_i 和 C_j 分别为第 i 行和第 j 列上的总期望频数）$$

（二）列联表检验的步骤

列联表的检验步骤，可通过下面的案例进行阐释。

案例9-5

有观点认为性格与颜色偏好之间可能存在关系。研究者调查了93名被调查者，其中外向的49名被试中，13人喜欢红色，36人喜欢蓝色；内向的44名被调查者中，14人喜欢红色，30人喜欢蓝色。具体结果如表9-6所示。被调查者的颜色偏好与其性格之间是否存在关系？

表9-6　被调查者的颜色偏好与其性格之间的关系

性格	颜色		总
	红色	蓝色	
外向	13（14.226）	36（34.774）	49
内向	14（12.774）	30（31.226）	44
总	27	66	93

第一步　提出零假设与研究假设

H_0：被调查者的颜色偏好与性格没有关系；

H_1：被调查者的颜色偏好与性格有关系。

第二步　计算 χ^2 值

首先计算四个观测频数所对应的理论频数，分别为：

$$E_{11}=\frac{49\times27}{93}=14.226 \qquad E_{12}=\frac{49\times66}{93}=34.774$$

$$E_{21}=\frac{44\times27}{93}=12.774 \qquad E_{22}=\frac{44\times66}{93}=31.226$$

之后代入列联表 χ^2 公式，为：

$$\chi^2=\sum\frac{(O-E)^2}{E}=\frac{(13-14.226)^2}{14.226}+\frac{(36-34.774)^2}{34.774}+\frac{(14-12.774)^2}{12.774}+\frac{(30-31.226)^2}{31.226}$$
$$=0.315$$

第三步　做出决断

在列联表中，自由度为：（行 -1）$*$（列 -1），即 $df=(R-1)(C-1)$。

在本例中，$df=(2-1)(2-1)=1$。

当自由度为1时，查 χ^2 表可知，χ^2 在0.05水平上的临界值为3.84。

因为0.315<3.84，因此，接受零假设，拒绝研究假设，即被调查者的颜色偏好与其性格之间不存在关系。

（三）列联表检验的SPSS操作

列联表检验的SPSS操作步骤：SPSS →分析→描述统计→交叉表→把两个拟检

验变量分别拖入"行"和"列"中→点击"统计量",勾选"卡方"。

思考与练习

1. 独立样本 t 检验与相关样本 t 检验的异同分别是什么?

2. 单因素独立测量方差分析的逻辑与步骤是什么? 其与重复测量方差分析的区别在哪里?

3. 不同相关系数的适用条件是什么

4. 回归分析的检验步骤有哪些?

5. 请举例说明 χ^2 检验在教育研究中的运用情况。

6. 请自选一批数据,进行各类相关和回归分析的软件操作,并对结果进行解释。

7. 在一项关于一种新的教学方法对学习表现的影响研究中,被试被随机分成了两组。一组 60 人为实验组,接受了新的教学方法,学习结果的平均数为 82,标准差为 10;另一组 70 人为控制组,接受原来旧的教学方法,学习结果的平均数为 76,标准差为 12。试问实验组和控制组学习结果的平均数是否存在显著差异?

本章关键术语

平均数的假设检验(hypothesis tests applied to means)

单样本(one sample)　　　　　　两个相关样本(two related samples)

两个独立样本(two independent samples)　　效果量(effect size,ES)

方差分析(analysis of variance,ANOVA)

单因素方差分析(one-way analysis of variance)

最小显著差异法(Fisher's least significant difference test,LSD)

重复测量方差分析(repeated-measures analysis of variance)

相关(correlation)　　　　　　　回归(regression)

协方差(covariance)　　　　　　　偏相关(partial correlation)

最小二乘回归(least squares regression)　　χ^2 检验(chi-square test)

第十章　教育进阶统计

学习目标

1. 掌握因素分析的概念及检验步骤。
2. 掌握中介与调节效应的概念及检验步骤。
3. 掌握逻辑回归的概念、适用条件及检验步骤。

知识导图

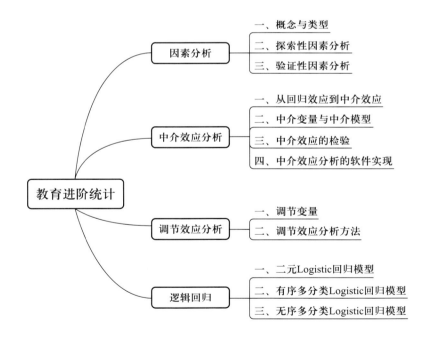

本章将继续介绍教育进阶统计的相关方法，这些方法是基础统计方法的进一步拓展。当研究者提出的研究问题很难用基础的统计方法加以解决时，可以尝试在本章中寻找答案。

第一节   因 素 分 析

一、概念与类型

（一）因素分析的概念

在研究实践中，需要多层面和多角度地对事物进行观测和探索，因此研究者可设计出多个项目，采用这些项目去收集大量数据以寻找规律和解决研究问题。在设计这些项目时，并不是杂乱无序的，而是遵循一定的设计逻辑。较多的项目虽然为研究提供了丰富的信息，但是纷杂的数据并不一定是解决研究问题的有效方式。因此，研究者在编制问卷及进行数据分析时，往往需要用到因素分析。

因素分析的概念由英国心理与统计学家斯皮尔曼提出，它将具有错综复杂关系的变量综合为少数几个因素，以再现原始变量与因素之间的相互关系。[1] 因素分析主要是依据相关性大小对测量内容相近的项目进行归类，把较多的项目合并成少量具有代表性的变量，简化因素结构，以达到"降维"目的。因素结构的简单化指抽取出来的因素结构越少越好，但这尽量少的因素能够解释的累积变异量则是越多越好。

具体来看，因素分析的目的和作用包括以下四点。

第一，帮助研究者明晰和确定一系列项目后面潜在变量的数量。

第二，用相对较少的新创设的变量（即因素或潜变量）来解释相对较多的原始项目的变异（如 25 个项目）。

第三，定义因素的实质内容和意义。

第四，有助于研究者判断项目的好与差，在因素分析过程中，依据一定的标准（如因素载荷高低等），部分差的项目会被删除。

（二）因素分析的类型

根据不同的研究目的，因素分析可以分为探索性因素分析和验证性因素分析两类。探索性因素分析的主要目的是将观测变量的数量减少到较少的因素，以提高数据的可解释性和发现数据中隐藏的结构。[2] 探索性因素分析用于没有预定的假设，需要根据分析结果形成新的潜在因素结构或模型的情况。而验证性因素分析用于对成熟、经典的量表进行合理性检验的时候，此类量表已经由专家进行过效度审核或已经进行过探索性因素分析，量表层面及所包含的题项非常明确。[3] 这两种因素分

① 张文彤，董伟 . SPSS 统计分析高级教程［M］. 3 版 . 北京：高等教育出版社，2018：244.

② JADIDOLESLAMI S, SAGHATFOROUSH E, ZARERAVASAN A. Constructability obstacles：an exploratory factor analysis approach［J］. International Journal of Construction Management，2021，21（3）：312–325.

③ 吴明隆 . 问卷统计分析实务：SPSS 操作与应用［M］. 重庆：重庆大学出版社，2010：268.

析法没有孰优孰劣，选择时要根据自己的研究需求，如果需要将两种方法结合起来使用，那么一般建议先使用探索性因素分析，探索获得初步的因素结构和对应的题项后，再通过验证性因素分析对探索获得的结构效度进行检验。

我要提问

问：这里所讲的因素分析，是不是第五章中新编制问卷的效度评估方法？

答：教材在第五章第一节中探讨了问卷编制过程的八个步骤，其中第七步是"评估项目"，包括项目的初步审查和信效度检验。效度包括内容、效标关联和结构效度等几种不同的类型，结构效度的检验主要采用探索性和验证性因素分析。在问卷编制过程中，先依据访谈和文献综述，形成一系列的初测项目。这些初测项目不是无序的，而是依据一定的逻辑进行设计。因素分析的过程则是采用统计技术与方法，找出这些看似无序的项目背后有几个相对更少的潜在变量，以简化因素结构。

在因素分析过程中，有些项目可能会因为共同度低、因素载荷低、"一题多贡献"和"明显题意不符"等被删除。而在什么情况下共同度或因素载荷是低的，一个项目在两个因素上的因素载荷相差在多少以内属于"一题多贡献"等，一般也没有绝对的标准，更多地是研究者的一种经验判断与掌握。例如因素载荷低的标准，0.4、0.5都是较常被研究者采纳的标准。

二、探索性因素分析

探索性因素分析的主要目的是简化因素结构。在进行探索性因素分析前，一般会先对项目进行初步审查，把部分相关性较低或区分度不高的项目删除，之后再对剩下的项目进行因素分析。

（一）探索性因素分析的适用条件[①]

一定大小的样本量。因素分析结果的可靠性与样本量有关，一般要求样本量是项目数的10倍以上，更理想的情况下，样本量最好是项目数的25倍以上。在研究实践中，很多时候样本量达不到这个要求，这时仍可进行因素分析，但所获得的模型可能会因为样本量不足而不够稳定。

项目间应该具有相关性。如果项目间不存在相关性，就很难通过探索性因素分析的方法抽取公因素。除了对项目进行初步审查外，探索性因素分析中也会通过Bartlett's球形检验和KMO检验统计量来确定项目是否适合进行因素分析。如果球形检验结果显著，KMO检验值大于0.5，则表明项目适合进行因素分析。但是需明确的是，这两个指标仅表明项目是否适合进行因素分析，并不是效度检验。

因素分析中抽取的各个公因素应当具有实际意义。探索性因素分析最后要对所抽取的各个公因素进行解释并命名，如果这些公因素无法得到理论上的解释，则探

---

① 张文彤，董伟编. SPSS统计分析高级教程［M］. 3版. 北京：高等教育出版社，2018：245–246.

索性因素分析的结果会失去意义。

探索性因素分析一般要求项目采用连续计分，即为定距或定比数据。

（二）探索性因素分析的操作步骤

探索性因素分析一般通过 SPSS 软件完成，主要操作步骤如图 10-1 所示。最后依据因素分析结果，对抽取的公因素进行命名，并赋予理论解释。

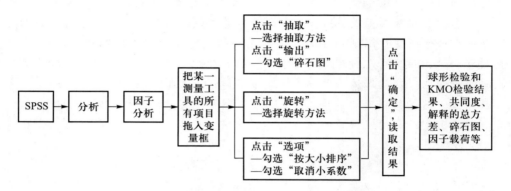

图 10-1　探索性因素分析的 SPSS 操作步骤

（三）探索性因素分析的相关方法

1. 公因素抽取方法[1]

研究者可以采用多种方法抽取公因素，例如主成分法、极大似然法等。

主成分法。该方法是 SPSS 中的默认选项，它假设项目是各因素的线性组合，从解释项目的变异出发，尽量使项目的方差能够被主成分解释。此方法在实践中的应用效果较好，运用也较广泛。

极大似然法。该方法要求数据服从正态分布，此时它生成的参数估计最接近观察到的相关矩阵。样本量大时使用此方法较为合适。

2. 因素载荷矩阵的旋转方法

为了使不容易解释的原始因素载荷矩阵变得容易解释，可以对因素载荷矩阵进行旋转变化。将因素与原始项目间的关系重新进行分配，使相关系数的绝对值向（0，1）区间的两端分化，从而使得公因素的解释变得容易。[2] 常见的公因素旋转方法有最大方差法（正交旋转）、四次幂极大法（正交旋转）和最优斜交法（斜交旋转）等。在具体的研究中，如果认为公因素之间是彼此独立、没有相关的，一般采用正交旋转法；如果认为因素之间是相互关联、并非独立的，一般采用斜交旋转。[3] 总之，采取何种旋转法，都要依据一定的文献和理论支撑。在实际运用中，由于斜交旋转的结果容易受研究者主观意愿的影响，一般建议采用正交旋转。[4]

---

① 张文彤，董伟 . SPSS 统计分析高级教程［M］. 3 版 . 北京：高等教育出版社，2018：254.
② 张文彤，董伟 . SPSS 统计分析高级教程［M］. 3 版 . 北京：高等教育出版社，2018：249.
③ 吴明隆 . 问卷统计分析实务：SPSS 操作与应用［M］. 重庆：重庆大学出版社，2010：268.
④ 张文彤，董伟 . SPSS 统计分析高级教程［M］. 3 版 . 北京：高等教育出版社，2018：249.

（四）探索性因素分析结果解读的指标

对探索性因素分析结果进行解读时，主要考虑下述五个方面。

项目之间的相关性。如果研究者从理论上支持研究工具项目之间所表达的内容相关，在初步检查数据的时候，就可以先使用相关性矩阵对项目进行验证，建议对相关系数大于 0.3 以上的项目进行因素分析。

判断测量项目是否适合进行因素分析时，KMO 检验值须大于 0.5，Bartlett's 球形度检验的显著性须满足 $P<0.05$。

一般从旋转后的数据矩阵中选择特征值大于 1，以及绝对因素载荷值大于 0.6 的因素。[①]

观察累积方差贡献率，这个指标由各因素方差贡献率相加而得。一般而言，该数值越大越理想，实践中一般要求高于 50%。

对提取出的因素进行命名。

探索性因素分析可以做多次，不断尝试，直到建构出一个较为合理、可接受的因素模型。同时，如果要分析的量表是基于一定的理论构建的分层面量表，那么在进行探索性因素分析时，不用将所有项目一次性纳入因素分析中，可以选择"分量表 / 分层面"的方式依次对各个分量表进行探索。[②]

知识快递

探索性因素分析中的基本指标[③]

特征值：可以被看成所抽取公因素解释力度的指标，代表该因素可以解释平均多少个原始项目的信息。如果特征值小于 1，说明该公因素的解释力度大小不如直接引入一个原始项目的平均解释力度。因此，SPSS 软件中默认的特征值大小一般为 1。

因素载荷：指某个项目在各个所抽取公因素上的载荷，或者说某个项目与各个所抽取公因素的相关性的大小。一般主要依据因素载荷的大小，判断某个项目应该归到哪个具体因素中。

方差贡献率：表明所抽取公因素的方差在总样本方差中的比重。这个值越大，表明该因素所代表的系列项目的原始信息量越大。

共同度：指全部所抽取公因素对某一项目的总方差所做出的贡献，或者说某一项目的信息能够被抽取出来的所有公因素所描述的程度。

表 10-1 展示了一个较为理想化和简洁的探索性因素分析表，它阐释了上述各个指标的计算方法。

① JADIDALESLAMI S, SAGHATFOROUSH E, ZARE RAVASAN A. Constructability obstacles: an exploratory factor analysis approach [J]. International Journal of Construction Management, 2021, 21 (3): 312–325.

② 吴明隆. 问卷统计分析实务：SPSS 操作与应用 [M]. 重庆：重庆大学出版社，2010：268.

③ 张文彤，董伟. SPSS 统计分析高级教程 [M]. 3 版. 北京：高等教育出版社，2018：240–241.

表 10-1   探索性因素分析各基本指标计算实例

	公因素 1	公因素 2	共同度
项目 1	0.90	0.39	$0.90^2+0.39^2=0.96$
项目 2	0.81	0.33	$0.81^2+0.33^2=0.77$
项目 3	0.73	0.23	$0.73^2+0.23^2=0.59$
项目 4	0.26	0.82	$0.26^2+0.82^2=0.74$
项目 5	0.25	0.89	$0.25^2+0.89^2=0.85$
项目 6	0.33	0.91	$0.33^2+0.91^2=0.94$
特征值	$0.90^2+0.81^2+0.73^2+0.26^2+$ $0.25^2+0.33^2=2.24$	$0.39^2+0.33^2+0.23^2+0.82^2+$ $0.89^2+0.91^2=2.61$	
方差贡献率	2.24/6=0.37	2.61/6=0.44	

注：0.90 等 12 个数据为因素载荷，如 0.90 表示项目 1 与公因素 1 的相关程度。

三、验证性因素分析

（一）验证性因素分析的基本原理与操作步骤

在使用验证性因素分析的时候，一般借助线性结构方程模型来检验因素与测量项目之间的对应关系是否与研究者的预测保持一致。结构方程模型主要由验证性因素模型和因果模型两部分构成。协方差结构分析本质上是一种验证式的模型分析，它试图利用研究者所搜集的实证资料来确认假设的潜在变量之间的关系，以及潜在变量与显性指标的一致性程度。此种验证或检验就是在比较研究者所提出的假设模型隐含的协方差矩阵与实际搜寻数据导出的协方差矩阵之间的差异。[①] 那么如何判定假设模型与实际数据之间的拟合程度是否良好呢？一些分析软件，如 AMOS/Mplus 等，可以帮助研究者计算出各个因素的组合信度、收敛效度、区分效度等。图 10-2 为使用 AMOS 软件进行验证性因素分析的基本操作步骤。

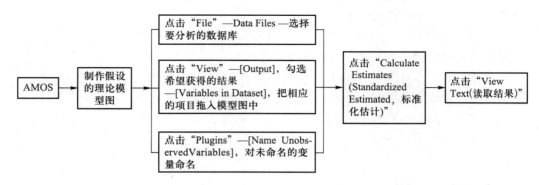

图 10-2   使用 AMOS 软件进行验证性因素分析的操作步骤

---

① 吴明隆. 结构方程模型：AMOS 的操作与运用［M］. 2 版. 重庆：重庆大学出版社，2010.

（二）验证性因素的模型拟合指标

表 10-2 为一些常见的模型拟合指标。

表 10-2 模型拟合指标 [1][2][3]

类别	指标符号	指标名称	指标参考标准
绝对拟合度指标	χ^2	卡方值	越小越好
	χ^2/df	卡方自由度之比	1~3
	GFI	拟合优度指数	>0.9
	AGFI	调整的拟合优度指数	>0.9
	RMSEA	近似误差均方根	<0.08，良好；0.08~0.10，一般
增值拟合度指标	NFI	标准拟合指数	>0.9
	IFI	增值拟合指数	>0.9
	TLI	非规范拟合指数	>0.9
	CFI	比较拟合指数	>0.9
精简拟合度指标	PGFI	精简拟合指数	>0.5
	PNFI	精简规范拟合指数	>0.5

在做模型汇报时，不建议只列出参数好的指标，而对参数不好的指标避而不谈。事实上，在判断模型合理与否的时候，需要对所有的指标做一个综合判断。所有指标都符合标准固然是最理想的结果，但当在研究中遇到个别不够显著的指标时，如果能发现其中的逻辑和含义，那么模型也是可以接受的。[4]

第二节 中介效应分析

在自变量对因变量的预测关系中，一般会有第三变量的存在，这些第三变量或起中介效应，或起调节效应等。中介效应检验是教育学与心理学研究中较为常用的一种统计分析方法。本节主要对中介效应的原理及分析程序进行探讨。

一、从回归效应到中介效应

通过上一章对回归分析的学习，可以了解到最简单的回归是只有一个自变量和一个因变量的线性回归，可用方程表示为 $Y=a+bX$，其体现的是自变量 X 与因变量 Y

① 吴明隆.结构方程模型：AMOS 的操作与运用［M］.2 版.重庆：重庆大学出版社，2010：52.
② 林嵩.结构方程模型原理及 AMOS 运用［M］.武汉：华中师范大学出版社，2008：48.
③ 张伟豪，徐茂洲，苏荣海.与结构方程模型共舞曙光初现［M］.厦门：厦门大学出版社，2020：87-94.
④ 林嵩.结构方程模型原理及 AMOS 运用［M］.武汉：华中师范大学出版社，2008：127-128.

之间的相关关系，或者说"X 对 Y 的预测作用"。例如，研究者希望了解学生的学业自我效能感对学习倦怠的影响，于是建立了以学业自我效能感为自变量、学习倦怠为因变量的回归方程。

这一节探讨的问题要稍微复杂一点。如果研究者想进一步了解学生的学业自我效能感是直接影响学习倦怠，还是先影响另一个变量 M，再由 M 来影响学习倦怠这个问题，则要采用中介效应分析，其中 M 是中介变量。例如在某些相关研究中，自尊是学业自我效能感影响学习倦怠过程中的中介变量之一。[1]

二、中介变量与中介模型

中介变量是一个重要的统计概念，如果自变量 X 通过某一变量 M 对因变量 Y 产生一定的影响，则称 M 为 X 和 Y 的中介变量。[2] 图 10-3 是一个简单中介模型。（a）呈现了中介变量 M 不存在的情况下，自变量 X 对因变量 Y 的效应，由此可以得到一个回归方程；（b）将中介变量 M 加入到模型中，通过箭头指向，不难看出，中介变量 M 既是（自变量 X 的）因变量，也是（因变量 Y 的）自变量。所以若是以 M 和 Y 为因变量，可分别得到右侧的两个回归方程。

在这三个方程中，a、b、c、c' 都是回归系数，e_i 在中介模型中特指与自变量无关的、不可观测的随机误差。[3] 在统计原理上，随机误差项非常重要；但在实际探讨中介效应时，只要记得将其添加在模型中的合适位置即可，不需过分关注这个参数。简言之，在回归分析中，可通过检验回归系数是否显著，来判断 X 能否显著地预测 Y；类似地，在中介效应分析中，可以按顺序检验下面回归系数 c、a、b、$a*b$ 和 c'，来判断 M 是否起中介作用。

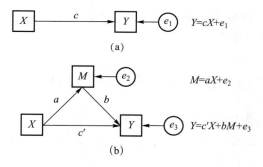

图 10-3　一个简单中介模型[4]

①　王小新，苗晶磊 . 大学生学业自我效能感、自尊与学习倦怠关系研究［J］. 东北师大学报（哲学社会科学版），2012（1）：192-196.

②　方杰，张敏强，邱皓政 . 中介效应的检验方法和效果量测量：回顾与展望［J］. 心理发展与教育，2012，28（1）：105-111.

③　温忠麟，刘红云 . 中介效应和调节效应：方法及应用［M］. 北京：教育科学出版社，2020：84.

④　温忠麟，叶宝娟 . 中介效应分析：方法和模型发展［J］. 心理科学进展，2014，22（5）：731-745.

知识快递

总效应：模型中加入中介变量前（图 10-3），Y 对 X 的回归系数（c）。

直接效应：在中介模型中（图 10-3），Y 对 X 的回归系数（c'）。

间接效应：在中介模型中（图 10-3），M 对 X 与 Y 对 M 的回归系数的乘积（$a*b$）。

三、中介效应的检验

依次检验回归系数的因果步骤法和检验 ab 显著性的系数乘积法是中介效应检验中较为常用的方法。

（一）依次检验回归系数的因果步骤法

Baron 和 Kenny（1986）提出了因果步骤法，它包含如下三个检验步骤[1]：

步骤 1　X 对 Y 的影响，即检验 c 的显著性；

步骤 2　X 对 M 的影响，即检验 a 的显著性；

步骤 3　X 和 M 对 Y 的影响，即 b、c' 的显著性。

如果系数 a、b、c 都显著，就表示存在中介效应。此时如果系数 c' 不显著，即加入中介变量后，自变量对因变量的效应反而变得不显著了，那么就称这个中介效应是完全中介效应；如果系数 c' 显著，但 $|c'|<|c|$，即加入中介变量后，自变量对因变量的影响仍然显著，只是显著性低于自变量对因变量的单独效应，那么就称为部分中介效应。

中介效应因果步骤检验法自产生以来得到了较为广泛的使用，同时也受到了很多的质疑，例如：是否要先检验自变量对因变量的直接效应 c；是否需要区分完全中介效应和部分中介效应；检验力低，即如果 X 对 Y 的影响是部分地通过中介变量 M 间接实现的，那么因果步骤法是较难检测到这种影响的。[2]

（二）检验 ab 乘积显著性的系数乘积法

系数乘积法直接检验 ab 乘积的显著性，不需要先检验 c 的显著性。系数乘积法常用的检验方法为非参数 Bootstrap 方法，它比因果步骤法能更有效地检验中介变量的影响，例如不需要对间接效应抽样分布的形状作任何假设，不需要使用标准误差进行推断等。[3] 非参数 Bootstrap 方法一般包括非参数百分位 Bootstrap 方法和偏差校正的非参数百分位 Bootstrap 方法。[4]

---

[1]　方杰，张敏强，邱皓政. 中介效应的检验方法和效果量测量：回顾与展望［J］. 心理发展与教育，2012，28（1）：105-111.

[2]　HAYES A F. Beyond Baron and Kenny: statistical mediation analysis in the new millennium［J］. Communication Monographs，2009，76（4）：408-420.

[3]　HAYES A F. Beyond Baron and Kenny: statistical mediation analysis in the new millennium［J］. Communication Monographs，2009，76（4）：408-420.

[4]　方杰，张敏强. 中介效应的点估计和区间估计：乘积分布法、非参数 Bootstrap 和 MCMC 法［J］. 心理学报，2012，44（10）：1408-1420.

非参数百分位 Bootstrap 方法分为以下三步[①]：

步骤 1　基于原有样本（样本量为 n）进行有放回的随机重复抽样，得到一个样本容量为 n 的 Bootstrap 样本；

步骤 2　基于步骤 1 抽取的 Bootstrap 样本，计算中介效应的估计值 $\hat{a}\hat{b}$；

步骤 3　重复上述步骤若干次（记为 B，一般设定 B=5 000），将 B 个中介效应估计值的均值作为中介效应的点估计值，将 B 个中介效应估计值 $\hat{a}\hat{b}$ 按数值大小排序，得到序列 C，用序列 C 的第 2.5 百分位数和第 97.5 百分位数来估计 95% 的中介效应置信区间。

偏差校正的非参数百分位 Bootstrap 被认为具有更高的统计功效。它和非参数百分位 Bootstrap 方法有相同的中介效应点估计值，但其校正的是非参数百分位。校正的步骤不再具体阐述。

最后，按照此方法，如果中介效应置信区间不包括 0，则说明中介效应存在；如果置信区间包括 0，则说明不存在中介效应。

> **知识快递**
>
> 　　自展法：自展法最早是由 Efron 提出的一种重复抽样方法，包括参数和非参数 Bootstrap 两类。非参数自展法较为常用，其基本思想是将原样本当作"总体"，通过有放回的重复抽样，取大量新的子样本并获得统计量的过程。[②]

（三）中介效应综合检验法

如果采用因果步骤法依次检验能够得到显著结果，那么其检验力低的质疑就不是问题了，因为这种方法不容易检验到中介效应显著。[③]有观点认为应该采用 Bootstrap 法而放弃因果步骤法，但温忠麟等认为，如果先尝试采用因果步骤法依次检验 a 和 b，在不显著的情况下再用 Bootstrap 法直接检验系数乘积 ab，这样的检验流程能够综合两种方法的优点，也能提高检验力，这一检验流程具体如图 10-4 所示，为区别前两种方法，本书称它为"综合检验法"。[④]

依据这一流程图，中介效应可以分为五步。依次进行下列判断：总效应（c）是否显著，a 和 b 是否显著，间接效应（a*b）是否显著，直接效应（c'）是否显著，表示间接效应的 a*b 与表示直接效应的 c' 的符号是否一致。

　　① 方杰，张敏强.中介效应的点估计和区间估计：乘积分布法、非参数 Bootstrap 和 MCMC 法［J］.心理学报，2012，44（10）：1408–1420.

　　② 方杰，张敏强.中介效应的点估计和区间估计：乘积分布法、非参数 Bootstrap 和 MCMC 法［J］.心理学报，2012，44（10）：1408–1420.

　　③ 温忠麟，叶宝娟.中介效应分析：方法和模型发展［J］.心理科学进展，2014，22（5）：731–745.

　　④ 温忠麟，叶宝娟.中介效应分析：方法和模型发展［J］.心理科学进展，2014，22（5）：731–745.

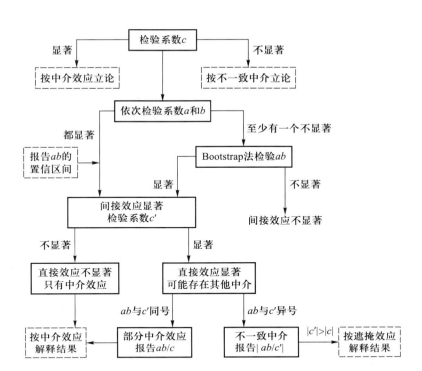

图 10-4　中介效应分析流程图[1][2]

在这个综合检验方法中，有以下三个注意点需要明确一下：

第一，计算中介效应的效果量为：ab/c 或 $|ab/c'|$；

第二，中介效应和间接效应是有区分的，中介效应是间接效应，因此在很多场合下，两者是一个意思，但间接效应不一定是中介效应；

第三，对不一致中介和遮掩效应要灵活理解。

我要提问

问：总体作用不显著，为什么会存在中介作用？

答：总体作用不显著，中介作用存在的原因可能包括以下两种情况[3]：

第一，直接作用和间接作用方向相反，互相抵消，导致总体作用不显著；

第二，可能还有未被研究者考虑到的抑制变量和中介变量同时存在，而抑制变量的存在有可能导致总体作用不显著。

---

① 温忠麟，叶宝娟.中介效应分析：方法和模型发展［J］.心理科学进展，2014，22（5）：731-745.

② 温忠麟，刘红云.中介效应和调节效应方法及应用［M］.北京：教育科学出版社，2020：103.

③ 江程铭，李纾.中介分析和自举（Bootstrap）程序应用［J］.心理学探新，2015，35（5）：458-463.

知识快递

遮掩效应：遮掩效应是中介模型中普遍存在的一种现象，其呈现的是表示直接效应和间接效应的符号相反，总效应被遮掩的情况。遮掩效应的存在说明自变量与因变量间还有效应更大的中介变量存在。[1]如果直接效应 c' 的绝对值比总效应 c 的绝对值还大，就说明存在遮掩效应。[2]

不一致中介：不一致中介主要包括遮掩效应和远端关系。远端关系指自变量和因变量相关不显著，但它们有理论明确的远端关系，即使相关不显著，也值得探索。这种远端关系可以是时间和空间上的远端，例如儿童童年期的受欺负行为与成年后问题行为间的关系。[3]

案例 10-1

高管薪酬激励与组织绩效：基于管理者过度自信的"遮掩效应"[4]

在这一研究中，研究者主要探索管理者过度自信在薪酬激励与组织绩效关系中的"遮掩效应"，这里的薪酬激励包括管理者的薪酬水平和薪酬差距。结果表明，管理者过度自信在薪酬水平与组织绩效之间的间接效应不显著，而在薪酬差距与组织绩效之间的间接效应则表现为"遮掩效应"。

公司高管的薪酬差距对组织绩效有显著的正向预测作用（总效应 $c=1.24$）。在加入"高管过度自信"这个中介变量后，间接效应 $a*b=-0.27$、直接效应 $c'=1.51$，并且都在 0.001 水平上显著。在这个例子中，表示直接效应与间接效应的符号相反，$|c'|>|c|$，需按遮掩效应来解释结果，即薪酬差距与组织绩效之间的间接效应表现为"遮掩效应"。

四、中介效应分析的软件实现

中介效应因果步骤法采用线性回归方法依次进行检验，使用 SPSS 软件即可实现，本部分主要介绍 Bootstrap 法的软件实现。目前常用的各种统计软件都能进行非参数 Bootstrap 法的运算，如 Process 插件或 AMOS 等。

（一）中介效应分析的 Process 插件实现

Process 插件（v. 3.5）由卡尔加里大学海耶斯教授编写，这个插件有多个版本，

---

① 张昊民，何奇学.高管薪酬激励与组织绩效：基于管理者过度自信的"遮掩效应"［J］.现代财经（天津财经大学学报），2017，37（6）：65-77.

② 温忠麟，刘红云.中介效应和调节效应：方法及应用［M］.北京：教育科学出版社，2020：94.

③ 温忠麟，刘红云.中介效应和调节效应：方法及应用［M］.北京：教育科学出版社，2020：94-95.

④ 张昊民，何奇学.高管薪酬激励与组织绩效：基于管理者过度自信的"遮掩效应"［J］.现代财经（天津财经大学学报），2017，37（6）：65-77.

分别适用于 SPSS、SAS 和 R。

以 SPSS 为例，先安装软件，以管理员模式启动，之后依次点击上方菜单栏中的【扩展】—【实用程序】—【安装定制对话框（兼容性方式）】—【找到 process. spd 文件】—【选中该文件并点击"打开"】，然后开始中介效应的分析。具体包括以下六个步骤[①]：

步骤 1　运行 SPSS，打开数据库，在 SPSS 程序菜单中依次点击【分析】—【回归】—【PROCESS】；

步骤 2　运行 Bootstrap 程序，出现对话框，如图 10-5 所示；

步骤 3　将自变量、因变量和中介变量放入相应的对话框中；

步骤 4　将 Model number（模型编号）[②]设为 4，将自展样本的样本数设为某一数字（如 5000），将置信区间设置为 95% 或 99%；

步骤 5　选择 Bootstrap 方法，一般选择"偏差校正法"；

步骤 6　点击右侧的【Options】，根据研究需要进行相应的设置，设置后点击【继续】，最后点击主界面上的【确定】运行计算程序。

依据图 10-5 的"结果界面"所示：总效应（$p>0.05$）、直接效应（$p>0.05$）均不显著；间接效应（$a*b$）95% 的置信区间［$-1.17, 0.94$］中包括 0，因此也不显著；间接效应与直接效应的符号不一致。

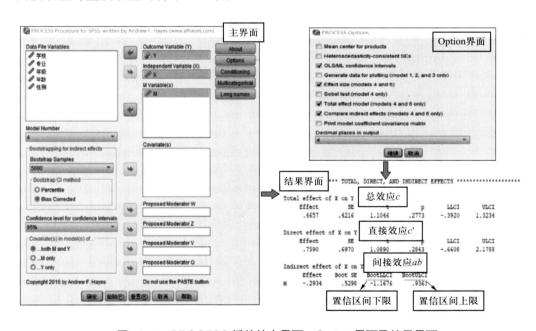

图 10-5　PROCESS 插件的主界面、Option 界面及结果界面

在对中介效应的分析结果进行解释时，应该同时关注以下三点：

---

① 江程铭，李纾. 中介分析和自举（Bootstrap）程序应用［J］. 心理学探新，2015，35（05）：458-463.
② 模型编号要视模型的具体类型而进行选择，这里为简单中介模型，因此选择模型 4。

第一，在完整的结果界面中，包括标准化和非标准化的效应值，在实际运用中，由于变量之间的量纲不同，非标准化系数不能用于直接比较；[1] 第二，在检验间接效应（$a*b$）时，直接看 Bootstrap 的 95% 置信区间是否包含 0，包含 0 说明中介效应不显著，反之则为显著；第三，在使用 PROCESS 插件的情况下，间接效应的 Bootstrap 结果得以直接呈现，可以跳过图 10-4 中依次检验系数 a 和 b 的步骤。

（二）中介效应分析的结构方程模型实现

除了采用 PROCESS 插件外，结构方程模型也可以实现中介效应的 Bootstrap 分析，特别是当中介模型存在潜变量时。常用的统计软件包括 Mplus、AMOS 等。下面以 AMOS 为例对其基本分析步骤进行简单介绍，具体如图 10-6 所示。

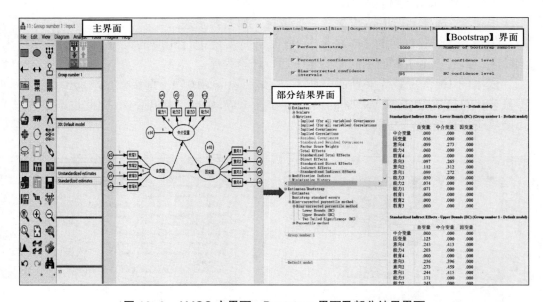

图 10-6　AMOS 主界面、Bootstrap 界面及部分结果界面

步骤 1　用 AMOS 制作中介效应关系图，并导入数据【File】—【Date File】—【选择一个 SPSS 数据库】；

步骤 2　【View】—【Analysis Properties】—【Output】，勾选【Indirect，Direct & Total effects】及其他需要生成的结果选项；

步骤 3　【View】—【Analysis Properties】—【Bootstrap】，设置 Bootstrap 样本数【Perform bootstrap】，一般为 1 000~5 000；设置百分位【Percentile confidence intervals】和偏差校正【Bias-corrected confidence intervals】的置信区间，多数在 95%，99%，99.99% 中任取一个，一般选择 95%；

步骤 4　【View】—【Variables in Dataset】，把数据库中相应的项目拖入中介效

① 谢宇. 回归分析［M］. 修订版. 北京：社会科学文献出版社，2013：106-108.

应关系图；

步骤5　【Plugins】—【Name unobserved variables】，命名未观测到的变量；

步骤6　点击标准化估计值【Standardized Estimates】，之后点击【Calculate Estimates】，进行运算；

步骤7　结果解释，首先点击【Model Fit】，获得模型的拟合指数，拟合指数的标准在验证性因素分析中已经进行过阐述，本例中 χ^2/df=2.30，RMSEA=0.042，GFI=0.973，CFI=0.983，表明模型的拟合情况较好；之后，点击【Estimates】—【Matrices】—【Indirect Effect】/【Standardized Indirect Effect】—【Bootstrap Confidence】，最后观察有偏差校正置信区间的上限和下限，若是二者同号（不包括0），则中介效应显著；若是二者异号（包括0），则中介效应不显著。此例中，偏差校正的置信区间为［0.036，0.125］，上限和下限同号（不包括0），中介效应显著。

这一节呈现了简单中介模型及其检验流程，提供了相应的 SPSS 和 AMOS 操作指南，并将不一致中介作为拓展内容进行了简单介绍。随着变量间关系研究的深入与复杂化，中介效应的分析方法也得到了进一步发展，例如当中介变量个数多于1时建立的多重中介模型。它按照中介变量间是否存在相互影响，可分为并行中介和链式中介两种类型。[①]

我要提问

问：如果中介模型包括类别变量，该怎么办呢？[②]

答：如果只有自变量为类别变量，那么可先将其设置为哑变量，再进行线性回归，检验中介效应；如果因变量或中介变量为类别变量，那么可以采用 Logistic 回归，相应的显著性检验方法也随之发生变化。

第三节　调节效应分析

上一节对中介变量及中介效应进行了介绍，本节将介绍调节变量及调节效应。

一、调节变量

简单理解，如果变量 X 与 Y 的关系受到第三变量 M 的影响，这个第三变量就称为调节变量。调节变量可以是质性的，如性别、是否为独生子女等；也可以是量化的，如成绩、幸福感、人际关系等。在教育研究中，一种新的教学方法对学生学业表现的影响可能会受到学生性别的调节，又如，收入对幸福感的影响可能会受到人际关系变量的调节，对于拥有良好人际关系的人来说，这种影响关系成立，对于人际关系相对较差的人来说，这种影响关系不成立。某一变量是否起调节作用，主

---

① 温忠麟，刘红云 . 中介效应和调节效应：方法及应用［M］. 北京：教育科学出版社，2020：109.

② 温忠麟，刘红云 . 中介效应和调节效应：方法及应用［M］. 北京：教育科学出版社，2020：113-117.

要是基于研究假设，通过调节效应分析来验证。调节效应示意如图 10-7 所示。

图 10-7   调节效应示意

二、调节效应分析方法

对于显变量的调节效应分析，表 10-3 列出了较为详细的分析方法。

表 10-3   显变量的调节效应分析 [①]

调节变量	自变量	
	类别	连续
类别	两因素有交互效应的方差分析，交互效应即调节效应	分组回归：按 M 的取值分组，做 Y 对 X 的回归。若回归系数的差异显著，则调节效应显著
连续	自变量使用伪变量，将自变量和调节变量中心化，做 $Y=aX+bM+cXM+e$ 的层次回归分析： 1. 做 Y 对 X 和 M 的回归，得测定系数 R_1^2 2. 做 Y 对 X、M 和 XM 的回归，得测定系数 R_2^2，若 R_2^2 显著高于 R_1^2，则调节效应显著。或者做 XM 的回归系数检验，若显著，则调节效应显著	将自变量和调节变量中心化，做 $Y=aX+bM+cXM+e$ 的层次回归分析（同左） 除了考虑交互效应项 XM 外，还可以考虑高阶交互效应项（例如 XM^2，表示非线性调节效应；MX^2，表示曲线回归的调节效应）

按照自变量（类别/连续）与调节变量（类别/连续）的类型，共获得了 2*2=4 种不同的分析方法。

这四种分析方法又可以概括为两种情境下的调节效应分析（主要是考虑到回归系数的显著性检验较复杂，且与哑变量处理有关）：

自变量与调节变量均为类别变量时，采用两因素交互效应的方差分析，所获得的交互效应即为调节效应。

自变量和调节变量均为连续测量变量时（如果其中有一个不是，就可以通过"哑变量"处理，以转换成连续数据）：（1）将自变量和调节变量中心化，即用变量观测值减去均值，可以通过 SPSS 中的"计算"功能实现；（2）做 Y 对 X 和 M 的回归，获得测定系数 R_1^2；（3）做 Y 对 X、M 和 XM 的回归，获得测定系数 R_2^2；（4）如果 R_2^2 显著高于 R_1^2，则调节效应显著。这里的第二步和第三步，可以通过【SPSS】—【分析】—【回归】—【线性回归】—【先把 X 与 M 拖入"自变量框"中，点击"统计量"，勾选"R^2 变化"；再点击"下一张"，把 XM 拖入"自变量框"】。

前述中介效应分析中介绍的 PROCESS 插件，也能较为简便地完成调节效应分析。

---

① 温忠麟，侯杰泰，张雷 . 调节效应与中介效应的比较和应用［J］. 心理学报，2005（2）: 268-274.

第四节 逻 辑 回 归

逻辑回归模型是基于线性回归模型发展而来，线性回归中的因变量为连续测量变量，而逻辑回归中的因变量为分类变量。当需要研究该分类变量与一组自变量之间的关系时，就会用到逻辑回归。根据因变量的类别数目不同，可将逻辑回归模型具体分为二元 Logistic 回归模型（因变量是二分变量）、无序多分类 Logistic 回归模型（因变量是无序多分类变量）、有序多分类 Logistic 回归模型（因变量是有序多分类变量）。下面依次对这三种模型进行介绍。

一、二元 Logistic 回归模型

（一）二元 Logistic 回归的原理

在开展教育研究的过程中，研究者经常会遇到因变量为二分变量的回归模型，例如高校毕业生学术或非学术就业，大学生是否参与了学生社团等，此时就会采用二分类（二元）Logistic 回归模型。

Logistic 回归主要是基于 Logit 变换。研究者把出现某种结果的概率与不出现该结果的概率之比称为比值，即 Odds，Odds=$P/(1-P)$，取其对数 ln（odds），这个过程称为 Logit 变换。而两个比值之比被称为比值比，比值比是否大于 1 可以用于两种情形下发生概率大小的比较。[1]Logistic 回归是一个概率性模型，因此可以利用它求出哪些自变量对因变量的发生概率有影响，并计算各自变量对因变量的比值比，从而预测某件事发生的概率。

$$logit\ (P) = \alpha + \beta_1 F_1 + \cdots + \beta_n F_n$$

在上述二元 Logistic 回归模型的公式中，α 是常数项，β 为 logistic 回归系数，表示当其他自变量取值保持不变时，该自变量取值增加一个单位引起比值比自然对数值的变化量。[2]

（二）二元 Logistic 回归模型的适用条件与 SPSS 操作步骤

二分类 Logistic 回归模型有以下四个适用条件：[3]

第一，因变量为二分类变量或某件事的发生率；

第二，自变量与 $logit(P)$ 之间为线性关系，自变量可以是连续变量，也可以是分类变量；

第三，残差合计为零且服从二项分布；

第四，各案例间相互独立。

二元逻辑回归的 SPSS 操作步骤如下：【SPSS】—【分析】—【回归】—【二元 Logistic】—【选择因变量】—【选择协变量（即自变量）】。

---

① 张文彤，董伟. SPSS 统计分析高级教程［M］.3 版.北京：高等教育出版社，2018：181.
② 张文彤，董伟. SPSS 统计分析高级教程［M］.3 版.北京：高等教育出版社，2018：179.
③ 张文彤，董伟. SPSS 统计分析高级教程［M］.3 版.北京：高等教育出版社，2018：180–181.

需要注意的是,当自变量为多分类变量时,还需要进行"哑变量"处理。因此可在上述操作的基础上,点击【分类】,将"协变量"移入"分类协变量",然后根据研究需要选择恰当的【参考类别】。

案例 10-2

对江苏省幼儿体质影响因素的逻辑回归分析[①]

该研究对江苏省 8 628 名幼儿的体质测试数据和问卷调查资料进行了二元逻辑回归分析。首先分别对 20 个不同的自变量对幼儿体质状况的影响进行了 χ^2 显著性检验,然后将卡方检验 P 值 <0.05 的 7 个自变量纳入二元逻辑回归模型中。二元逻辑回归分析涉及的因变量和自变量如下:

1. 因变量

体质等级(1= 不合格;2= 达标)。

2. 自变量

上幼儿园情况:1= 未上;2= 半日;3 = 全日;4= 寄宿。

城乡类型:1= 农村;2= 城镇。

户外运动情况:1=30 分钟以下;2=30 分钟~1 小时;3=1~2 小时;4=2 小时及以上。

室内娱乐情况:1=30 分钟以下;2=30 分钟~1 小时;3=1~2 小时;4=2~3 小时;5=3 小时及以上。

父亲锻炼次数:1= 不锻炼;2=1 次以下;3=1~2 次;4=3~4 次;5=5 次及以上。

母亲锻炼次数:1= 不锻炼;2=1 次以下;3=1~2 次;4=3~4 次;5=5 次以上。

出生身高:1= 比平均出生身高 -0.5SD;2= 平均出生身高 -0.5SD~ 平均出生身高 +0.5SD;3= 比平均出生身高 +0.5SD。

表 10-4 为二元逻辑回归分析结果。

表 10-4 二元逻辑回归分析结果

变量名	β	SE	P 值	Exp(β)
上幼儿园情况	0.441	0.112	<0.001	1.555
城乡类型	0.246	0.078	0.002	1.279
户外运动情况	0.124	0.043	0.004	1.133
室内娱乐情况	0.113	0.043	0.009	1.120
母亲锻炼次数	0.054	0.033	0.101	1.055
出生身高	0.162	0.056	0.004	1.176
常数项	−0.430	0.378	0.255	0.650

注:在逐步回归过程中"父亲锻炼次数"这一变量由于显著性未达标而被剔除。

---

① 许浩,李森.对江苏省幼儿体质影响因素的逻辑回归分析[J].体育与科学,2008(1):73-75.

由于进入回归方程的各自变量分类等级的赋值与因变量（体质状况）的逻辑排列顺序（1=不合格；2=达标）相同，因此 Exp（β）值表示分类等级越高，该类人群体质达标的可能性就越大。根据 Exp（β）值的大小，最终进入逻辑回归方程的各个变量可以拟合成以下方程式：

$LogY$=−0.430+0.441*上幼儿园情况 +0.113*室内娱乐情况 +0.124*户外运动情况 +0.246*城乡类型 +0.054*母亲锻炼次数 +0.162*出生身高

　　具体而言，对幼儿体质状况的影响作用从大到小依次为：上幼儿园情况、城乡类型、出生身高、户外运动情况、室内娱乐情况、母亲锻炼次数。

二、有序多分类 Logistic 回归模型

（一）有序多分类 Logistic 回归的原理

　　根据研究需要，因变量可能是多分类变量，如学业评价可以分为优、良、中等、合格和不合格，空气质量状况可以分为优、良、轻度污染、中度污染、重度污染等。当因变量水平大于 2，且呈现有序、等级分布时，常会使用到有序多分类 Logistic 回归模型。在此模型中，不对自变量做特殊要求，可以有一个或多个连续、有序多分类或无序分类的自变量。

　　适用于有序多分类 Logistic 回归的分析数据可以拟合（因变量个数 −1）个 logit 回归模型，称为累积 logit 模型。[1] 此模型可以理解为：依次将因变量按照不同的取值水平分割成两个等级，对这两个等级建立因变量为二分类的 Logistic 模型。[2] 例如，大学生对"明确自己未来的发展计划"的感知程度：非常明确 =1；比较明确 =2；不太明确 =3；不明确 =4。拆分结果便是 1vs（2+3+4）、（1+2）vs（3+4）和（1+2+3）vs 4。

> **案例 10-3**
>
> 　　一项研究以 203 名新生代海归为研究对象，探讨他们的社会人口学背景、海外教育经历、国内求职活动对就业质量的影响。以平均月薪为例，其取值从低到高分别为 5 000 元以下、5 000~10 000 元、10 000~15 000 元、15 000~20 000 元和 20 000 元以上，相对应的取值水平概率则分别为 P_1，P_2，P_3，P_4，P_5。以最高月薪（20 000 元以上）为参照组，则此前四个变量进行的 Logit 变换依次为 P_1，P_1+P_2，$P_1+P_2+P_3$，$P_1+P_2+P_3+P_4$，即客观就业质量有序取值水平的累积概率。那么这 5 个自变量的计量模型如下所示：
>
> $$Logit \frac{P_1}{1-P_1} = Logit \frac{P_1}{P_2+P_3+P_4+P_5} = -\alpha_1 + \beta_1 F_1 + \cdots \beta_n F_n$$

①　张文彤，董伟.SPSS 统计分析高级教程［M］.3 版.北京：高等教育出版社，2018：203.
②　张文彤，董伟.SPSS 统计分析高级教程［M］.3 版.北京：高等教育出版社，2018：203.

$$Logit \ \frac{P_1+P_2}{1-(P_1+P_2)} = Logit \ \frac{P_1+P_2}{P_3+P_4+P_5} = -\alpha_2 + \beta_1 F_1 + \cdots + \beta_n F_n$$

$$Logit \ \frac{P_1+P_2+P_3}{1-(P_1+P_2+P_3)} = Logit \ \frac{P_1+P_2+P_3}{P_4+P_5} = -\alpha_3 + \beta_1 F_1 + \cdots + \beta_n F_n$$

$$Logit \ \frac{P_1+P_2+P_3+P_4}{1-(P_1+P_2+P_3+P_4)} = Logit \ \frac{P_1+P_2+P_3+P_4}{P_5} = -\alpha_4 + \beta_1 F_1 + \cdots + \beta_n F_n$$

（二）有序多分类 Logistic 回归的 SPSS 操作步骤

在 SPSS 中进行数据处理的操作如下：【打开 SPSS】—【分析】—【回归】—【有序 Logistic】—【选择因变量（默认最后一组为参考类别）】—【选择因子（自变量中的分类变量）】—【选择协变量（自变量中的连续变量）】，接着还需要在【输出】中选择"平行线检验"。在对 SPSS 输出模型进行解释的时候，除了关注上述二元 logistic 提出的一些常用指标外，还要关注平行线假设检验。如果 $P>0.05$，说明各回归方程互相平行，可以使用有序 Logistic 回归。

案例 10-4

混合学习情境下自我调节学习的影响因素研究[①]

该研究对 213 名成人混合学习者的在线自我调节水平以及相关变量的问卷调查数据进行了分析。首先针对自我调节学习在各个维度上的得分，对学习者进行分组，得到了高、中、低三类组别。然后使用有序多分类逻辑回归探索学习者的背景信息和成就动机对不同组别学习者的影响。

以高水平组为参照组，得到的结果如图 10-8 所示。

第一，低自我调节学习水平和高水平之间的比较表明，成就价值（Attainment value，P 值 <0.01，OR=0.34）和效用价值（Utility value，P 值 <0.01，OR=0.56）起显著负向预测效应。更具体地说，正如 OR 所示，学生的成就价值或效用价值每增加 1 个单位，其更有可能成为低自我调节学习组成员，而不太可能成为高自我调节学习组成员。成为高自我调节学习组成员与成为低自我调节学习组成员的概率比值分别为 0.34 和 0.56。第二，一般自我调节学习水平和高水平之间的比较表明，成就价值具有负显著影响（P 值 <0.05；OR=0.60）。这表明，当学生的成就价值每增加 1 个单位时，他们更有可能成为一般自我调节学习组成员，而不太可能成为高自我调节学习组成员。成为高自我调节学习组成员和成为一般自我调节学习组成员的概率比值为 0.60。

---

① VANSLAMBROUCK S, ZHU C, PYNOO B, et al. A latent profile analysis of adult students' online self-regulation in blended learning environments [J]. Computers in Human Behavior, 2019, 99: 126-136.

| | | Low SRL profile vs. high SRL profile | | | | | Average SRL profile vs. high SRL profile | | | | |
| | | 95% CI for Odds Ratio | | | | | 95% CI for Odds Ratio | | | | |
		B (SE)	OR	Lower	Upper		B (SE)	OR	Lower	Upper
Background characteristics	Age	−0.03 (0.03)	0.97	0.92	1.02		−0.04 (0.02)	0.96	0.93	1.00
	Gender	0.33 (0.70)	1.39	0.44	4.42		−0.12 (0.49)	0.89	0.40	1.98
	Marital status	0.17 (0.24)	1.18	0.80	1.75		−0.01 (0.16)	0.99	0.76	1.27
	Highest educational degree	−0.23 (0.66)	0.79	0.27	2.33		0.04 (0.32)	1.04	0.61	1.76
	Hours of work	1.80 (0.97)	6.03	1.22	29.86		0.70 (0.60)	2.01	0.75	5.39
	Current educational level	0.77 (0.56)	2.15	0.85	5.42		0.38 (0.28)	1.46	0.92	2.33
Achievement motivation	Self-efficacy	−0.20 (0.31)	0.82	0.49	1.36		−0.25 (0.20)	0.78	0.56	1.09
	Attainment value	−1.08 (0.35) **	0.34	0.19	0.61		−0.51 (0.25) *	0.60	0.40	0.90
	Utility value	−0.58 (0.20) **	0.56	0.40	0.78		−0.18 (0.13)	0.84	0.67	1.04
	Interest value	−0.45 (0.33)	0.64	0.37	1.10		−0.37 (0.26)	0.70	0.46	1.07

图 10-8　自我调节学习的有序多分类逻辑回归结果

注：*p<0.05；**p<0.01.

三、无序多分类 Logistic 回归模型

（一）无序多分类 Logistic 回归的原理

在有些研究情境中，因变量也可能是无序多分类的，如高校毕业生的毕业打算（就业 =1；升学 =2；尚无明确计划 =3）。当因变量为无序多分类时，通常选择无序多分类 Logistic 回归模型。在该模型中，首先会定义因变量的某一个水平为参照水平，其他水平均与其相比，从而建立（水平数 –1）个广义 Logistic 回归模型。[①]

假如因变量有 1、2、3、4 四个水平，将水平 4 作为参照水平，可以得到水平 1 与水平 4 的比较结果，水平 2 与水平 4 的比较结果，以及水平 3 与水平 4 的比较结果，[②] 那么通过三个二元 Logistic 回归模型即可完成对应的数据处理，如下述公式所示。

$$logit（P_1/P_4）=\alpha_1+\beta_{11}F_1+\cdots+\beta_{1n}F_n$$
$$logit（P_2/P_4）=\alpha_2+\beta_{21}F+\cdots+\beta_{2n}F_n$$
$$logit（P_3/P_4）=\alpha_3+\beta_{31}F_1+\cdots+\beta_{3n}F_n$$

（二）无序多分类 Logistic 回归的 SPSS 操作步骤

在 SPSS 中进行数据处理的操作与上述有序多分类 Logistic 回归模型类似：【打开 SPSS】——【分析】——【回归】——【多项 Logistic】——【选择因变量（需要确定参考类别）】——【选择因子（即自变量中的分类变量）】——【选择协变量（即自变量中的连续变量）】。需要注意的是，在无序多分类 logistic 回归中，分类变量默认把最后一类作为参考类别，研究者可以根据自己的研究需要予以调整。

🌿 思考与练习

1. 请谈谈探索性因素分析和验证性因素分析各自的适用情境。
2. 请谈谈中介效应分析系数乘积法与因果步骤法的异同。
3. 请谈谈调节效应分析的原理及操作步骤。
4. 请谈谈三种不同类型逻辑回归的原理及操作步骤。
5. 请自选一批数据，进行验证性因素分析的软件操作，并对结果进行解释。

🌿 本章关键术语

因素分析（factor analysis）　　　探索性因素分析（exploratory factor analysis）
验证性因素分析（confirmatory factor analysis）
特征值（eigenvalue）　　　中介变量（mediator）

---

① 张文彤，董伟 . SPSS 统计分析高级教程［M］. 3 版 . 北京：高等教育出版社，2018：208.
② 张文彤，董伟 . SPSS 统计分析高级教程［M］. 3 版 . 北京：高等教育出版社，2018：208.

因果步骤法（causal steps approach）　　自展法（bootstrap）

调节变量（moderator）　　逻辑回归（logistic regression）

比值比（odds ratio）

第十一章　开题报告、研究论文和课题申请书的撰写

学习目标

1. 掌握开题报告的主要内容。
2. 掌握研究论文的主要内容。
3. 掌握课题申请书的主要内容。
4. 能够熟练撰写开题报告、研究论文和课题申请书。

知识导图

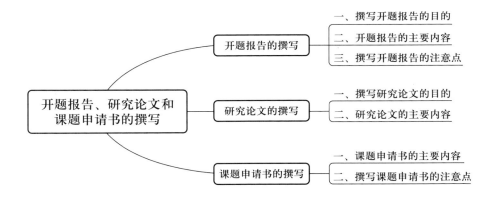

本章主要对开题报告、研究论文和课题申请书的撰写进行介绍。

第一节　开题报告的撰写

【微视频】
开题报告的
撰写

一、撰写开题报告的目的

在学位论文写作过程或者科研课题的完成过程中，开题报告一般是不可缺少的环节。开题报告的目的主要是由论文完成者或课题承担者就拟开展的研究，回答"研究什么，为什么研究，怎么研究，拟实现的研究目标"等问题。在撰写开题报告的过程中，研究者对拟开展研究的内容、意义、方法及目标有进一步的审视，同时开题时邀请的专家会对开题者的研究陈述给出参考建议，开题者可以根据这些建议对研究进行完善。应该说，开题报告环节为有质量地开展研究提供了一个基本的保障。

二、开题报告的主要内容

（一）开题报告的内容构成要素

科研课题的开题报告与学位论文的开题报告在主要内容上差异不大，本节主要针对学位论文的开题报告展开。

学位论文的开题报告一般并没有统一的固定模式，但其构成的内容要素基本上是一致的，一般包含选题依据、研究方案和研究基础三大基本模块。

案例 11-1

某高校本科生毕业论文（设计）开题报告

1. 问题的提出背景、目的和意义
　　1.1　背景介绍
　　1.2　本研究的目的和意义
2. 论文的主要内容、技术路线和可行性分析
　　2.1　主要研究内容
　　2.2　技术路线
　　2.3　可行性分析
3. 研究计划进度安排及预期目标
　　3.1　进度安排
　　3.2　预期目标
4. 参考文献

某高校硕士研究生学位论文开题报告表

模块一 选题依据

1. 课题来源

2. 课题的研究意义、国内外研究现状分析

3. 主要参考文献

模块二 研究方案

1. 研究目标、内容和拟解决的关键问题

2. 拟采取的研究方法、技术路线、实验方案及可行性分析

3. 研究的创新点

4. 研究计划及预测进展

5. 预期研究成果

模块三 研究基础

1. 与本项目有关的研究工作积累和已取得的研究工作成绩（报告者本人的单独列出）

2. 已具备的实验、资料等条件

3. 尚缺少的实验、资料条件和拟解决的途径

（二）开题报告的框架体系

学者汪德根根据学位论文开题报告的共性，概括了学位论文开题报告框架体系及设计要领的九个方面，如图 11–1 所示。①

论文题目及摘要。论文题目一定要精炼、准确，最好还能有一定的新颖性，可简洁地表达研究内容。摘要要能准确地概括开题报告的核心内容。

选题依据。选题依据主要阐述研究背景和意义，研究背景可从宏观、中观和微观等层面展开，研究意义可从理论意义和实践意义两个方面展开，应体现出选题的价值性和创新性。

文献综述及启示。文献综述一般包括"述"和"评"，"述"即描述国内外的研究现状，"评"即说明现有研究的趋势、贡献和不足，找出突破口，作为本研究的基础。开题报告中的文献综述环节尤为重要，是研究选题价值性的重要基础与支撑。

论文研究方案。研究方案包括研究内容、研究目的、拟解决的关键问题、研究方法和技术路线等内容。研究方案是开题报告最重要的部分，应该十分明确地表明研究问题和相应的研究方法，并生成研究路线图，做到目标明确、路径清晰。

预期成果及创新性。研究的预期成果是论文等，创新性可通过新方法、新观点、新理论等加以表现，创新性的阐述要尽量做到具体客观。

---

① 汪德根.学位论文开题报告设计：极易被忽视的重要环节：以人文—经济地理学为例［J］.地理研究，2018，37（6）：1238–1250.

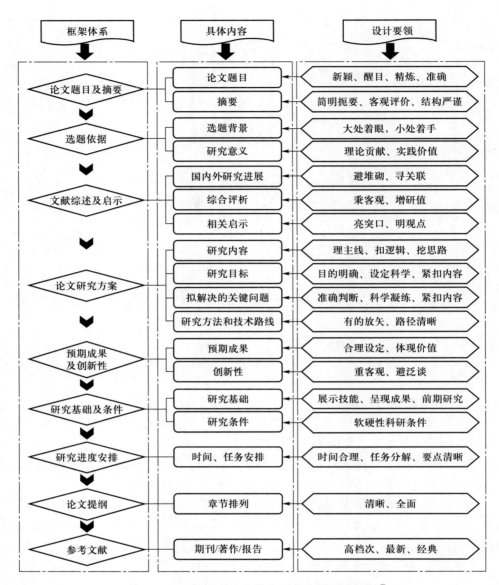

图 11-1　学位论文开题报告框架体系及设计要领[①]

　　研究基础及条件。研究基础及条件既包括已有的基础和条件，如研究积累、实验资料等，也包括尚缺少的条件和解决途径。

　　研究进度安排。主要列出研究的关键任务及关键时间点。

　　论文提纲。论文提纲应该能够体现开题报告的结构完整性和逻辑合理性。

　　参考文献。参考文献要将"新"与"经典"并重。对于参考文献，一般要求以近 3~5 年中已经发表的文献为主，但同时不能遗漏掉本领域内较为经典的文献。

　　① 汪德根.学位论文开题报告设计：极易被忽视的重要环节：以人文—经济地理学为例 [J].地理研究，2018，37（6）：1238-1250.

三、撰写开题报告的注意点

虽然开题报告的撰写有较为规范的格式依据，但在撰写过程中，仍然存在一些误区。具体包括以下三点：第一，把"研究理由"当作"研究问题"；第二，把"主题编织"当作"文献综述"；第三，把"研究方法的列举"当成"研究方法的运用"。①

因此，相对应地，在开题报告的撰写过程中应当注意以下三点。②

（一）明确阐述研究问题

研究问题应当是具体明确的，与研究背景、研究选题及方向区分开来。研究背景、研究选题及方向等只是研究问题提出的基础与背景，但它们之间不存在等同关系。

（二）围绕研究问题组织文献综述

文献综述应当反映与研究问题相关的文献已经以什么样的方法研究或回答了什么问题，以此说明本研究问题的必要性和价值，而不仅仅是围绕每个主题罗列相关研究。

（三）针对研究问题运用研究方法

研究方法部分不能只是罗列拟采用的方法，应当清晰说明每种方法在本研究中的具体运用情况，即应体现研究问题和研究方法的对应性。这里对研究方法的阐述也可以适当加入对于统计方法使用的说明。研究方法的可行性与适用性是研究得以顺利开展的重要基础。

第二节　研究论文的撰写

一、撰写研究论文的目的

撰写研究论文的根本目的，是通过论文报告研究结果，将研究发现与他人进行交流，如果不与人交流，研究者从研究中得到的成果就很难对这个世界产生价值或影响。③ 出于这一根本目的，研究者须使研究的程序、结果和结论以一种他人可能感兴趣、可理解的形式呈现出来，包括清晰、简洁、详细地描述研究中的步骤，以便他人能够重复该研究。④ 在科学研究的长期发展过程中，研究论文形成了一定的由研究者共同遵循的格式规范，下面就围绕教育研究论文的主要内容展开。

【微视频】
研究论文的
撰写

① 李润洲.走出开题报告撰写的三个误区：一种教育学的视角［J］.学位与研究生教育，2014（2）：8-11.
② 李润洲.走出开题报告撰写的三个误区：一种教育学的视角［J］.学位与研究生教育，2014（2）：8-11.
③ ARY D，JACOBS L C，IRVINE C K S，et al. Introduction to research in education［M］. Belmont CA：Wadsworth，2009：604.
④ ARY D，JACOBS L C，IRVINE C K S，et al. Introduction to research in education［M］. Belmont，CA：Wadsworth，2009：605.

二、研究论文的主要内容

研究论文的主要框架是相对确定的，包含引言、研究方法、研究结果、讨论和总结等，这样的安排能够让读者快速而确切地知道在哪里可以找到特定的信息。根据采取的研究方法的不同，研究论文也可以粗略地分为质性的和量化的两种，两种论文的风格有一定的差异。下面就质性和量化研究论文的内容分别进行介绍。[①]

（一）质性研究论文

质性研究论文的主要目的是让别人知道研究者在质性研究中发现了什么，是怎么收集和分析资料的，及如何对资料进行解释的，一般包括以下五个方面的内容。

引言。引言主要聚焦研究问题，阐述研究的背景、意义和目的。引言部分的主要目的之一是让读者理解研究问题的重要性及研究问题的文献支撑性。

研究设计，确保信度和效度的步骤。这里主要对质性方法的选择及选择原因进行说明，同时，说明如何确保质性研究的信度和效度。信度和效度的评估可以参考前述章节中有关质性研究中对信效度进行评估的具体方法，例如三角测量、成员检查等。

研究方法，包括研究地点选择和样本选择，数据收集方法及数据分析程序。在研究方法部分，主要包括取样方法、研究被试的人口学构成、研究地点等；在数据收集方法部分，主要描述用于收集数据的方法（访谈、观察、文档分析等）并解释为什么选择这些方法；在数据分析程序部分，主要描述数据分析所采取的具体方法，如编码等。这里需要说明的是，在一些研究论文中，研究设计和研究方法部分是合并呈现的。

研究结果。在研究结果部分，说明数据中所揭示的结果与最初的调查重点相关的主要结果。因为质性调查中有大量的数据或资料，研究者不能报告所发现的一切，而是要根据结果的相关性和重要性对结果进行排序。与量化研究结果不同，质性研究结果还包括研究者对数据和资料的解释。

解释和启示。在解释和启示部分，研究者需要回答一个隐含的问题——有了这样的研究结果，那又会怎么样？相应的回答包括所获得的研究结果与同类研究结果相比的差异，从而明确本研究的价值；也可以包括未来研究的展望；还可以提出一些新的理论等。

知识快递

下述是质性研究论文的部分评价标准，可以对照以下标准评估质性论文的格式规范与内容规范。[②]

1. 是否陈述了研究问题，是否明确了研究的概念和理论框架？

---

① ARY D，JACOBS L C，IRVINE C K S，et al. Introduction to research in education［M］. California：Wadsworth，2009：491-492.

② ARY D，JACOBS L C，IRVINE C K S，et al. Introduction to research in education［M］. California：Wadsworth，2009：505-506.

2. 是否展示了该研究主题与文献中已知内容之间的关系？

3. 是否说明了选择研究地点和研究被试的方法和原因？是否解释了样本被试在多大程度上具有代表性？

4. 是否解释了数据收集方法，以便读者能够判断它们是否适合该研究问题？是否解释了他或她作为参与性观察者或非参与性观察者、采访者等角色的原因？

5. 是否解释了所使用的数据分析程序？

6. 是否包含了提高数据的信度、效度和可推广性策略的描述？

7. 描述性数据与对其的解释是分开的吗？是否有大量的原始数据（引用等）来论证研究结论？

8. 有证据表明研究遵循了研究伦理吗？研究过程是否表达了个人偏见和假设？是否采取了措施防止研究者在数据收集和分析中进行价值判断？

9. 是否回答了研究问题并提出了进一步的研究问题？

10. 是否明确了这项研究对读者的启示？

11. 是否对所做的结论进行了限定？是否有助于读者理解如何将所学到的知识转移到其他同类情境中去？

12. 其他人是否能理解这份研究论文？

（二）量化研究论文

和质性研究论文类似，量化研究论文主要是告诉读者，研究者做了什么、发现了什么以及新发现是如何与其所在领域的知识体系相关联的。趣闻轶事、个人经历和争论性的论述在量化报告或论文中是不合适的，除此之外，量化报告或论文的表述语气也要尽量客观。

典型的量化研究报告或论文主要包括以下六个部分的内容。

引言。研究问题及其重要性、研究假设、概念界定。

文献综述。对研究相关文献的系统回顾与述评。

研究方法。包括研究对象、研究程序、研究工具。

研究结果。研究数据的呈现与分析。

讨论。研究结果的解释、启示和应用。

结论和总结。对研究得到的结果进行总结和讨论。

（三）量化研究论文的独特性

量化研究论文与质性研究论文的构成具有相同的部分，例如研究引言部分关于研究意义、背景与目的的描述，研究讨论部分关于启示与应用的描述等，这里主要介绍与质性研究论文相比，量化研究论文的一些独特性。

引言。质性研究论文关注的是研究问题的提出，量化研究论文在研究问题的基础上，还需要提出明确的研究假设，同时，量化研究论文中更强调对核心概念的操作性定义。

文献综述。量化研究论文中明确包括文献综述部分的内容。

研究方法。需要对拟使用的研究工具及其信效度进行详细说明，特别是在问卷调查研究中；如果是实验方法，则应该详细说明自变量的操纵、因变量的测量及无关变量的控制方法。

研究结果。在量化研究论文中，主要关注统计方法的准确运用。在研究结果的呈现上，一般先报告描述统计结果，之后是推论统计结果；在统计结果的解释上，除了报告统计显著性外，最好再结合报告效果量的大小，因为统计显著性会受到样本量大小的影响，较大的样本量可能会使原本不显著的差异值变得显著。

研究讨论。因为量化研究所获得的结果更加明确，研究假设要么被拒绝，要么被接受。对于被拒绝或者被接受的结果，都需要研究者做出解释。

解释符合预期的结果（原假设被拒绝，研究假设被接受）——研究结果符合先前构建的框架和解释预期，理论依据和结果之间达成了一致，只需要注意不要做出超出信息范围的解释、不要忘记研究的局限性、报告可能影响结果的内部有效性问题、记住统计显著性是在适当的自由度下获得的。拒绝原假设，保留并接受研究假设，是以犯 α 错误为前提的。

解释不符合预期的结果（原假设被接受，研究假设被拒绝）——当出现与预期不相符合的结果时，有以下三种可能的解释：一是研究假设本身是不合理的，即研究者基于文献综述等所提出的研究假设本身存在问题；二是由研究过程中的误差导致的，例如抽样误差或实验污染；三是这一与预期不相符合的结果就是真实的结果。如果是前两个可能的原因，这对研究者来说会是一个研究遗憾；如果是第三个原因，那么这个"不符合预期"的结果可能会成为新的研究问题或研究起点。这三种原因或其他的原因都有可能性，但研究者当下会很难确定哪种情况是真实的，因此不应该做出解释，只能如实报告结果。同样地，保留并接受虚无假设，拒绝研究假设，是以犯 β 错误为前提的。

解释未经假设（偶然）的关系——一项量化研究的开展过程中，除了本研究关注的研究假设外，数据统计结果中可能会出现研究假设外的显著结果。例如一项研究探索的是"高校毕业生就业选择的性别差异研究"，主要研究假设关注的是性别差异对高校毕业生就业选择的影响。但研究结果表明，除了性别差异外，毕业生的生源地对其就业选择也存在显著影响。这些未经假设的关系，在论文中应该予以报告，但尽量避免其成为当前论文研究的重点，可以作为后续研究的建议。

结论和总结。在这部分内容中，区分结果和结论是很重要的。结果是通过统计分析获得的直接观测结果，相对而言，结果的呈现更加微观与直观；而结论是基于结果的推断，一般是用研究假设的表达进行陈述，例如一种教学方法比另一种教学方法更有效。总结部分是对论文的一个整体回顾，力求简洁和完整。整体来看，结论和总结部分应该是简明扼要的。

我要提问

问：在量化研究中，如果研究假设被拒绝了，是不是意味着研究目标没有实现？

答：研究假设被拒绝，并不必然意味着研究目标没有实现，要视具体情况分析。

在量化研究中，研究假设被接受或被拒绝均是可能的结果。当研究假设被拒绝时，有三种可能的原因：研究假设本身不合理，研究过程中存在较大误差，与预期不相符合的结果就是真实的结果。但对于研究者来说，第三种可能的原因或许会成为新的研究问题，在这种情况下，即使研究假设被拒绝，研究也是有意义的；而前两种可能的原因在研究设计及开展过程中要尽量避免，广泛地阅读文献、深入地思考研究问题，可能是回避这两类原因的有效方法之一。

知识快递

下述是量化研究论文的部分评价标准，可以对照以下标准评估量化论文的格式规范与内容规范。①

1. 标题是否简明扼要？是否明确了感兴趣的研究人群和主要变量？是否避免了模糊和情绪化的词语？

2. 问题陈述是否清楚？是否已经确定了感兴趣的变量？是否建立了理论基础？是否有恰当的理由？

3. 文献是否相关且充分？目前的研究与以往的研究和理论之间是否有明确的联系？

4. 研究假设是否明确？是否符合问题陈述的逻辑？

5. 是否定义了感兴趣的总体？选择样本的方法是否明确？抽样是否具有代表性？

6. 关于研究程序的描述是否详细、可重复？是否包括对自变量和因变量适当的操作性定义？是否为内外部效度提供了足够的控制？

7. 对研究工具的描述充分吗？是否提供了相关研究工具的信度和效度？这些研究工具是否适合进行研究变量的操作性定义和测量？

8. 用描述性统计方法来总结数据合适吗？推论统计是否适用于检验假设？统计方法是否适合测量数据的类型？

9. 所有假设检验的结果都给出了吗？是否报告了效果量？结果是否清楚地呈现？统计图表的使用是否正确？

① ARY D，JACOBS L C，IRVINE C K S，et al. Introduction to research in education ［M］. California：Wadsworth，2009：617–619.

10. 是否对结果的解释进行了讨论？是否提出了研究结果的启示？所提出的启示是否基于研究结果，而不是作者所期望的情况？是否讨论了适当的研究应用？研究结果、理论与现有文献之间是否有关联？对未来的研究有什么建议？

11. 结论表述是否清楚？是否符合逻辑？

12. 总结是否清晰、简明、完整？

需要注意的是，质性或量化研究论文的内容或结构并不是固定不变的，要结合研究的具体情况加以确定。

此外，全国教育专业学位研究生教育指导委员会发布的《教育硕士专业学位论文基本要求》中提出了对教育硕士专业学位论文的总体要求和专题研究论文、调查研究报告、实验研究报告和案例分析报告等多种形式论文的基本要求，如有需要，在具体写作时可查阅参考。

第三节　课题申请书的撰写

【微视频】
课题申请书
的撰写

在研究实践中，研究者（包括在读的本科生和研究生，以及在职的中小学教师）需要去申请一些研究项目，依托项目来开展研究。

一、课题申请书的主要内容

这一部分将以"2022年全国教育科学规划课题论证活页"及"2019年浙江省教育科学规划课题活页评审表"为例，对课题申请书的主要内容进行介绍。

案例 11–2

2022 年全国教育科学规划课题论证活页

1.［选题依据］国内外相关研究的学术史梳理及研究动态；本课题相对于已有研究的独到学术价值和应用价值等，特别是相对于全国教育科学规划已立同类项目的新进展。

2.［研究内容］本课题的研究对象、总体框架、重点难点、主要目标等。

3.［思路方法］本课题研究的基本思路、具体研究方法、研究计划及其可行性等。

4.［创新之处］本课题在学术思想、学术观点、研究方法等方面的特色和创新。

5.［预期成果］本课题的成果形式、使用去向及预期社会效益等。

6.［研究基础］课题负责人前期的相关代表性研究成果、核心观点等。

7.［参考文献］开展本课题研究的主要中外参考文献。

案例 11-3

2019 年浙江省教育科学规划课题活页评审表

1. 选题：选题的意义和价值，本课题的国内外研究现状述评。

2. 内容：本课题研究的基本思路、主要内容、研究方法和重、难点分析。

3. 预期价值：本课题的理论创新程度或实际价值，可能成果去向。

4. 前期准备：为本课题研究已做的前期准备工作（已收集的数据，进行的调查研究，完成的部分初稿等），课题负责人已有的与本课题相关的研究成果和参考文献（各部分限填 10 项，此处不能出现与课题有关的申报者姓名、单位等信息）。

二、撰写课题申请书的注意点

依据上述两份申请书，概括获得课题申请书撰写过程中的七个注意点。

（一）研究选题

从以上两份申请书的撰写内容要求上看，一项好的研究，首先在于选题的意义与价值，这也是申请人需要在申请书中进行重点阐述的方面。研究者的选题可以是基于当前教育中出现的新问题、已经存在的但未完全解决的重要问题等。通过对研究选题理论及实践价值的阐述，凸显研究的重要性与必要性。

（二）国内外研究现状述评

好的研究选题可以来自申请人研究兴趣的积累，但同时也离不开一定量的文献阅读。关于文献综述的内容这里不再重复阐述，一般情况下，"国内外研究现状述评"是各类课题申请书中必不可少的内容之一。

（三）研究内容

研究内容一般包括研究对象、具体的研究内容、研究的重点和难点、研究目标等方面的内容。

（四）研究思路方法

研究思路方法主要阐述如何完成研究内容，包括拟采用的具体研究方法、数据收集和分析的方法、研究方法的可行性及可能遇到的困难，并能够列出详细的课题完成时间表。这部分内容可以通过"技术路线图"等图表的方式呈现。

（五）研究创新

在课题申请书中，申请人需要详细阐述本研究的创新点，包括选题、方法、内容等各方面的创新，一项研究方案要获得认可，需要在某些具体方面有所创新。

（六）预期成果

在课题申请书中，申请人需要对通过课题研究拟取得的成果做出一定的说明，包括在研究论文和著作撰写、人才培养等各方面的可能成果。

（七）研究基础

课题申请书的最后部分需要填写课题申请人与申请课题相关的前期研究准备情况，这也与第二章中关于"好的研究选题应当是基于研究者研究积累的"观点相一致。在评价一项研究课题时，课题本身的选题和设计很重要，但申请人前期相关的研究积累也很重要。对申请人研究积累的评价也是确定申请人是否能够承担课题的依据之一。

思考与练习

1. 开题报告包括哪些基本内容？
2. 质性研究论文的写作包括哪些内容？
3. 研究者可以参考哪些标准来评价质性研究报告和论文的写作规范与内容规范？
4. 量化研究论文的写作包括哪些内容？
5. 研究者可以参考哪些标准来评价量化研究报告和论文的写作规范与内容规范？
6. 请谈谈如何撰写一份高质量的课题申请书。

本章关键术语

开题报告（dissertation proposal）　　研究论文（research article）

课题申请书（project application）　　引言（introduction）

文献综述（literature review）　　研究方法（research method）

研究结果（research result）　　讨论（discussion）

读者意见反馈

为收集对教材的意见建议，进一步完善教材编写并做好服务工作，读者可将对本教材的意见建议通过如下渠道反馈至我社。

咨询电话　010-58556259

反馈邮箱　jiayl@hep.com.cn

通信地址　北京市朝阳区惠新东街 4 号富盛大厦 1 座

　　　　　高等教育出版社教师教育出版事业部

邮政编码　100029